데카르트의
사라진 유골

데카르트의 사라진 유골

러셀 쇼토 지음 | 강경이 옮김

옥당

"우리는 권좌에서 물러난 육신 말고
이 땅에 무엇을 남길 수 있겠는가?"

《리처드 2세》 3막 2장

데카르트의 유산 위에 지어진 근대의 여정을 뒤쫓다

한 남자가 죽었다. 남자의 죽음에 당황한 사람들은 서둘러 그를 매장했다. 그로부터 16년 뒤 남자의 무덤이 파헤쳐졌다. 사람들이 그의 뼈를 원했다. 비밀작전을 방불케 하는, 신중한 보안 속에 유골이 이송되었다. 유골 이송 작전은 성공했을까? 남자의 뼈는 무사히 목적지에 도착했을까? 누가 왜 그의 뼈를 원했을까?

이 책은 철학자 르네 데카르트René Descartes의 유골을 뒤쫓는다. 근대 철학의 아버지 데카르트는 죽어서도 편안히 잠들 수 없었다. 1650년에 스웨덴의 스톡홀름에서 데카르트가 숨을 거둔 뒤 그의 관 뚜껑은 세 번이나 열렸다가 닫혔고, 그의 유골(혹은 그의 유골이라 주장되는 뼈 조각들)들은 이 사람 저 사람의 손을 거치며 세상을 떠돌았다(현재 그의 머리뼈는 프랑스 인류박물관에, 나머지 유골은 생제르맹 데 프레 성당에 있다). 데카르트의 뼈는 태양 아래 그 모습을 드러낼 때마다 다양한 관심과 논란의 중심이 되었다.

　데카르트가 살았던 17세기에 그의 철학은 당대 학문의 최전선에 있었다고 할 수 있다. 그는 균열이 생기기 시작한 중세적 세계관을 대체할 토대를 갈구했고 결국 '생각하는 개인의 이성'을 학문과 사유의 토대로 세웠다. 그렇게 해서 근대적 주체가 출발했다. 이 책의 표현을 빌자면 데카르트는 우리에게 '틀을 선사했다.' '유럽 철학이 플라톤Platon에 대한 각주라면, 근대 유럽 철학은 데카르트에 대한 각주'라는 말이 있듯이 데카르트 이후의 철학은 데카르트의 틀에 대한 그리고(또는) 그 틀에 저항한 철학이었다고 할 수 있다. 사실, 근대적 교육기관에서 교육을 받은 우리 모두 데카르트의 틀로부터 자유롭다고 할 수 없다. 데카르트의 유골을 뒤쫓는 탐정 이야기 형식을 띤 이 책도 마찬가지다. 이성의 힘으로 사건을 분석하고 종합하여 진실을 밝혀내는, 탐정이라는 형상만큼 근대적 주체를 잘 표현하는 것도 없을 테니 말이다.

　저자 러셀 쇼토는 진실을 찾는 탐정처럼 현장을 분석하고 자료를 뒤지고 주변 인물을 탐문하며 사건 현장을 재구성했다. 우연인지 필연인지 데카르트의 유골을 뒤쫓는 저자를 따라가다 보면 근대사를 규정할 만한 굵직한 장면과 흥미로운 인물들을 만나게 된다. 저자는 중세적인 모습을 벗기 시작한 파리의 골목길과 계몽주의자들의 비밀모임, 프랑스혁명 절정기의 파리의 거리, 열띤 토론이 벌어지던 국민공회 회의실로 우리를 안내한다. 또한 무엇이 과학인지, 혹은 무엇이 과학이 될 수 없는지를 두고 논쟁을 벌이던 프랑스 아카데미데시앙스의 학회실로, 인간의 뇌는 곧 인간의 정신과 같은지 다른지를 두고 갑론을박하던 초창기 인류학 학회로, 예수 그리스도의 몸과 피가 성찬식의 빵과 포도주로 변한다는 로마가톨릭교회의 화체설Transubstantiation을 둘러싼 논쟁으로 우리를 이끈다. 이렇게 해서 데카르트의 유골을 뒤쫓은 이 책은 근대 철학의 아버지 데카르트의 유산 위에 지어진 근대의 여정을 뒤쫓는 책이 되었다. 이 책의 곳곳에 출몰하는 데카르트의 유골(혹은 그의 유골이라 주장되는 뼈 조각들)처럼 우리는 정치·문화·과학·종교 곳곳에서 데카르트의 유산과 그의 철학이 낳은 다양한 논란을 마주치게 된다.

데카르트가 삶을 살고 사유했던 17세기 당대에 그의 철학은 새로운 가능성인 동시에 불온한 사상이었다. 교회권력과 보수적인 대학 관료들은 데카르트의 철학을 젊은이들에게 가르치는 것을 금지시켰다. 교회와 왕실의 권위를 벗어난 개인의 이성으로 진리에 도달할 수 있다는, 자연을 이해하고 심지어 지배할 수 있다는 그의 주장에 내포된 종교적·정치적 함의 때문이었다. 그렇다면 중세적 세계관을 벗어던지고 출발한 근대적 주체는 중세와 완전한 단절을 이루었을까? 학문과 사유의 유일한 토대로 선언되었던, '생각하는 개인의 이성'은 진리의 확고한 토대가 될 수 있었을까? 이 책이 더듬는 근대의 여정을 보면 그 답이 그리 간단하지는 않다는 것을 알 수 있다. 데카르트의 '틀'은 많은 가능성을 열기도 했지만 태생적 한계를 지니기도 했다는 것을 알 수 있다.

이 책은 17세기부터 오늘에 이르는 유럽의 사회문화적 흐름 속에서 데카르트의 삶과 사상, 그가 남긴 유산과 논란을 짚어본다. 이 책을 읽다 보면 데카르트의 철학이 그와 동시대인들의 절실한 고민 속에서 탄생했음을 알 수 있다. '나는 생각한다. 고로 존재한다'는 선언에 실린 삶의 무게와 그 선언이 불러일으킨 다양한 파장을 느낄 수 있다. 수세기 동안 세상을 지탱해오던 가치 체계가 흔들리던 시대의 불안과 떨림, 그리고 새로운 지식의 토대 위에서 다양한 가능성을 시험하던 시대의 열정과 치기를 엿볼 수 있다. 그리고 책을 덮을 때쯤이면 데카르트의 철학이 공기처럼 우리를 둘러싸고 있다는, 일상적인 TV 토크쇼의 논쟁에서도 이어지고 있다는 저자의 말에 동의하게 될 것이다.

차 례

1장　그 남자의 죽음 ・ 23

폐렴 | 수명 연장에의 욕망 | 근대의 세계관 | 새로운 지식의 틀을
창조하다 | 코기토, 에르고 숨 | 《방법서설》이 몰고 온 파고 | 갑작
스런 죽음 | 크리스티나 여왕 | 소외된 장례식

2장　유골 이송 작전 ・ 79

이송 작전 책임자, 탈롱 | 출항 | 파리의 수요모임 | 성찬식을 둘러
싼 논쟁 | 재무장관 달리베르의 집에 도착하다 | 유골 장례식 | 제도
권의 탄압

3장　이성과 신앙의 갈등사 ・ 127

대립의 시작 | 1700년대 초반의 사회 변화 | 미신과 무신론 |
이성의 폭력성 | 프랑스혁명이 낳은 소동 | 유골의 팡테옹 안치 논쟁
| 르누아르의 유물 수집 | 국민공회의 칙령 | 뮤지엄의 탄생 | 연기
된 팡테옹 유골 안치 | 프랑스유물박물관에 남은 유골

최후의 성물을 찾아서

프랑스 파리 인류박물관Musée de l'homme의 보존국장 필리프 메네시에Philippe Mennecier는 키가 크고 빼빼 마른 데다 은테 안경을 걸친 모습이 매서운 독수리 같은 인상의 사내였다. 사무실도 그의 인상에 걸맞게 새 둥지 같았다. 건물을 다 지은 건축가가 뒤늦게 생각이 나는 바람에 덧붙인 듯, 그의 사무실은 인류박물관 꼭대기에 직사각형 모양으로 납작 엎드려 있었다. 이동식 철제 사다리를 올라야만 갈 수 있는 사무실에서는 파리의 스카이라인이 한눈에 내려다보였다. 아마 세상에서 가장 멋진 전망을 즐길 수 있는 곳인 듯했다.

흥미롭게도 그곳에서 내다보이는 전망은 메네시에를 비롯한 인류박물관 직원들이 하는 일을 상징적으로 보여주었다. 한쪽에는 에펠탑이, 다른 쪽에는 아름다운 파시 공동묘지Cimetière de Passy가 있었다. 사무실과 너무 가까워 한눈에 들어오지 않는 에펠탑이 이성과 질서에 봉헌된 19세기판 오벨리스크라면, 파시 공동묘지는 중세의 소도시를 닮았다. 이리저리 뒤얽힌 오솔길과 무덤 그리고 묘지를 둘러싼 높은 벽. 그곳은 산 자들이 아니라 죽은 자들이 사는 도시였다.

인류박물관은 사실 파리의 관광명소는 아니지만 프랑스 사람들이 애착을 갖는 곳이다. 그곳은 구릿빛 얼굴에 양끝이 둥글게 말린 콧수염을 기른, 광적으로 헌신적인 탐험가 겸 과학자들이 인류학 표본을 찾아 구석구석 샅샅이 뒤지던 19세기 초반에 세워졌다. 인류의 기원을 찾아 헤매던, 당시 사람들의 열정이 담겨서인지 그곳은 복고적인 분위기가 물씬 풍긴다. 어쩌면 인류박물관은 진화론에 봉헌된 사원이라 할 수 있다. 우리가 누구인지, 우리가 어떻게 이곳에 왔는지를 유골을 통해 근대적 관점에서 설명하는 곳이자 삶과 죽음이라는 난해한 문제를 이성적으로 이해하려는 시도가 담긴 곳이니 말이다. 그런 면에서 인류박물관은 돌 십자가들이 말없이 서 있는 파시 공동묘지와는 또 다른 이야기를 우리에게 들려준다.

한편에는 이성을, 다른 편에는 죽음을 상징하는 풍경이 내다보이는 메네시에의 사무실은 컴퓨터 장비와 유골로 어수선했다. 선

반 위에 아무렇게나 놓인 쟁반에는 유골 6개가 세트인 양 단정하게 놓여 있었다. 그런데 정작 메네시에는 인류학자가 아니라 언어학자였다. 그는 처음 만났을 때 언어학자라고 밝혔다. 그렇다면 그의 전공언어는? 그가 극적인 어조로 "에스키모 에 뤼스Esquimau et Russe"(에스키모어와 러시아어)라고 내뱉었다.

그의 대답을 제대로 음미하려면 그가 영어를 할 줄 모른다는 점을 염두에 두어야 한다. 프랑스의 언어학자, 그것도 그린란드 동부지역에서만 쓰는 이누이트 언어에 둘째가라면 서러워할 전문가이며, 세계 유일의 '투누미트Tunumiisut(이누이트 어의 일종이다_옮긴이 주)-프랑스어' 문법책을 쓴 사람이 세계를 지배하는 영어를 구사하지 못한다니, 정말 근사하지 않은가? 그는 이누이트 어의 방언을 찾아 돌아다니다 결국 시베리아까지 발을 들여놓았고 러시아어에도 능통하게 되었다. 요즘에 그는 현대 러시아 소설을 프랑스어로 번역하기도 한다.

내가 이 모든 이야기를 장황하게 늘어놓는 이유는 메네시에가 프랑스 지식인임을 강조하기 위해서이다. 요즘처럼 모두가 우민화되는 세상에서 지식인이라는 평가는 비아냥거리는 말같이 들린다. 뭔가 오만하고 사변적이며, 한 가지밖에 모르는 답답한 인물이라는 평처럼 느껴지기도 한다. 슬프게도 이제 지식인이라는 사람들은 천연기념물처럼 희귀한 세계관을 가진 사람을 뜻하게 되었다. 남과 다르게 사는 일에 진지하게 골몰하는 자들이라고 해야 할까? 대개 그런 사람들을 보면 머리가 지끈거린다. 그러나 그들의 굽힐 줄 모르는 괴벽이 우리를 즐겁게 할 때도 있다. 어떤 점에서 그들은 유머와 비슷하다. 그들은 익숙한 안락의자에 편안히 앉아 관습적인 관점으로 그리고 기계적으로 살아가는 우리를 불시에 공격한다. 그들 덕택에 우리는 잠시나마 세상이 얼마나 거칠고 광활한 곳인지 깨닫게 된다.

나는 몇 분 동안 파도타기를 하듯, 아슬아슬한 쾌감 속에서 메네시에가 펼치는 이누이트 방언 7개에 대한 담론을 들었다. 어떻게 그 방언들이 2개의 어족으로 나뉘는지, 어떤 언어적 특징으로 이누이트 인들을 구분하는지 그리고 방언과 그들의 문화를 보존하기 위해 이누이트 인들이 어떤 노력을 하고 있는지 말이다.

마침내 우리는 철제 사다리를 달각거리며 내려와 아래층으로 갔다. 그곳에는 실험복을 입은 두 여자가 탁자에 앉아 인간의 유골을 다루고 있었다. 미세한 구멍이 숭숭 나 있는 데다 우툴두툴한 관절이 달린 긴 다리와 약간 누렇게 변색된 두개골 들이 탁자 위에 놓여 있었다. 옆방에는 인간의 전신 뼈가 50여 개쯤 고리에 나란히 걸려 있었는데 맨 앞에는 고릴라 해골 하나가 있었다. 그 모습이 마치 땅딸막한 병장이 흐느적대는 해골 중대를 지휘하는 것처럼 보였다.

우리는 연구실을 나와 19세기 인류학자이자 두뇌연구의 선구자인 피에르-폴 브로카Pierre-Paul Broca의 흉상을 지나쳤다. 그러고는 중앙전시실이 있는 층도 지났다. 중앙전시실에는 두 발 보행의 주요 단계를 보여주는 축소모형들이 화려한 조명 아래 전시되어 있었다. 눈 위에 널찍한 아치 모양의 골판이 있는 오스트랄로피테쿠스부터 아주 큰 두개골에 이마가 돌출된 크로마뇽인 그리고 좀 더 섬세하게 생긴 현대인의 두개골까지 있었다. 인간의 진화과정을 표현한 상설전시에서는 진화론에 목숨이라도 건 듯한 열정과 확신이 느껴졌다.

우리는 마침내 지하실에 도착했다. 지하실은 리모델링을 하고 있었다. 이제 막 칠한 회반죽과 갓을 씌우지 않은 알전구들 때문에 지하묘지 같았다. 메네시에는 열쇠꾸러미를 꺼내 창고 문을 열었다. 안으로 들어가자 그는 벽장의 자물쇠를 열고 곱게 다듬어진, 그러면서도 묘한 매력을 풍기는 나무상자를 꺼냈다. 상자의 뚜껑은 철제 걸쇠로 잠겨 있었다. 메네시에가 걸쇠를 풀었다. 상자 안에는 얇고 하얀 종이가 풍성하게 들어 있었다. 안에 손을 넣은 그는 한동안 내가 찾고 있었던 물건을 꺼냈다.

그것은 작고 매끈했으며 놀랄 만큼 가벼웠다. 색깔은 일정치 않았다. 진주처럼 윤기 나게 닦인 부분도 있는 반면, 칙칙하게 때 묻은 곳도 있었다. 대체로 오래된 양피지 같은 느낌이었다. 사실 양피지처럼 이야기가 담긴 물건이기도 했다. 거기에는 말 그대로 이야기가 적혀 있었다. 200년도 더 전에 누군가 그것에다 라틴어로 시를 써놓았다. 그 글씨는 이제 희미하게 바랬다. 스웨덴어로 적힌 또 다른 글씨는 누군가 이 물건을 훔쳤음을 암시했다. 그동안 이 물건을 차례대로 소유했던 세 남자가 휘갈긴 서명이 양 옆에 희미하게 보였다. 메네시에는 그것을 탁자에 내려놓으며 심드렁하게 말했다.

"이게 바로 그 철학잡니다."

유골 이야기에 빠지다

그로부터 3년 전, 나는 뉴욕공립도서관New York Public Library 중앙열람실에 앉아 철학책 한 권을 고심하며 읽고 있었다. 그러던 중 1650년에 죽은 르네 데카르트René Descartes의 무덤이 그로부터 16년이 지난 뒤 파헤쳐졌고 사람들이 유골을 빼돌리기 시작했다는 사실을 우연히 알게 되었다. 데카르트가 누구인가? 역사상 그 누구보다 중요한 인물, 근대 철학의 아버지가 아닌가?

나는 곧 데카르트의 유골 이야기에 빠져들었다. 그건 마치 매우 오래된 책에서 발견한 듯한, 기이한 무언가에 빨려 들어가는 듯한 느낌이었다. 이상하지만 강렬한 느낌. 아주 오래전에 죽은 누군가가 나를 위해 숨겨놓았던 씨앗을 발견한 것 같은 느낌. 언젠가 내가 그것을 찾아내 물을 주고 싹을 틔울 것을 알고 감추어둔 씨앗을 찾아낸 듯했다.

나는 그 이야기를 파고들었다. 처음에는 짬이 날 때마다 이런저런 책을 찾아보다가 어느 정도 이야기의 윤곽이 잡히자 가족을 데리고 유럽으로 1년간 떠났다. 유럽에서는 포스트모던풍 수도원 같은 프랑스국립도서관Bibliothèque Nationale de France에서 시간을 보내기도 했고 철학자와 역사가 들을 만나기도 했다. 또 루아르Loire 계곡에 위치한 데카르트 생가에서부터 그가 스톡홀름에서 죽음을 맞이했던 주택까지 가보기도 했을 뿐만 아니라 그 유골이 서유럽을 횡단했던 길을 따라 가보기도 했다. 그렇게 하다가 결국 파리의 인류박물관 지하실에까지 이르렀다. 나는 해골의 텅 빈 안구를 들여다보았다. 불쌍한 광대 요릭Yorick의 해골을 쳐다보는 햄릿Hamlet처럼.

오늘날 데카르트는 수학자로, 해석기하학解析幾何學(기하학의 공간을 좌표로 옮겨 대수학代數學을 사용해 기하학적 형태와 문제를 해석하는 방법이다. 미적분학의 기초를 이룬다_옮긴이 주)의 창시자로 여겨진다. 그리고 무엇보다 이원론이라는 근대 철학의 난제를 창시한 사람이다. 이원론이란 정신과 생각이 물질계와는 다른 범주 또는 차원에 있다는 개념이다. 이원론에 따르면 정신을 통해 물질을, 물질을 통해 정신을 해석하거나 이해할 수 없다. 데카르트는 바로 이원론 때문에 오랫동안 비난을 받았다. 신경과학과 철학의 주류에 따르면, 이질적 실체 2개가 있다는 데카르트의 가정은 완전히 틀렸다. 정신과 몸, 곧 정신과 뇌는 결코 근본적으로 다르지 않다. 그와 같은 생각에 내포된 다양한 함의는 그동안 철학자, 언어학자, 종교사상가, 컴퓨터 과학자 등에 의해 여러 분야에서 연구되었다.

성물이 된 철학자의 유골

데카르트는 지금보다 생전에 그리고 사후 수십 년 동안에 훨씬 영향력이 있었다. 당대 많은 사람은 근대성의 지적 토대를 데카르트가 닦았다고 생각했다. 근대는 도덕부터 법, 정치, 사회조직에 이르기까지 모든 것을 신이 아닌 이성 그리고 이성을 자각한 개인을 기반으로 한다. 데카르트의 '방법론'은 과학적 연구법의 기초가 되었다. 그의 방법론은 가정을 의심하고 신앙과 전통에 의존하지 않으며 증명 가능한 관찰에 따라 세계를 이해하는 것을 뜻한다. 방법론은 결국 학문의 방향을 전환시켰다. 새로운 방향은 집단적 권위(왕의 칙령과 교회의 요구)를 바탕으로 삼지 않고 새롭게 자율권을 얻게 된 자아(개인의 정신과 그 정신의 '합리성')에 토대를 두었다. 이러한 전환은 민주주의와 심리학을 비롯해 우리가 근대적이라 생각하는 많은 것의 출발점이 되었다.

데카르트가 죽은 뒤 사람들은 그의 유골을 새로운 변화의 상징 혹은 성물로 여겼다. 그 변화가 무엇인지, 무엇을 뜻하는지는 저마다 달랐다. 따라서 유골을 다룬 방식도 제각각이었다.

신기하게도 데카르트의 유골 이야기는 '근대'를 언급할 때면 우리의 머릿속에 떠오르는 굵직굵직한 역사적 사건들과 교차한다. 과학의 탄생, 민주주의의 등장, 정신-물질 이원론 문제, 과학의 영역과 종교의 영역 논쟁. 데카르트의 유골 이야기는 유럽 곳곳을 종횡하며 온갖 계층의 사람들을 아우른다. 루이 14세부터 스웨덴의 어느 카지노 주인, 시인들과 사제들, 철학자들과 물리학자들까지 말이다. 그들은 데카르트의 유골을 이용했고 훔쳤으며 팔았다. 또 숭배했고 다른 사람에게 건네주었으며 유골을 두고 논쟁했다.

　우리는 대체로 '근대'를 당연하게 여기는 경향이 있다. 모든 인류가 똑같이 '근대'를 딛고 서 있다고 생각해버리기 십상이다. 근대는 과학이나 이성, 민주주의처럼 거창한 것만을 뜻하지 않는다. 낭만주의 시, 펑크록밴드 섹스피스톨즈Sex Pistols, 인터넷 데이팅, 헤지펀드 거래 등 그런 개념에서 비롯되었거나 그에 대한 반작용으로 나온 모든 것을 뜻한다.

　데카르트의 유골이 걸어온 길은 근대의 풍경을 관통한다. 그 유골을 쫓는 길은 우리의 지적 성장 그리고 바로 나 자신의 지적 성장을 뒤쫓는 것이며, 우리가 지난 400년간 무엇을 경험했는지 되짚어보는 것과 같다. 이 책은 철저한 근대 연구라기보다 여행의 기록이다. 한 사람의 괴벽이, 이상한 집착이 진지한 연구로 성장할 수 있다는 믿음에서 시작된 여행의 기록 말이다.

　이 책은 뼈를 쫓는다. 데카르트의 뼈를 뒤쫓다 보면 우리가 무미건조하고 추상적인 학문이라 여기는 철학이 결코 그렇지 않음을 깨닫게 된다. 철학은 인간의 역사와 얽혀 있다. 인간의 정신뿐 아니라 육체와도 얽혀 있다. 물론 추상적 사고 자체는 훌륭하고 필수적인 도구이긴 하지만 가장 고귀한 생각조차 육체적 존재에 뿌리를 둔다. 사랑을 느끼는 심장은 혈액을 펌프질하는 심장이기도 하다. 그리고 결국 우리는 죽는다. 철학은 이처럼 육체적 존재로서의 삶에서 시작된다. 이 책은 전기가 아니지만 한 남자의 이야기를 다룬다. 역사에서 육체와는 거리가 먼, 정신의 화신으로 그려지곤 하는 남자. 그러나 실제로는 놀랍도록 혈기왕성한 현실의 삶을 살았던 남자, 데카르트.

1장

그 남자의 죽음

Descartes' Bones

스톡홀름 구시가 남쪽 가장자리에 위치한 4층 건물. 바로크 시대에 지어진 이 건물의 전면은 사암에 새긴 아기천사상과 문장으로 장식되었고 입구 옆에는 대포 2대가 하늘을 향해 서 있다. 턱수염 달린 흉상들이 건물로 다가오는 사람들을 근엄하게 내려다본다. 1층에 자리한 명품가방 매장과 고급 레스토랑만 아니면 건물은 1630년에 에리크 린데Erik von der Linde라는 상인이 처음 지었을 때와 거의 변함이 없다.

1650년 겨울, 모두가 잠든 한밤중에 이 건물 위층에서는 한 남자의 일생에서 가장 엄숙한 통과의례가 진행되고 있었다. 사람들은 방 사이를 바삐 오갔다. 얼어붙은 항구를 굽어보는 유리창을 지나치며 수군대는 사람들의 표정은 걱정스러웠다. 음울한 분위기였지만 조용하지는 않았다.

침대에는 작은 체구의 남자가 창백한 얼굴로 누워 있었다. 올해 쉰넷이 채 안 된 그는 그 자리에 모인 사람들의 관심을 한 몸에 받고 있었다. 이미 죽음의 문턱에 들어섰지만 놀라울 정도로 정신이 또렸했다. 그가 최후의 아드레날린을 내뿜게 된 것은 노여움 때문이었다. 스웨덴 주재 프랑스 대사이자 동시에 그를 열렬히 추종하는 피에르 샤뉘Pierre Chanut가 침대 옆에 붙어 서서 그 남자의 화를 달래느라 진땀을 흘리고 있었다. 지금 그곳은 바로 샤뉘의 집. 샤뉘는 배로 늘어난 죄책감에 어깨가 무거웠다. 애초에 그 남자를 이 얼어붙은 땅까지 불러들인 것도, 먼저 독감에 걸린 것도 자신이었기 때문이다. 그리고 그 남자 르네 데카르트는 그런 자신을 돌보다가 병에 걸리고 말았다.

샤뉘는 데카르트의 혁명적 사고가 세상을 바꿀 것이라고 믿었다. 그의 생각은 정확했다. 변화는 1600년대 중반에 시작되었다. 새롭고 전면적인 의심이 자라났다. 사람들은 근본적인 신념조차 의심하기 시작했다. 미국독립혁명과 프랑스혁명, 산업혁명, 정보화시대의 혁명보다 훨씬 심오한 변화였다.

사실 17세기 중반에 시작된 이 변화는 여러 나라에서 일어난 혁명의 토대가 되었을 뿐 아니라 사람들의 사고 자체에 영향을 미쳤다. 사람들은 세상, 우주, 인간을 기존과 다르게 생각하기 시작했다. 그리고 이런 변화의 시작을 알린 주인공이 스웨덴의 겨울 추위 속에 몸져누운 바로 그 남자였다. 그러나 샤뉘 역시 그 변화가 얼마나 광범위하게 퍼져나갈지는 전혀 짐작하지 못했다. 하지만 다른 많은 사람처럼, 그도 감지하고 있었다. 어마어마한 무엇인가가 움직이기 시작했다는 것을 그리고 데카르트가 그 중심에 서 있다는 것을 말이다. 그런데 이제 이 프랑스 외교관의 마음속에 어둠이 드리우고 있었다. 그 남자를 불러들임으로써 자신도 모르게 엄청난 화를 자초하고 말았다는 불길한 예감이 엄습해 왔기 때문이다.

폐렴

독감은 폐렴으로 진행되었다. 호흡이 불규칙해졌고 눈의 초점이 흐려졌다. 보다 못한 샤뉘가 왕실 주치의를 부르려 했지만 데카르트는 불같이 화를 냈다. 그러나 결국 스톡홀름의 심장인 항구 옆 작은 섬의 동화 같은 성으로부터, 스물세 살의 스웨덴 여왕 크리스티나Kristina가 자신의 주치의를 급파했다. 크리스티나 여왕은 유럽사에서 흥미로운 인물 중 하나이다(그녀를 둘러싼 소문 중 하나를 꼽자면 그녀가 사실은 남자였을 것이라는 설이다). 사실, 샤뉘와 함께 이 저명한 석학을 스웨덴 땅으로 오게 설득한 사람도 바로 그녀였다.

빌렌스Wullens라는 네덜란드 출신의 궁정의사가 머뭇거리며 데카르트의 침상으로 다가갔다. 두 사람 사이에 대화가 짧게 오가더니 데카르트가 그에게 재수 없는 인간이라며 악담을 퍼부었다. 둘의 갈등은 의사가 병든 피를 뽑아내야 한다고 하자 극에 달했다. 그 말에 데카르트가 배우 같은 어조로 소리를 질렀다.

"오, 의사 선생, 이 프랑스 사람의 피를 아껴주시오!"

그러더니 의사에게 나가라고 소리쳤다. 빌렌스는 떠나면서 고대 로마 시인 호라티우스Quintus Horatius Flaccus의 시 구절을 중얼거렸다.

"살기를 원치 않는 자의 목숨을 살리는 것은 죽이는 것과 같지."[1]

데카르트가 이처럼 화를 낸 데는 두 가지 이유가 있었다. 첫째, 데카르트는 네덜란드 지역에서 지내는 동안 빌렌스에 관해 익히 들어 알고 있었다. 세상에 처음 데카르트 철학을 알린 곳이 네덜란드의 레이덴대학교Universiteit Leiden였는데 그곳에는 그의 철학이 수세기 동안 내려온 유럽의 지식과 사상 전반에 도전한다고 생각하는 사람들이 있었다. 빌렌스도 그중 하나였다. 데카르트는 적을 절대 잊지 않았다.

데카르트의 분노에는 또 다른 이유도 있었다. 이상하게도 데카르트는 일생동안 죽음과 체스게임을 벌이는 듯했다. 어린 시절 데카르트는 병약한 아이였다. 그는 죽은 어머니를 닮아 안색이 창백했고 늘 마른기침을 달고 살았다. 권력과 야망을 쫓는 판사였던 아버지는 데카르트의 병약함을 멸시했고 그의 형을 편애했다. 가족의 주치의는 데카르트가 얼마 살지 못할 거라며 공공연하게 떠들고 다녔다.

예상과 달리 데카르트는 열 살에 우수한 교육기관인 라 플레슈 La Flèche에 입학했다. 라 플레슈는 프랑스 서부 앙주Anjou에 위치한 예수회 학교였다. 그곳에서 그는 놀랍게도 강해졌고 건강해졌으며 활기가 넘쳤다. 그는 더 넓은 세상을 접했고 지식에 목말랐다. 성인이 된 그는 《성경》이나 고전이 아니라 인간의 이성에 토대를 둔 철학을 전개했고 그 덕택에 명성과 악명을 동시에 얻었다. 그 혁명적 철학의 중심, 밑바닥에는 인체의 수수께끼를 풀어 질병을 치료하고 수명을 연장하고 싶어하는 욕망이 놓여 있었다. 그의 내면에는 어린 시절 병약했던 경험이 늘 웅크리고 있었던 것이다.

그는 시대를 뒤흔든 《방법서설》 끝 부분에서 앞으로는 형이상학을 수정하거나 새로운 수학적 접근법을 연구하지 않고 '내게 남아 있는 시간을 자연 지식을 습득하는 데 바치겠다. 그 지식으로 우리는 지금보다 더 확실하게 의학 법칙을 추론할 수 있을 것'[2]이라고 밝혔다. 그는 스웨덴에서 병상에 눕기 5년 전, 영국의 어느 백작에게 이런 편지를 쓰기도 했다.

'건강을 지키는 것은 늘 내 연구의 주요 목적이었습니다.'[3]

수명 연장에의 욕망

우리는 근대의 시작과 과학을 생각할 때면 천문학을 먼저 떠올리는 경향이 있다. 실제로 이탈리아 중부의 갈릴레오 갈릴레이 Galileo Galilei는 망원경을 만들어 하늘을 올려다보았다. 그는 태양의 흑점을 발견했고 목성을 도는 위성과 달의 분화구를 찾았다. 그리고 교회가 완전무결하다고 한 우주에 여러 변칙이 있음을 발견했으며 지동설을 뒷받침할 만한 자료를 수집했다.

이처럼 천문학은 17세기 인류가 경험했던, 거대한 변화의 중심에 있었다. 17세기 인류는 신화적·신학적 자아를 떠나 우주 속에서 자신을 재정립했다. 《닫힌 세상에서 무한한 우주로From the Closed World to the Infinite Universe》는 1957년 소련의 인공위성 스푸트니크 1호가 발사되고 새로운 우주시대가 열렸을 때 인기를 끌었던 베스트셀러의 제목이지만 17세기 인류의 경험을 잘 표현한 어구이기도 하다. 1950년대 사람들은 오늘날보다 더 단순하고 분명하게 '현대'가 무엇인지 파악하고 있었으며 현대가 의미하는 것을 기꺼이 받아들일 준비가 되어 있었다.

근대성은 천문학뿐 아니라 인체에의 관심에서도 탄생했다. 여러 세기 동안 인류는 대단히 고통을 겪었다. 데카르트의 시대에 프랑스에서 태어난 아이는 평균 스물여덟 살까지 살 수 있었다.[4] 1540년대부터 1800년대까지 영국인의 평균수명은 서른여덟이었다. 마찬가지로 고대 로마의 상류층, 20세기 초반 아프리카와 남아메리카의 부족사회, 인도와 중국의 시골마을도 평균수명이 이삼십 대였다. 미국독립혁명 시기에 런던에서 태어난 아이의 반 이상이 열다섯 살 전에 사망하는 추세였다. 근대 초기 유럽에서 사망원인은 전쟁이나 침략군의 잔혹행위가 아니라 대체로 질병이었다. 어느 시대에나, 어느 곳에서나 부모들은 아이들이 병에 걸려 죽어가는 모습을 안타깝게 지켜봐야 했다. 당대인들은 학질, 뇌졸중, 이질, 수종, 쇼크, 폐렴 같은 질병의 원인에 무지했고 이는 가차없이 죽음으로 이어졌다.

그로부터 350년이 흐르는 동안 우리는 좀더 건강하고 좀더 오래 살 수 있게 되었다. 우울증치료제인 졸로프트Zoloft, 고지혈증 치료제인 리피토Lipitor, 비아그라Viagra, 보톡스Botox, 소염제 이부프로펜Ibuprofen, 혈관성형술, 인슐린Insulin, 피임약, 여성호르몬을 보충해 폐경기증후군을 예방하고 치료하는 호르몬 대체요법, 근육증강제인 아나볼릭 스테로이드Anabolic Steroids……. 우리는 과학기술이 피와 살과 뼈로 이루어진 가냘픈 존재, 즉 우리를 더 효율적으로 작동시키고 도와준다고 생각한다. 이 사고의 밑바닥에는 인체는 기계이며, 질병은 기계고장이라고 보는 관점이 있다. 결국 건강을 회복하는 것은 고장 난 부품을 고치는 것이고 의사는 약이라는 연장을 써서 몸을 고치는 수리공인 셈이다.

사실 이처럼 단순한 생각은 지난 20~30년 동안 조금씩 달라졌다. 우리는 이제 몸과 마음이 깊이 연결되었다는 데 수긍한다. 생각과 환경이 우리의 육체에 어떻게 영향을 미치는지도 이해한다. 하지만 인체를 기계처럼 생각하는 사고방식은 여전히 대단한 영향력을 발휘하고 있다. 현대의학의 근간을 이룬 이 관점은 바로 데카르트의 시대에 등장했다.

당시 인체를 기계로 보는 관점을 처음 접한 사람들은 어리둥절했다. 사실, 많은 사람이 이 관점을 무신론이나 다름없다고 생각했다. 무엇보다 당대 전반적인 학문과 어긋나는 관점이었다. 아리스토텔레스 철학, 즉 스콜라 철학은 아리스토텔레스를 비롯한 고대 그리스 사상과 기독교 신학을 뒤섞은 것이었다. 스콜라 철학은 수백 년간 서서히 성장하면서 하늘 아래 모든 것을 설명하는 지식체계가 되었다. 간혹 점성술과 전설이 가미되었던 이 지식체계는 창조론부터 남녀의 역할에 이르기까지 거의 모든 주제를 다루었다.

데카르트가 무너뜨리려고 했던 전근대적 의학체계는 고대 그리스 의사인 클라우디오스 갈레노스Claudios Galenos의 가르침을 토대로 한다. 갈레노스의 의학체계는 실용적이었다. 갈레노스는 환자를 직접 관찰하기를 좋아했다. 그는 맥박수로 건강상태를 알 수 있음을 알아내기도 했다. 실제로 그의 의학은 사람들에게 많은 도움을 주었다. 그래서 오래도록 전수될 수 있었다. 문제는 그 의학의 토대가 되는 세계관이 그다지 견고하지 못했다는 것이다. 갈레노스의 의학은 물리적 세계를 흙, 공기, 불, 물로 나누는 아리스토텔레스의 4원소론에 바탕을 두고 있었다. 아리스토텔레스는 네 가지 요소가 각기 다른 방식으로 결합하면서 산, 수련잎, 해우海牛, 귀지에 이르기까지 세상의 다양한 물질을 만든다고 생각했다.

이 4원소론에 대응하는 것이 4체액설이다. 인체의 '기질', 곧 체액에는 혈액, 점액, 흑담즙, 황담즙이 있는데 질병과 장애는 바로 체액의 불균형에서 비롯된다는 것이다. 이 의학적 관점에 따르면 치통, 열, 상사병, 우울함 등 온갖 일이 벌어지는 인체라는 작은 세상은 넓은 세상 그리고 더 넓은 우주의 일부이다. 그렇다고 해서 인체가 우주 만물과 똑같은 물질로 구성된다는 뜻은 아니다. 물리적 힘이 모든 것을 지배한다는 의미도 아니다. 이 의학적 관점에 의하면 초월적 현상은 현실의 일부이며, 현실에서 당연히 일어날 수밖에 없는 일이다. 따라서 예수가 물 위를 걷고 기적이 일어나며 악마가 지상을 활보한다. 주술 같은 초자연적인 힘이 자연과 공존한다. 인체조직뿐 아니라 세상과 하늘의 별에도 초월적·초자연적 현상이 숨어 있다. 여기에 민간요법, 주술, 기독교 신앙, 점성술이 덧붙여지면서 하나의 세계관으로 성장했던 것이다.

그러나 4체액설을 바탕으로 한 진단과 치료(예를 들어 황담즙, 즉 '흙'의 병에는 공기의 요소를 보충하는 치료가 필요하다)는 목숨을 앗아갈 정도는 아니여도 상당히 위험했다. 환자들도 그 점을 잘 알았다. 주로 당대 의학을 비판했던 프랑스 희극작가 몰리에르Molière는 많은 사람이 질병이 아니라 치료법 때문에 죽는다고 말했다.[5]

당시 주류 의학에서는 의학적 치료 외에도 효험 있다고 여겨지는 대체요법들이 성행했다. 열병이나 복통, 통풍을 앓는 사람들은 전문가의 조언에 따라 점성술의 도움을 받거나 몸에 부적을 두르고 다니거나 요검사를 받기도 했다(당시 요검사는 전반적인 건강 상태를 알 수 있는 방법으로 여겨졌다. 이는 윌리엄 셰익스피어William Shakespeare의 작품《헨리 4세》에서 폴스타프John Falstaff 경이 시동에게 하는 말에서도 드러난다. "의사가 내 소변에 대해 뭐라고 하더냐?").[6] 의사가 병을 관리하고 간호 지시를 내리기는 했지만 점성술가를 비롯해 다른 종류의 치료사들도 의사와 동등한 대접을 받았다. 또한 런던 의사협회 College of Physicians의 회원을 비롯해 존경받는 의사들 중에도 점성술을 진단법으로 쓰는 사람들이 있었다.

성직자가 치료를 맡기도 했다. 어떤 병이든 치료과정에는 종교가 개입했다. 사람들은 신의 눈 밖에 나면 질병에 걸리고 신의 마음에 들면 건강해진다고 생각했다. 치료 관련용어는 신학적인 색채를 띨 때가 많았다. 사람들은 치료법이 효험 있으려면 기도로 그 힘을 열어야 한다고 믿었다. 육체를 치료하는 데만 의지하는 것은 아주 사악한 일로 여겼다. 영국의 청교도목사인 존 심John Sym은 '육체의 치료에 너무 의지하거나 그 효험을 전적으로 믿지 말고'[7] 성실하게 기도해 신의 축복을 받으라고 권고했다. 육체적 치료에만 중점을 두면 영적인 것보다 물질적인 것을 중시하는 사람으로 여겼다. 이런 시대적 분위기에서 기계론적 관점으로 인체를 설명하는 의학은 위험한 무신론에 가까웠다.

깊숙한 열대우림에서 사는 원주민들이나 기적을 일으켜달라고 기원한다고 생각하는가? 아니다. 사실 심 목사와 비슷한 믿음을 지닌 사람들이 오늘날에도 수백, 수천에 달한다. 그들은 병을 치유하려면 육체적 치료와 영적 치료, 즉 의학과 기도가 모두 필요하다고 믿는다. 전문가를 찾아가 진단검사를 받는 한편, 명상하고 기도하며 신에 기적의 치유를 빈다. 17세기에도 전근대적인 아리스토텔레스 철학자들만 그렇게 믿었던 것이 아니었다. 사실, 아리스토텔레스 철학에 반기를 들었던 최초의 근대 철학자들도 그렇게 생각했다. 데카르트도 마찬가지였다. 그는 당대 그 누구 못지않게 독실한 가톨릭 신자였다. 믿기지 않겠지만 우주를 기계론적으로 설명하는 데카르트의 사상도 우주를 움직이는 신의 존재를 가정한다.

근대의 세계관

데카르트의 유골 이야기를 이해하려면 '근대'가 정확히 무엇인지 알아야 한다. 우리는 흔히 근대란 물질과 영혼의 분명한 단절을 뜻한다고 생각한다. 그런데도 근대적 감성을 탄생시킨 17세기 사람들이나 오늘날의 우리는 단절된 물질과 영혼을 어떻게든 연결하려 한다. 어떻게 그럴 수 있을까? 우리는 근대를 비종교적이며 완전히 합리적인, 과학적인 것이라 여긴다. 우리가 잘못 생각하고 있는 것일까? 그렇다면 어디서 그런 생각이 비롯되었을까?

17세기 초반의 상황에서 그 이유를 부분적으로 찾을 수 있다. 당시는 《성경》과 고대 철학자들의 지혜를 바탕으로 한 전근대적 세계관이 무너지던 때였다. 전근대적 세계관에 대한 불신은 정신의 힘으로 허약한 육체를 극복할 수 있다는 믿음으로 이어졌다. 이 새로운 접근법은 필연적으로 물질적 세계를 강조했고 은연중에 신학적 해석을 무시했다. 17세기 초반 영국의 철학자이자 정치가인 프랜시스 베이컨Francis Bacon도 1620년에 발표한 저작《노붐 오르가눔》에서 자연계의 관찰을 토대로 한 추론을 권장했다.

베이컨의 방법론에 지대한 영향을 받은 것이 바로 영국의 의학자이자 생리학자인 윌리엄 하비William Harvey의 심장 연구다. 하비 이전의 사람들은 갈레노스의 견해를 따른 의학사상을 받아들였다. 그 사상에 의하면 폐가 혈액을 펌프질한다. 혈액은 심장과 간에서 각각 만들어지는데 인체는 이 두 종류의 혈액을 끊임없이 소비한다. 그러나 하비는 해부와 계산으로 매 분 심장에서 펌프질되는 다량의 혈액을 인체가 전부 소모할 수 없다는 결론에 이르렀다. 하비는 1628년에 대담한 이론을 발표했다. 그는 혈액이 전신을 계속 순환할 뿐 아니라 심장이 중심펌프이며 간은 피를 만들지 않는다고 주장했다.

모두가 그의 이론을 당장 받아들이지는 않았다. 하비도 반감을 예상했던 터였다.

"나는 인류 전체와 등 돌리게 되지 않을까 두려웠다. (……) 기존 교리의 뿌리가 워낙 깊은 데다 사람들은 전통을 존중하는 경향이 있다."

실제 의학자들 중에도 관찰을 토대로 과학적 연구를 한다는 생각 자체를 조롱하는 사람들이 있었다. 그들은 오류와 예외가 가득한 현실에서 관찰을 근거로 과학적 주장을 펴는 것은 어리석다고 생각했다. 그들 외에도 여전히 많은 사람이 두 종류의 피가 있다는 믿음을 버리지 않았으며 환자의 피를 뽑는 사혈이 치료에 효과가 있다고 주장했다.

사혈은 갈레노스 치료법에 근거를 두었다. 당대에는 의사든 환자든 모두 그 방법에 매달렸다. 사혈은 체액설과도 관련 있었고 신체기관을 정화해야 치료된다는 믿음과도 연결되었다. 사람들은 위와 내장의 내용물이든, '불순한' 혈액이든 사혈로 정화시킬 수 있다고 믿었다. 하지만 사혈은 환자를 회복시키기보다는 허약하게 했다. 새로운 의학을 옹호하는 사람들에게 사혈은 잘못된 옛 치료법을 나타내는 상징이었다. 따라서 병상에 누운 데카르트는 피를 뽑자는 의사의 말에 신경질적인 반응을 보일 수밖에 없었던 것이다.

1630년대에 이르자 하비의 의학이 서서히 지지를 얻기 시작했다. 사람들은 하비의 의학을 완전히 새로운 의학을 세울 토대로 보기 시작했다. 그리고 인체탐색이 우주탐구만큼이나 대단한 취미이자 유행 그리고 산업이 되었다. 네덜란드에서는 라이니어 데 그라프Reinier de Graaf가 출생의 신비를 탐구했다. 그는 임신한 토끼를 해부해서 수정란이 자궁에 이르는 통로를 그렸다. 이탈리아 토스카나Toscana 대공大公의 병원에서 일하던 덴마크인 니콜라우스 스테노Nicolaus Steno는 눈물샘을 해부했고 그 기능을 탐구하여 인간의 감정을 이해하기 쉽게 설명했다. 의학교수들은 '계단식 교실'을 집에 만들어놓고 시체와 동물 생체를 해부하는 모습을 보려고 몰려드는 학생들을 수용했다.

암스테르담에서는 의사 니콜라스 튈프Nicolaes Tulp가 범죄자의 사체로 공개 해부를 했다. 그는 무신론자로 낙인찍히기는커녕 렘브란트 하르멘스 반 라인Rembrandt Harmenszoon van Rijn의 그림 속에서 영원히 명성을 누리게 되었다. 렘브란트 그림 속의 튈프는 겸자로 사체의 왼쪽 팔에서 근육을 들어 올리고 있다. 이 그림을 자세히 분석한 정형외과의 A. C. 매스퀼릿A. C. Masquelet에 따르면, 튈프는 들어 올린 근육(얇은손가락굽힘근Flexor Digitorum Superficialis)[8] 이 어떻게 손을 움직이는지 보여주기 위해 자신의 팔을 올리고 있다. 이 근육은 팔꿈치부터 손목까지인 아래팔(전완前腕) 안쪽을 따라 위팔 뼈(상완골)에서 시작하여 손바닥을 이루는 뼈들인 손허리 뼈 5개로 쭉 뻗어 있어 손목을 굽히는 작용을 한다.

툴프는 근육뿐 아니라 인체 부위의 인과관계도 설명했다. 그림 「니콜라스 툴프 박사의 해부학 강의Anatomy Lesson of Dr. Nicolaes Tulp」에서 구경꾼들은 턱수염을 단정하게 기르고 하얀 레이스 덧 깃을 단 남자들이다. 그들은 몸을 앞으로 기울인 채 넋을 놓고 해 부시범을 지켜보고 있다. 이 그림을 보면 그 무렵 사회적으로 용 인될 수 있는 개념이 눈에 띄게 달라졌음을 알 수 있다. 여자가 바 지를 입는 것이 허용되고 미국 남부에서 인종분리가 폐지되는 때 와 비슷한 순간이다. 누군가는 이 그림에서 문명의 몰락을 예감했 을 것이고 다른 누군가는 진보의 사상을 품은 새 시대를 보았을 것이다. 오랫동안 경건한 신비 속에 감춰졌던 인체, 그 구석구석 이 구경거리가 되었다.

새로운 지식의 틀을 창조하다

16세기 말과 17세기 초 사람들은 갈릴레오, 베이컨, 하비, 독일 의 천문학자 요하네스 케플러Johannes Kepler, 덴마크의 천문학자 티코 브라헤Tycho Brahe 등 위대한 과학자들 덕택에 과학적 연구에 관심을 두기 시작했다. 하지만 연구는 단편적이었고 과학자들의 지칠 줄 모르는 실험과 해부, 관찰, 분석이 낳은 결과도 명료한 사 실보다는 혼란에 가까웠다. 연구결과는 과거 400년간 존재해왔던 학문의 틀에 맞지 않았다. 고대 학자들의 틀로 새로운 과학연구를 수용하기란 불가능했다. 오히려 과학연구의 결과 때문에 기존의 지식체계를 지탱하던 기둥이 흔들렸다.

기존 지식체계가 흔들린다는 것이 당대인들에게 어떤 의미였는지를 현대인들이 제대로 이해하기란 힘들다. 현대인들은 과학연구 덕분에 다양한 지식체계를 지니게 되었기 때문이다. 그러나 17세기에는 절대적 가치와 진실이 담긴 지식체계가 단 하나만 존재했다. 그 지식체계가 뒤흔들리자 사람들은 엄청난 충격을 받았고 혼란스러워했다. 교황부터 소책자 정도 읽는 수준의 평범한 사람들까지 위기감을 느꼈다. 그들은 과학연구가 낳은 혼란을 비난했다. 신념의 위기보다 더 심각한 위기는 없는 법이니까.

그러던 중 1637년 파리, 로마, 암스테르담, 런던에 책 한 권이 등장했다. 표지에는 헐렁한 튜닉에 타이츠를 입고 턱수염을 기른 남자가 밭을 가는 모습이 그려져 있었다. 평범한 일꾼의 모습을 하고 철학적 진실을 탐구하는 남자를 그린 듯했다. 그 이미지 위에는 라틴어가 아닌 프랑스어로 제목이 달려 있었다. 놀랍게도 저자는 평범한 사람들(물론 프랑스의 평범한 사람들), 심지어 여자들까지도 그 책을 읽을 수 있어야 한다고 주장하는 듯했다. 제목을 해석하면 이렇다.

'이성을 올바르게 이끌고 학문의 진리를 탐구하기 위한 방법서설. 그리고 이 방법을 적용한 굴절광학, 기상학, 기하학 논문들.'

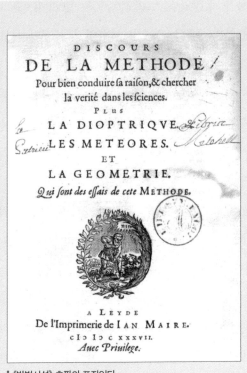

《방법서설》 초판의 표지이다.

　표지에는 출판사 소재지로 네덜란드의 레이덴, 출판인으로 얀 마이러Jan Maire가 적혀 있었다. 마이러는 잘 알려지지 않은 사람이었는데 이 책 한 권으로 유명해졌다. 3,000부가 인쇄되었던 이 책은 시대를 막론하고 가장 영향력 있는 책으로 꼽히게 되었다. 그런데 이상하게도 저자의 이름이 없었다. 저자는 무대 뒤에 숨어 다른 사람들의 의견을 듣고 싶다[9]고 언급했지만 책이 출판된 후 곧 밝혀졌다.

학창시절의 데카르트는 지식의 토대에 분명히 오류가 있다고 생각했고 그것을 위기로 받아들였다.《방법서설》에서도 밝혔지만 데카르트는 십 대 후반과 이십 대 초반에 누구나 흔히 겪는 심리적 또는 지적 위기에서 기존의 가치에 문제를 제기했다.

소위 지식인으로 불릴 만한 학업을 마치자마자 (……) 나는 스스로 너무 많은 의심과 오류를 짊어지게 되어서 내가 얼마나 무식한지를 뼈저리게 느끼는 것 말고는 교육과정에서 아무것도 얻지 못한 듯했다. (……) 유럽에서 가장 저명하다고 손꼽히는 대학을 다녔는데도 말이다. 나는 현명한 사람들이 그곳에 있을 것이라고 생각했다.[10]

그는 정신적 지주를 찾아다녔다. 하지만 연금술의 약속과 점성술의 예언, 마술사의 사기에 속지 않았다. 그는 그런 학문을 아리스토텔레스 철학 체계에 속하는 것이라 여겼으며 '그처럼 불안정한 토대 위에서는 견고한 그 무엇도 지을 수 없다'고 평가했다.[11]

그 후 그는 당대 많은 대학졸업생처럼 책을 버리고 세상을 탐구하기로 결심했다. 그는 내 자신 안에서 혹은 자연이라는 위대한 책에서 발견하게 될 지식 이외에는 아무것도 추구하지 않기로 마음먹었다. 그는 9년간 여행을 하며 여기저기 어슬렁거리는 것밖에는 아무것도 하지 않았다. 세상이라는 무대에서 공연하는 연극 배우보다는 관객이 되고 싶어했다.[12] 당시 유럽에서는 삼십년전쟁 (1618-1648, 독일을 중심으로 신교와 구교의 갈등에서 비롯된 전쟁이었으나 점차 영토 및 통상 등 이익관계가 얽힌 국제전으로 확대되었다_옮긴이 주)과 팔십년전쟁(네덜란드 저지대의 주들이 에스파냐에 대항해 일으킨 독립전쟁 이다_옮긴이 주)이 거의 동시에 진행되고 있었다. 두 전쟁은 엄청난 혼란을 일으켰다. 젊은이들은 당연히 전쟁을 통해 더 넓은 세상을 배울 수밖에 없었다. 데카르트는 군복무를 하며 시간을 보냈다.[13] 처음에는 네덜란드 총독인 마우리츠 판 나사우Maurits van Nassau의 군대에서 복무했고 다음에는 바이에른공국의 선제후選帝侯 막시 밀리안 1세Maximilian I의 군대에 있었다. 그는 실전實戰은 피했지 만 군사공학 지식으로 군대에 도움을 주었다.

데카르트에 얽힌 전설적인 이야기가 있다. 그가 속한 군이 네덜 란드의 도시 브레다Breda에 주둔했을 때 그는 모 게시판에 붙어 있 던 수학퍼즐에 매료되었다고 한다(신문이 등장하기 전이어서 머리를 식 힐 다양한 오락거리가 공공게시판에 붙어 있곤 했다). 데카르트는 옆에 있 던 젊은이에게 네덜란드어로 쓰인 퍼즐을 해석해줄 수 있는지 물 어보았다. 이를 계기로 두 사람은 급속히 친해졌다. 그 청년 이사 크 베이크만Isaac Beeckman 역시 기존 지식의 토대가 불안하다고 걱 정하던 사람이었다. 두 사람이 자연을 이해하기 위해 생각해낸 방 법도 비슷했다. 바로 수학을 물리에 적용하는 방법이었다. 둘의 우정은 경쟁 비슷한 것이 되었다. 군대를 따라 이 도시 저 도시로 옮겨 다니는 동안 둘은 다양한 문제와 연구결과를 서신으로 교환했다. 음악이론, 낙하하는 물체의 가속도, 액체가 용기에 미치는 압력, 기하학 등 그 주제도 다양했다.

처음에는 일곱 살 위인 베이크만이 가르치는 입장이었지만 데카르트가 곧 그를 앞질렀다. 데카르트는 어느 편지에서 자신이 발견한 해석기하학을 간략히 설명했다. 그는 해석기하학 연구를 세부적으로 끝마친다면 이제 기하학에 발견은 더 없을 것이라고 말하며 이렇게 떠벌렸다.

"그 연구는 무한하며 한 사람이 완성할 수 있는 종류의 것이 아니다. 그것은 믿을 수 없는 동시에 야심찬 연구이다. 그러나 나는 이 학문의 어두운 혼돈 속에서 어떤 빛을 보았다."[14]

데카르트는 그다지 겸손한 인물이 아니었다.

얼마 후 독일에 주둔한 그는 머릿속이 여러 생각으로 들끓었다. 그는 온 힘을 다해 생각의 체계를 잡으려 애썼다. 그러던 중 11월의 어느 날 밤 그는 '난로방(도자기 화로로 집중난방이 되는 조그만 방이다)'에서 의미심장하고 몽환적인 꿈을 연달아 3개나 꾸었다. 잠에서 깬 그는 그 꿈들이 일종의 환영 같다고 느꼈다. 꿈에는 그가 그간 탐구해왔던 모든 생각의 흐름이 집약돼 있었다. 자연계가 단일한 체계이며 수학으로 그 체계를 풀 수 있다는 예지가 담겨 있었다. 우주 그리고 우주와 인간의 관계를 새로운 방식으로 이해하라는 뜻이었다. 겨울밤 데카르트가 꾼 몽환 일화는 서양문화를 전환시킨 지렛대 중 하나로 여겨진다.

그로부터 17년 후 등장한 《방법서설》은 데카르트가 최초로 출판한 책인 동시에 데카르트의 연구를 요약한 책이다. 정확히 말하자면 《방법서설》은 짧은 책 네 권을 한데 엮은 것이다. 세 권은 빛과 광학, 기하학, 지리적 현상과 기상 현상을 다룬 논문들이다. 거기에서는 굴절과 근시안, 원시안, 바람과 구름, 무지개의 본질, 해석기하학을 거의 최초로 자세하게 설명하고 있다.

그러나 당대인들과 그 이후의 인류가 오만과 야심, 집념으로 똘똘 뭉친 이 작은 체구의 프랑스인을 두고 '아리스토텔레스 이후 가장 위대한 사상가'라는 평가를 내리게 된 것은 70쪽에 불과한 서론 〈방법서설〉이었다. 데카르트는 17세기의 가장 위대한 수학자도 아니었으며 가장 영향력 있는 과학자도 아니었다(한 세대 늦은 아이작 뉴턴Isaac Newton은 분명히 최고의 수학자라 불릴 만했다. 가장 영향력 있는 과학자로 치자면 뉴턴과 갈릴레오가 어깨를 나란히 할 것이다). 또한 철학으로 치자면 바루흐 스피노자Baruch Spinoza와 고트프리트 빌헬름 폰 라이프니츠Gottfried Wilhelm Leibniz가 더 정교한 철학을 전개했다고 할 수 있다.

하지만 데카르트는 어느 현대 철학자의 말대로 근대 철학의 아버지임은 말할 것도 없고 근대 문화, 즉 근대와 그 이후의 서양문화 그리고 더 나아가 서양문화를 수입한 근대 세계문화의 아버지라 할 수 있다.[15] 데카르트가 이렇게 평가될 수 있는 첫 번째 이유는 〈방법서설〉이다. 이 짧은 논문은 '낡은 것과 새로운 것을 가르는 사상사思想史의 경계선'이라 불린다.[16]

코기토, 에르고 숨

데카르트는 학창시절부터 전통적인 학문연구법이 그 토대부터 잘못되었다고 결론지었다. 고대 학자들의 사상이 아무리 탁월하고 정교하다 해도 늪처럼 질척이는 토대에서 출발했다면 이는 사상누각에 다름없었다. 아리스토텔레스의 4원소설을 예로 들어보자. 왜 땅, 공기, 물, 불인가? 가장 뚜렷하게 감각할 수 있는 것들을 현실의 토대로 가정해야 할 합당한 이유가 있을까? 토마스 아퀴나스Thomas Aquinas는 어떤가? 가장 훌륭한 스콜라 철학자 아퀴나스는 예리한 지성으로 천사가 존재한다는 '증거'를 정교하게 이론화하는 일에 몰두했다. 그는 천사의 수, 종류, 본질, 지성, 유래를 분석했으며 천사가 다른 장소로 이동할 때 통과하는 중간 공간 같은 곳이 있는지와 비슷한 문제에 골몰했다. 역사상 위대한 지성인 그가 어떻게 그토록 모호한 문제에 몸을 던졌을까? 플라톤Platon은 또 어떠한가? 플라톤의 형상이론, 즉 이데아론에 따르면 창밖의 나무는 그 자체로 실재가 아니라 '나무'라는 영원한 형상(이데아)의 반영일 뿐이다. 그렇다면 내가 지금 두드리고 있는 이 자판은 신이 창조했고 '자판성'이라는 영속적이고도 완전한 형상을 불완전하게 닮은 사본일 뿐이라는 말인가?

오랜 세월 동안 학문의 전통은 이처럼 현실을 설명하는 범주 category(존재를 근본적 성질에 따라 분류하는 데 필요한 근본개념으로 아리스토텔레스는 실체, 양, 질 등 10개 범주를, 스콜라 철학은 6개 범주를 든다_옮긴이 주)를 중심으로 쌓였다. 수백 년 동안 가운을 걸친 학자와 필경사 들이 수지양초 불빛 아래에서 양피지와 가죽장정 필사본 위에 몸을 구부린 채 글을 읽고 펜을 긁적이고 주석하고 암기하고 문장을 문법적·논리적으로 분석했다. 그러면서 그들은 범주를 토대로 한 낡은 학문 위에 겹겹이 지식을 쌓았다. 낡은 사고의 틀이 자연현상, 인간행동, 역사, 우주를 설명하는 도구가 되었고 점점 통제하기 힘들어졌다.

그러나 이들 범주는 무엇을 토대로 하는가? 어떻게 범주를 신뢰할 수 있는가? 범주가 말도 안 되는 헛소리가 아니란 법이 있는가? 범주가 실제로 있다고 해도 그것을 토대로 쌓아올린 지식에서 위대한 것들이 탄생할 수 있는가? 데카르트는 아리스토텔레스의 철학이 잘못되었음을 입증하는 가장 좋은 방법은 그 철학을 추종한 수백 년 동안 인류가 조금도 진보하지 못했음을 지적하는 것이라고 신랄하게 비판했다.[17]

그렇다면 인류는 어떤 방법으로 진보를 이룰 수 있을까? 데카르트는 '왜 아무것도 없지 않고 무엇인가 있는가?'(라이프니츠가 던진 질문으로 마르틴 하이데거Martin Heidegger가 철학의 근본문제라 평하기도 했으며 20세기 초반 하이데거와 장 폴 사르트르Jean Paul Sartre를 비롯한 철학자들이 몰두했던 문제이다_옮긴이 주)와 같은 질문에 골몰했던 후대 철학자들과는 달랐다. 그는 세상을 지배하고 사람들을 자연의 지배자[18]로 만들어줄 철학을 열정적으로 갈구했다.

얼핏 보면 데카르트의 논리는 말이 되지 않는다. 보편적 척도를 찾는다면 바깥세상을 내다보는 편이 합당하다. 육분의를 든 항해사처럼 별과 머나먼 지평선으로 눈을 돌려야 한다. 그 대신에 데카르트는 문체에서부터 전통에 대한 반란을 시작했다. 《방법서설》은 1인칭으로 쓰였다. 따라서 세상에서 가장 위대한 철학책이 가장 읽기 쉬운 책이 될 수 있었다. 또한 《방법서설》은 개인을 중심으로 하는 시대의 개막을 알렸다. 《방법서설》은 수학공식이나 과학명제로 시작하지 않았고 권위 있는 학자와 이론을 늘어놓지도 않았다. 그 대신에 혼자 앉아서 생각하는, 살아 있는 인간, 바로 데카르트 자신으로부터 출발했다. 《방법서설》에는 아늑한 분위기가 있다. 난롯불이 타닥거리는 소리가 들리는 듯하다. 《방법서설》을 편 독자가 마주치는 세상은 친숙한 세상이다. 소설과 이야기, 연극, 영화 속의 세상이다. 인간이 주인공이 된 세상, 즉 근대적인 세상이다.

모든 근대적 예술형식은 개인에 초점을 맞출 뿐 아니라 개인의 위기를 중심으로 이야기를 전개한다. 최초의 근대 철학책인《방법 서설》또한 마찬가지이다. 이 책에 등장한 위기는 의미의 상실이 다. 해결해야 할 문제는 진실, 즉 믿을 수 있는 무언가를 찾는 것이 다. 데카르트는 아리스토텔레스가 자연과 현실에 접근하는 방법 이 틀렸으며, 아퀴나스와 플라톤, 중세 스콜라 철학의 대표자 존 던스 스코터스John Duns Scotus, 오컴의 윌리엄William of Ockham(중 세 말기 영국의 신학자이자 철학자로 보편자의 실재를 부정하는 유명론을 펼 쳤다_옮긴이 주)을 비롯해 존경받는 모든 학자가 틀렸다는 데서 출 발한다. 그는 아담과 이브부터 유대 예언자와 예수의 부활까지의 이야기를 담은《성경》도 쓰레기통에 처박는다. 그런 사상과 생각 을 부정할 수 없는 명제에 이를 때까지 하나하나 베어 던지는 것 이다. 그것은 철학적·심리학적 연구였다. 그러면서 데카르트는 '가정에서는 따라 하지 마시오'와 비슷한 문구를 덧붙였다.

"과거 믿음을 모두 벗어던지는 이 방법이 단순해 보일지라도 모든 사람이 따라 해서는 안 된다."[19]

위대한 철학을 이런 식으로 부정해 나간다 해도 바로 내 앞에 있는 존재는 어떻게 할 것인가? 데카르트가《성찰》에서 썼듯 '내 가 이곳에 있다는 것, 겨울용 가운을 입고 난롯가에 앉아 손에 이 종이를 들고 있다는'[20] 사실은 어떠한가? 하지만 그 사실조차 끝 까지 힘을 발휘하지 못한다. 감각 또한 믿을 수 없기 때문이다. 감 각은 우리를 속일 수 있다. 꿈을 꾸고 있거나 약에 취했거나 악령에게 속았을 수도 있다. 우리가 진지하게 이 문제를 다룬다면 시각, 후각, 촉각이 아무리 자명하다 해도 의심해야 한다. 엄밀히 말하지만 내 몸이 실재한다는 것조차 확신할 수 없다.

그렇다면 이제 무엇이 남는가? 이 가차 없는 부정 뒤에는 단 한 가지가 남는다. 부정할 수 없는 한 가지 가정, 우주 속에서 홀로 똑딱이는 시계 같은 소리. 바로 생각하는 사람이 생각하는 소리이다. 지금 내가 하고 있는 이 생각을 포함해 생각하고 있다는 것을 의심할 수 있을까? 아니다. 그것은 논리적으로 불가능하다. 따라서 아무리 보잘것없을지라도 우리는 그것을 지식의 토대, 기초라 부를 수 있다.

이렇게 해서 데카르트는 역사상 근대 철학의 시금석이 된 문장을 세상에 선사했다.[21] 데카르트와 그의 시대 한쪽에는 '내가 길이요, 진리요, 생명이니'가, 다른 쪽에는 '$E=mc^2$'이 존재했다. 그 후 여러 철학자가 지적한 것처럼 '나는 생각한다. 고로 나는 존재한다Je pense, donc je suis', 즉 라틴어로 '코기토, 에르고 숨Cogito ergo sum'은 데카르트가 말하고자 했던 바를 완전히 표현하지 못한다. 그의 방법론적 회의가 모든 것을 부정하고 난 뒤 남은 것은 '나'라기보다는 생각이 일어나고 있다는 인식이다. 따라서 '나는 생각한다. 고로 나는 존재한다'보다는 '생각이 일어나고 있다. 고로 생각하는 것이 분명히 있다'가 더 정확한 표현이다.

데카르트가 인간의 기관 가운데 매우 허약하고 다루기 힘든 정신에서 지식의 토대를 찾았다는 것은 아이러니하다. 그러나 내가 서 있을 수 있는, 유일하게 확실한 토대가 정신이라면 그 정신은 그다지 허약하지 않을 것이다. 초기 데카르트 추종자가 표현한 대로 의심은 의심할 나위 없이 확실한, 철학의 시작이다.[22] 그러므로 생각과 생각의 '합리성', 즉 인간의 이성이 유일한 지식의 토대가 된다. 그러니까 무엇이 진실인지 판단할 때 유일하게 지식의 토대가 되는 것은 인간의 이성이다. 철학자들이 요약했듯이 '코기토' 선언과 더불어 그리고 데카르트가《방법서설》과 이후 연구에서 간략히 소개한 이론과 더불어, 인간의 이성이 앎의 토대로서 대대로 전수받은 지식을 대체하기 시작했다. 데카르트가 지식의 토대를 만들자 그를 비롯해 다른 사람들이 지식의 건물을 재건축하기 시작했다. 그 건물은 과거의 것과는 달랐다. 모든 것이 달라야 했다.

《방법서설》이 몰고 온 파고

오늘날 네덜란드의 도시 위트레흐트Utrecht에는 거대한 고딕 교회탑이 중앙광장 한복판에 특이한 모습으로 우뚝 서 있다. 탑과 교회 사이에는 널찍한 포장도로가 지나간다. 교회와 탑이 이상하게 분리된 이유는 1674년에 불어 닥친 파괴적인 폭풍으로 두 건

물을 이어주던 신랑神
廊이 무너진 후 보수되
지 않았기 때문이다. 이
교회탑만 빼면 옛 도시
위트레흐트는 꽤 잘 보
존되었다. 움푹 들어간
운하와 구불구불한 도
로, 박공博栱식 벽돌건
물들이 1638년의 모습
과 그리 다르지 않다.

| 데카르트의 첫 제자 레기우스의 초상이다.

　1638년, 레기우스

Regius라는 라틴어 이름으로 더 잘 알려진 헨드릭 데 로이Hendrik
de Roy가 이 교회와 연결된 건물로 씩씩하고 결연하게 걸어 들어
갔다. 새롭게 위트레흐트대학교Universiteit Utrecht라 불린 그곳에서
교수로 일하기 위해서였다.

　잠시 후, 마흔 살의 의학박사 레기우스는 한 번도 만난 적이 없
는 데카르트에게 편지를 썼다.[23] 당시 데카르트는 위트레흐트에
서 약 65킬로미터 떨어진 산트포르트Santpoort라는 마을에 살고 있
었다(데카르트는 학문적으로 비교적 자유로운 네덜란드의 분위기에 끌려 네
덜란드에서 많은 시간을 보냈다). 레기우스는 데카르트에게 감사인사
를 전하고 싶었다. 그는 데카르트 덕택에 새로 마련된 의학교수직

에 임명되었다고 썼다. 레기우스는 한 해 전에 출판된《방법서설》을 읽었으며 그 책에서 광학과 기상학 논문도 읽었다. 그 책은 그의 세계관을 바꾸어놓았다. 그는 원래 물리학 강의를 하고 있었는데《방법서설》을 읽은 뒤 학문 접근법을 바꾸었다. 그러자 그의 강의는 인체와 우주를 새롭게 설명하는 방법에 흥미를 느낀 학생들로 가득 찼다. 그 점을 알아차린 대학 관료들이 그를 초빙했다. 레기우스는 강좌의 인기 덕분에 승진했다고 판단했다.

레기우스는 데카르트에게 제자로 받아들여달라고 청했다. 데카르트는 기뻤다. 그는 칭찬을 무척 좋아하는 사람이었다. 게다가 그의 연구가 세상에 영향을 미치려면 레기우스와 같은 반응이 필요했다.《방법서설》의 초판 판매는 그리 시원치 않았지만 어쨌든 사람들은 그 책을 읽고 있었다(시대를 불문하고 작가들이 흔히 하는 이야기이지만 데카르트는 초판이 팔리지 않아서 재판을 발행하게 될지 의심스럽다고 투덜거렸다). 데카르트는 무명 철학자에서 유명 지식인으로 변모해가고 있었다. 대학과 교회, 주점과 카페에서 그의 이름이 거론되었다. 17세기 유럽의 말 많은 중산층이 서로에게 그리고 데카르트에게 편지를 쓰며 최고라는 표현을 거침없이 사용했다.[24] 그들은 데카르트를 '위대한 사람', '우리 시대의 아르키메데스', '가장 위대한 철학자', '떡 벌어진 어깨가 아닌 뛰어난 지성에서 비롯된 탄탄한 추론으로 천체를 떠받치고 있는 위대한 아틀라스'라고 지칭했다.[25] 레기우스가 쓴 대로 그들은 '이성을 사용해 모든 종류의 진실을 탐구하기 위해' 데카르트가 발견한 '뛰어난 방법'에 흥미를 보였다.

그 무렵 데카르트는 인생의 목표를 정했다. 바로 아리스토텔레스 철학을 대신할 학문의 토대를 세우는 것이었다. 경탄할 만큼 거창한 야망이었다. 갈릴레오나 레오나르도 다 빈치Leonardo da Vinci 또는 아리스토텔레스의 야망보다 훨씬 대단했다. 데카르트는 모든 인간에게 생각하는 방식을 다시 가르치고 싶었다. 그는 책 한두 권을 쓰거나 강의 몇 번으로는 그 일을 이룰 수 없다는 것을 잘 알았다. 그의 철학이 인정받으려면 영향력 있는 교수들과 교회 관료들, 대학 관료들, 정부 지도자들을 자기편으로 만들어야 했다. 그 계획은 레기우스에게서 시작될 것이다.

레기우스는 데카르트주의Cartesianism를 홍보하는 일에 열성이었다. 그는 대학에서 데카르트 철학과 관련한 공식 토론을 연달아 열었다. 의학교수였던 그는 주제를 건강 과학으로 삼았다. 레기우스가 제시하려는 의학 접근법이 제목에 들어 있었다. 토론이 진행될수록 청중도 관심도 증가했다. 토론은 점점 대담해졌다. 그는 이성이라는 도구를 다루는 '개인의 의식'이라는, 급진적으로 새로운 토대에서 출발해 데카르트의 기계론적 우주관(기존의 우주관이 자연과 우주를 목적이나 생명을 가진 유기체로 보았던 반면, 데카르트는 자연과 우주를 수학적 법칙에 따라 움직이는 하나의 기계로 보았으며 인간의 이성으로 그런 법칙을 파악할 수 있고 세상의 지배자가 될 수 있다고 생각했다_옮긴이 주)을 설명했다. 지구는 많은 태양 가운데 하나의 주위를 돌고 있는 많은 천체 중 하나일 뿐이라는 니콜라우스 코페르니쿠스 Nicolaus Copernicus의 천체관도 언급했다. 또 신이 아니라 적절한 생리조건에 따라 기능하는 몸의 기관들도 설명했다. 그는 맥박과 호흡, 심지어 배설물의 작용까지 자세하게 파고들었다.[26] 그는 대체로 신학을 무시했고 아리스토텔레스의 범주론을 대놓고 비웃었다. 그리고 하비의 혈액순환이론을 인체기능을 이해하는 핵심으로 제시했다(데카르트는 하비의 혈액순환이론을 전반적으로 따르기는 했지만 심장이 혈액을 펌프질한다는 하비의 주장에는 동의하지 않았다. 데카르트는 심장이 피를 덥히는 난로 같은 역할을 해 피를 순환시킨다고 생각했다. 물론 그의 생각은 틀렸다).

유럽 전역의 지식인들이 《방법서설》을 탐독하면서 이 책이 새로운 지식의 틀을 창조했다고 평했다. 하지만 위트레흐트에서의 반응은 달랐다. 위트레흐트 사람들의 반응을 보면 근대적 사상을 처음 접한 대중이 어떻게 반응했는지 알 수 있다. 레기우스의 마지막 강연이 끝나자 청중으로 가득했던 강의실이 야유와 혼란으로 뒤죽박죽되었다. 고위관료들이 강의실을 박차고 나갔다. 전례 없는 아수라장이 벌어졌다.

데카르트는 야망이 컸지만 직접적인 갈등은 좋아하지 않았다. 이 시기에 그는 위트레흐트와 거리를 두었다. 반면, 투사다운 인상에 불같은 성질을 지녔던 레기우스는 아리스토텔레스주의자들

과 전면전을 벌였다. 자
크 프리메로즈Jacques
Primerose라는 의사가
혈액순환이론을 반대
하자 레기우스는 〈프
리메로즈 박사가 발표
한 오물을 씻어내기 위
한 수세미A Sponge to
Wash Away the Filth of the
Remarks Published by Dr.
Primerose〉**27**라는 논문을

| 1630년대 네덜란드에서 데카르트 비판을 주
도했던 푸티위스이다.

부리나케 발표했다.

　그러나 진짜 적은 히스베르튀스 푸티위스Gisbertus Voetius였다.
그는 네덜란드 신학자이자 아리스토텔레스주의자였다. 게다가 위
트레흐트대학교의 총장이기도 했다. 레기우스가 데카르트 철학의
놀라운 가능성을 즉각 알아차렸다면, 족제비처럼 작고 강렬한 눈
빛의 푸티위스는 데카르트 철학의 위험을 즉각 감지했다. 푸티위
스는 레기우스와 데카르트 그리고 '새로운 철학'을 공격하기 시작
했다. 그는 데카르트가 자기 철학의 일부로 삼은 코페르니쿠스의
천문학이 '신성한 물리학'을 모욕하며 유럽 지식인들의 마음을 갉
아먹는, 쫓아내야 할 해충 같다고 비난했다.

무엇보다 데카르트가 방법론을 토대로 완전히 새롭게 자연을 이해할 수 있다고 약속한 데에, 푸티위스는 그런 수준의 지식은 이 세상의 지식이 아니라 영적인 지식이라고 지적했다. 그것은 예수가 가르치는 '하늘의 왕국에 속하는 지식'이며 '우리가 모르는 것이 너무나 많다'고 푸티위스는 열변을 토했다. 그의 관점에서 진실에 이르는 길은 수세기 동안 공들여 쌓은 모든 것을 부정하고 의심하는 것이 아니라 '현명한 무지Learned Ignorance'(무지의 자각을 이르는 말로, 인간의 이성만으로는 신을 이해할 수 없고 자신의 무지를 자각할 때 신을 이해할 수 있다는 생각이다_옮긴이 주)[28]를 숭배하고 갈고닦는 것이었다.

푸티위스는 영향력을 동원해 여러 면에서 데카르트주의를 공격했다. 그는 데카르트주의가 인간의 지성이 갈 수 있는 가장 위험한 곳으로 사람들을 이끌 것이라 경고했다. 그가 말하는 가장 위험한 곳은 무신론을 뜻했다. 푸티위스와 그 지지자들은 데카르트가 사이비 교단의 교주 같다고 비난했다. 그가 마력으로 추종자들을 사로잡는다고, 데카르트주의가 내세우는 의심이 추구하는 목적이 바로 그것이라고 주장했다. 고대 철학자들의 배움을 잊도록해서 추종자들의 마음을 비우게 하고 그 자리에 데카르트주의를 채우려 한다고 했다. 푸티위스와 그 추종자들은 거기서 멈추지 않았다. 그들은 데카르트가 성적 일탈을 저지른다며 인신공격도 서슴지 않았다.

데카르트는 직접 대응은 피했지만 반대자에게는 대단히 무자비했다. 어느 반대자가 쓴 것처럼 데카르트는 모든 편견으로부터 해방했을지 모르나 여전히 한 가지 편견에 구속되어 있었다. 바로 매사에 자신이 절대적으로 옳다는 편견이었다. 데카르트는 비판에 민감하게 처신했고 치사하기 그지없는 반응을 보이기도 했다. 수학자 피에르 드 페르마Pierre de Fermat의 수학을 똥이라고 평했으며 다른 저명한 저자의 글을 쓰레기라고 평한 적도 있었다. 자연에 진공이 존재한다는 블레즈 파스칼Blaise Pascal의 주장에는 진공은 파스칼의 두개골 속에나 있다고 재담을 떨었다. 그는 《성찰》 2판 발행을 기회로 삼아 위트레흐트 사건의 입장을 부록에 담았다.

그는 거기에서 만족하지 않고 200쪽에 달하는 글을 써서 《푸티위스에게 보내는 편지Lettre de René Descartes au très célèbre Gilbert Voet》라는 제목으로 출판했다. 그는 그 글에서 자신의 철학을 변론하면서 푸티위스를 선동가이자 중상모략가, 더 나아가 무신론자라고 했다. 게다가 푸티위스와 그 동료들이 자신을 혹평하는 이유는 자신의 철학으로 진실이 밝혀지면 그들의 세계관이 무너지지 않을까 하는 두려움 때문이라고 설득력 있는 주장을 펼쳐 상황을 급반전시켰다. 결국 많은 유럽인이 이 모든 사건을 알게 되었다.

그러나 데카르트는 명예훼손으로 고소당했고 실형을 선고받을 수 있는 상황에 놓였다. 그는 프랑스 대사에게 도움을 청했는데, 대사는 그 지역의 대법관인 총독에게 손을 내밀었다. 이 사건은 네덜란드의 사법제도권을 돌고 돌며 대중적 관심을 끌었다. 도시 관료와 신학자, 섭정관, 목사, 법관, 교수, 학생 들이 관련 문제를 숙고했고 데카르트주의로 무장한 새로운 철학이 지식에 이르는 진정한 길인지 기독교에 대한 공격인지, 아니면 둘 다인지 고민했다. 무엇보다 사람들은 사회의 토대가 흔들리고 있다고 느꼈다. 새로운 철학을 둘러싼 공포와 혼란이 퍼져갔다. 소송은 1642년에 절정에 달했고 위트레흐트는 데카르트의 철학을 공식적으로 금했다.

논쟁은 거기에서 그치지 않았고 1647년 네덜란드에서 가장 명성 있는 레이덴대학교에 이르렀다. 레이덴대학교는 《방법서설》이 출판된 도시에 있었다. 레이덴대학교도 위트레흐트대학교의 전례를 따라 데카르트 철학을 금지함으로써 문제를 해결하려고 했다. 레이덴대학교는 '공개 강좌든, 개인 교습이든 철학자들은 아리스토텔레스 철학을 지켜야 한다'[29]라고 규정했다.

위트레흐트에서처럼 대중 사이에서도 데카르트주의 논쟁이 격렬해졌다. 강당을 가득 메운 사람들이 테이블과 벤치 위에 올라서서 둥근 천장까지 머리가 닿을 정도였다. 애덤 스튜어트Adam Stuart라는 철학교수가 데카르트주의에 반대 주장을 폈다. 그는 이렇게 말했다.

"감각을 신뢰할 수 있음을 어떻게든 부정하고 신의 존재를 부정할 수 있다고 누구든 신의 존재를 의심할 수 있다고 주장하는 철학이 요즘 유행입니다."[30]

그 무렵 교수와 학생 들 중에는 데카르트의 제자들이 적지 않았다. 그들은 스튜어트가 데카르트 철학을 부정확하게 말하고 있다며 분노를 표출했다. 분위기가 격해졌고 학생들이 발을 구르며 야유했다. 스튜어트는 완전히 이성을 잃어 데카르트를 옹호하던 대표 학생에게 소리를 질렀다.

"나의 권위로 입 다물 것을 명한다! 입 닥쳐, 네 이야기는 듣고 싶지 않아!"

위트레흐트에서처럼 사건은 혼란 속에 끝났다.

그 후 수십 년 동안 유럽 전역에서 갈등은 거듭 되풀이되었다. 갈등의 쟁점은 신앙과 이성, 영적인 세상과 물질적 세상의 관계였다. 그동안의 전통과 법에 따르면 신앙과 영적 세상이 이성과 물질적 세상보다 우선한다. 하지만 신앙과 이성의 경계는 결코 분명하지 않았다. 데카르트도 역사가 묘사하는 것처럼 냉정한 이성주의자는 아니었다. 그는 진심으로 자신의 신앙을 지켰다. 분명히 근대 철학자이기는 했으나 한쪽 발은 중세를 딛고 서 있었다. 중세 철학자들처럼 그는 신의 존재를 증명하는 '증거'를 자신의 철학에 포함시켰다. 그는 신이 존재한다는 것과 신이 본성적으로 선하다는 것을 증명해야만 했다. 왜냐하면 데카르트의 방법론적 회의가 모든 것을 의심하는 상황에서 물질세계가 진짜 존재한다는 것을 보증하려면 신이 필요했기 때문이다. 그의 연구에는 신학적 토대도 있었다. 당대의 세상과 학문뿐 아니라 데카르트 철학조차도 신에 의존했다.

아리스토텔레스주의자들은 이 점을 높게 평가하지 않았다. 그들은 데카르트의 방법론을 생각의 토대로 삼는다면 무신론에 빠질 뿐 아니라 권위가 파괴되고 중재자도 규칙도 없는, 혼란과 의심으로 얼룩진 세상이 될 것이라 주장했다.

갑작스런 죽음

데카르트는 이성을 올바르게 이끌고 학문의 진리를 탐구하기 위한 《방법서설》을 발표한 후 몇 년간 생각해낼 수 있는 모든 주제에 집요하고 왕성하게 자신의 방법론을 적용했다. 데카르트는 데카르트 좌표(평면의 공간을 x축과 y축의 그래프로 표현하여 평면상의 모든 점을 2개의 수로 나타내는 방법으로 기하학적 공간을 평면에 재구성할 수 있는 방법이다_옮긴이 주)나 데카르트 이원론처럼 추상적인 개념에 그 이름이 붙을 만큼 극도로 관념적인 사상가로 기억되는 인물이지만 아이러니하게도 일상적인 것에 무척 집착했다. 그는 눈, 바위, 소금 알갱이를 연구했고 자신의 방법론을 법에 적용하려는 생각에 빠지기도 했다. 그래서 살인죄로 고소된 농부의 사건을 맡아 그

| 17세기 암스테르담의 중앙광장인 담Dam 광장. 데카르트가 암스테르담에서 살던 당시의 모습이다.

내막을 자세하게 조사한 뒤 농부를 위해 당국에 호소하기도 했다.

우리는 여기서 데카르트의 주요 연구 동기를 엿볼 수 있다. 그것은 그와 동시대를 살았던 베이컨과 하비의 동기와도 비슷한데 오늘날까지 우리에게 전해지는 동기이기도 하다. 바로 인간의 진보다. 데카르트는 '자연을 지배함으로써 인류가 자유로울 수 있다'고 믿었다. 그가 말하는 자유란 지루하고 고된 노동으로부터의 자유, 편견과 생각의 오류로부터의 자유 그리고 고통과 질병으로부터의 자유다. 그에게는 죽음의 두려움으로 몸을 떨었던, 어린 시절의 공포가 여전히 남아 있었다. 그의 주요 주제는 늘 건강이었다. 1635년 암스테르담에서 머물던 시절, 칼버스트랏Kalverstraat에 위치한 그의 거처는 연구하기에 좋은 장소였다. 칼버스트랏이라는 지명은 '그곳 푸줏간에서 도축되던 송아지와 소'라는 단어에서 비롯되었다. 뮌트Munt라 불리는 바로크풍 시계탑 그늘 아래 죽 늘어선 2,3층짜리 박공지붕 집을 따라 몇 발자국만 걸어가면 금방 도살된 동물을 구해 수레에 싣고 올 수 있었다.

그는 집에서 토끼, 개, 뱀장어, 소 등 사체를 해부했고 안구, 구불구불한 창자, 심장의 신비를 탐구했다. 그가 다른 분야에서와 마찬가지로 의학에 가진 자신감과 오만은 대단했다. 그는 친구에게 이렇게 편지를 썼다.

'어떤 의사도 나처럼 자세하게 관찰하지는 못했을 걸세. 그 결과 나는 자연적 원인으로 설명할 수 없는 기능은 없다는 걸 알았네. 나는 모든 것을 세밀하게 설명할 수 있다네.'[31]

그는 신이 난 어조로 다른 곳에서 이렇게 썼다.

'나는 상상과 기억 등을 구성하는 것이 무엇인지 설명하기 위해 지금 다양한 동물의 머리를 해부하고 있네.'[32]

당대 사람 모두가 데카르트처럼 오만하지는 않았지만 데카르트처럼 과학으로 만물을 설명할 수 있는 시대가 곧 올 것으로 믿어 의심치 않았다. 근대가 탄생하는 그 순간, 인류는 직면하고 있는 복잡한 문제들에 곧 해결책을 찾아낼 수 있을 것이라 믿었던 것이다. 데카르트는 자신의 방법론이 그 열쇠임을 확신했다. 예를 들어, 그는 정신이 건강하려면 이성의 방법론을 적용하기만 하면 된다고 여겼다. 그렇게 하면 도착증과 광기는 물론, 질투, 두려움, 탐욕, 분노 같은 감정도 해결될 것이라고 말이다. 그의 낙관주의는 거기서 멈추지 않았다.

> 육체는 기계이다. 육체를 잘 작동시키려면 그 부품을 이해하기만 하면 된다. 따라서 죽음은 육신의 오작동과 같다. 오류를 찾고 수정한다면 죽음이라는 문제도 풀 수 있다.

데카르트는 육체의 비밀코드를 풀면 인간의 수명을 천 년까지 연장할 수 있다고 믿었다. 그는 짧은 수명이라는 장애물[33]만 없다면 인간의 수명을 연장할 방법을 찾을 수 있을 것이라 생각했다. 그는 자신의 표현이 얼마나 아이러니한지 깨닫지 못했던 것 같다.

데카르트가 의학에 가진 낙관론만큼이나 어이없는 사실은 다른 사람들도 그 낙관론을 믿었다는 점이다.[34] 위대한 유럽 지식인들은 데카르트의 철학적·수학적 발견 못지않게 그의 의학 연구를 잘 알고 있었다. 데카르트는 파스칼에게 건강을 조언하기도 했다. 네덜란드의 정치가이자 시인인 콘스탄테인 호이겐스Constantijn Huygens는 데카르트에게 지금 하고 있는 연구를 잠시 중단하고 지금보다 더 오래 살 수 있는 방법을 조언해줄 수 있느냐고 편지를 보냈다. 왕족들은 그의 최신 연구결과와 더불어《성경》속 아브라함만큼 오래 살 수 있는 방법을 찾았는지 궁금해했다.

그는 건강 상담자의 역할을 즐겼던 듯하다. 하지만 기본적인 의학적 발견(세균이론, 혈액형, 마취, 미생물, 박테리아는 그로부터 수백 년이 흐른 뒤에야 발견되었다)이 이루어지지 않은 시대여서 그의 충고는 시시하다고는 할 수 없어도 대체로 평범했다. 그는 휴식을 취하고 수프를 먹으며 긍정적인 생각을 갖도록 충고했다. 그러는 동안 사십이 넘고 머리가 희끗희끗해지기 시작하자 그는 노화를 늦출 방법을 연구하기 시작했다. 그런 면에서 그는 진정 현대적이었다.[35] 물론 데카르트는 의학자로 역사에 남지는 않았다. 그의 연구주제는 결국 인체를 넘어서 확장되었다. 연구의 영역이 넓어지게 된 이유도 바로 인체와 인체의 허약함과 관련 있었다.

데카르트는 결혼을 하지 않았고 누군가와 결혼에 이를 정도로 친밀한 관계를 가진 적도 거의 없었다. 그러나 그도 결국 인간이었다. 알려진 바에 따르면 암스테르담에서 지인인 토마스 세르장트Thomas Sergeant의 집에 머물던 데카르트는 1634년 10월 15일 그 집의 가정부인 헬레나 얀스Helena Jans와 관계를 가졌다.[36] 1634년 10월 15일이라는 날짜는 상당히 정확하다. 그로부터 9개월 뒤에 아이가 태어난 데다 데카르트가 친구들에게 이야기하면서 그 날짜를 언급하기도 했으니 말이다. 그는 분명히 날짜를 어딘가에 적어두었던 모양이다. 몇 달 뒤 그녀는 데카르트가 암스테르담을 떠나 예전에 살았던 데벤터르Deventer라는 도시로 갈 때 동행했다. 그곳에서 딸이 태어났고 두 사람은 딸의 이름을 프랑신느Francine 라고 지었다.

데카르트는 이기적이고 오만하고 집념이 강한 사람으로, 가족들과 거리를 두고 지냈으며 친한 친구도 거의 없었다. 그런데 딸이 태어나면서 그의 몇 가지 기본성향이 바뀌었던 것 같다. 데카르트의 전기작가인 아드리앵 바이예Adrien Baillet에 따르면, 딸은 그가 평생 가장 사랑했던 대상이었다. 당시 혼외정사로 아이를 낳는 것은 심각한 죄였다. 데카르트는 그 사실을 애써 숨겼지만 세례명부에 프랑신느가 자신의 딸임을 기록했다(자신의 성을 빼고 이름만 쓰긴 했지만 말이다).

이 이상한 가족은 그 후 몇 년간 이곳저곳을 돌아다녔다. 공식적으로 얀스는 그의 하녀였고 프랑신느는 조카였다. 1640년 그는 프랑스에 있는 여자 친척에게 편지를 써서 딸을 그곳에 데려가 교육을 시키겠노라고 했다. 그는 프랑스로 가기 전 레이덴을 잠시 방문하기 위해 9월 초에 집을 떠났다. 그런데 전갈이 왔다. 프랑신느가 성홍열에 걸렸다는 것이다.

'프랑신느의 온몸이 붉었다.'

딸이 죽기 전, 그의 주요 연구는 질병 치료와 의학이었다. 그는 육체의 구석 어디에서 무병장수의 열쇠라도 찾으려는 듯 동물들을 해부했다. 그의 딸이 죽은 시점은 그의 연구가 다른 영역으로 확장된 시기와 우연히 일치한다. 그는 망연자실해서 딸아이의 무덤을 쳐다보다가 인체연구를 그만 두기로 마음먹었던 것일까. 인체의 비밀을 쉽게 파헤칠 수 없으니 우주에서 해답을 찾으려 했던 것일까. 그와 동시에 데카르트는 과학의 힘으로 인간이 건강하도록 돕고 생명을 연장할 수 있다고 믿었다. 그가 얼어붙은 2월 밤 스톡홀름의 병상에 누워 죽어가면서 분통을 터트렸던 이유 중 하나도 분명히 그런 믿음 때문이었을 것이다. 그는 분했을 뿐 아니라 비통했다.

애당초 그는 스톡홀름에 오고 싶지 않았다. 스톡홀름은 유럽의 권력 중심지와는 거리가 멀었다. 게다가 그는 추위를 끔찍이 싫어했다. 그가 나고 자란 루아르 계곡은 프랑스 서부 중앙에 위치해 해가 잘 들었다. 그뿐만 아니라 그는 안위에 무척 신경 쓰는 사람이었는데 스웨덴이라니. 그는 '바위와 얼음 틈에서 곰들이 사는' 머나먼 땅이라 비아냥거렸다. 그래도 친구 샤뉘는 의기소침해 있던 데카르트에게 스톡홀름으로 오라며 편지 세례를 퍼부었다. 데카르트는 20년 이상 네덜란드 지방에서 살면서 비교적 자유롭게 사유한다는 유럽 대학들이 자신의 철학을 받아들이도록 애썼다. 하지만 위트레흐트와 레이덴에서의 싸움으로 지쳐 있었다. 그는 얼마나 힘든 일을 하고 있는지 깨닫기 시작했다. 늙고 지친 그에게는 변화가 필요했다.

게다가 스웨덴으로 가야 할 또 다른 이유가 있었다. 바로 스웨덴 여왕이었다. 그가 샤뉘의 초대를 받아들인 것도 부분적으로는 여왕 때문이었을 것이다. 평소 수수하던 데카르트가 길고 뾰족한 구두를 신고 흰색 털장갑을 끼는 등 화려하게 차려입고 네덜란드 해안에 급파된 배에 오른 것도 분명히 여왕 때문이었다.

크리스티나 여왕

데카르트는 스톡홀름에 도착한 다음 날 여왕을 만났다. 크리스티나 여왕을 처음 본 그는 깜짝 놀랐으리라. 여왕을 추종하는 사람들조차 그녀를 아름답다고 묘사한 적이 없을 정도였으니 말이다. 여왕은 커다란 코에 슬픈 눈을 한 평범한 얼굴이었다. 키가 작았고 약간 통통했으며 발이 몹시 작았다. 게다가 필요한 경우가 아니면 옷차림에 신경 쓰지 않았다. 여왕은 승마, 사냥, 사격을 좋아했다. 승마할 때 남자 승마복을 입기도 했다. 그래서 샤뉘는 그녀를 묘사하면서 말을 탄 사람이 여왕인 줄 모른다면 남자로 착각할 것이라고 했다.

이런 일화 때문인지 훗날 작가들은 의사가 갓 태어난 그녀에게서 작은 남근을 보았다고 주장하기도 했다. 그녀가 양성을 모두 지녔다는 소문도 있었다. 여자가 권력을 휘두르는 상황을 어떻게 보아야 할지 몰랐던 남자들이 악의적으로 퍼트린 성적 비방일 수도 있었다. 전성기의 여왕 또한 그와 같은 소문을 부추길 만한 행동을 했다. 우선 그녀는 결혼을 하지 않았고 아내가 되는 일은 농부가 밭을 갈 듯[37] 길들여지는 것이라며 결혼을 혐오하는 발언을 하기도 했다. 또한 몇몇 젊은 여자들과 이상하리만치 가까이 지냈으며 그중 하나와는 특히 '부도덕한 행위를 했다'는 소문도 있었다.[38] 한편 여왕은 궁정의 한 프랑스인 의사에게 자신의 침실을 마음대로 들락거릴 수 있도록 허락했다. 그 궁정의사는 친구에게 여왕이 '맛을 보기 시작했다'는, 무슨 의미인지 모를 구절을 음탕하게 써 보냈다.

그러나 외모는 볼품없어도 일단 그녀가 말하기 시작하면 사람들은 그녀를 달리 보았다. 모두가 그랬다. 크리스티나는 지성과 학식뿐 아니라 살아온 환경 덕분에 거침없는 성정을 지녔다. 그녀는 영리했고 지적 욕구와 지배욕이 왕성했다. 데카르트가 스웨덴 궁정에 도착했을 때 여왕은 고작 스물둘이었다. 부왕 구스타브 아돌프Gustav Adolf가 삼십년전쟁 중 1632년 뤼첸Lützen 전투에서 숨졌기 때문에 그녀는 고작 여섯 살의 나이에 여왕이 되었다. 그녀는 심리적으로 복잡한 군주였다. 문화적으로 둔감한 나라였던 스웨덴은 아마 여왕을 감당하기 힘들었을 것이다.

그녀의 어린 시절은 흐릿한 꿈같았다. 부왕은 여전히 중세시대에서 정체된 나라를 지배했다. 스웨덴은 끝없이 펼쳐진 초원과 소나무 숲, 자작나무 숲 사이사이에 작은 농촌이 흩어져 있는 나라였다. 구스타브 아돌프는 전설적인 존재였다. 금발의 북유럽인인 그는 적군에게 '북쪽의 사자'라 불릴 만큼 무시무시한 전사였고 노지야영도 서슴지 않았다. 소작농들은 그에게 소, 보리, 귀리, 가죽 같은 현물을 세금으로 바쳤다. 통화가 존재하긴 했지만 스웨덴의 주요 금속인 구리로 만들어지다 보니 다루기가 불편했다. 동전 하나가 접시 크기만 했다.

그는 스웨덴이 남유럽의 나라들과 경쟁할 만한 강국으로 성장하기를 바랐다. 그의 계획은 대체로 성공했다. 그는 삼십년전쟁의 아수라장 속에서 스웨덴 전사들을 요령 있게 다루었다. 그가 등과 팔, 두개골에 총을 맞고 니더작센 주Niedersachsen의 진흙탕에 쓰러질 무렵, 스웨덴은 주변국들의 존경을 받으며 사회와 경제, 정부 관료 체계를 세련되게 다듬어가고 있었다. 수상인 악셀 구스타브손 옥센셰르나Axel Gustafsson Oxenstjernam는 어린 크리스티나가 성년이 될 때까지 스웨덴을 통치했다. 마케도니아의 알렉산드로스 대왕처럼 크리스티나도 어린 시절부터 책과 무술로 단련되었다. 데카르트가 스웨덴에 흥미를 느끼게 된 이유 중 하나도 그녀가 대단한 지식인이라는 소문 때문이었다. 그녀는 위대한 철학자와 어깨를 나란히 할 만한 지성을 지녔다는 명성을 누렸다. 여왕 크리스티나는 부왕의 업적을 바탕으로 스웨덴 궁정을 프랑스 궁정과 견줄 만한 곳으로 만들려고 했다. 그녀는 예술가와 시인, 철학자, 아카데미를 원했다. 그렇게 해서 데카르트가 초청되었다.

하지만 더 큰 이유가 있었다. 근대는 과학과 철학뿐 아니라 정치적 측면에서도 힘을 발휘하고 있었다. 데카르트가 스웨덴으로 향하기 1년 전인 1648년은 역사상 정치적인 분수령이었다. 유럽의 거의 모든 지역을 집어삼켰던 삼십년전쟁과 팔십년전쟁이 그 해에 동시에 막을 내렸다. 두 전쟁을 종식시킨 평화조약은 관련국들 사이에서 과거와 현재의 경계선으로 여겨졌다(전후 체결된 베스트팔렌 조약Peace of Westfalen으로 로마가톨릭교회의 권위가 약화되었고 신성로마제국이 사실상 해체되었다. 교황의 권위에서 벗어난 군주들이 주권과 지배권을 강화시켰고 결국 정치가 종교의 영향에서 벗어나 세속화되었다. 베스트팔렌 조약은 유럽의 근대화와 절대주의 국가 형성에 영향을 미쳤다고 평가된다_옮긴이 주).

두 전쟁을 종식시키는 과정에서 협상가들은 세속적 개념으로서 국제관계의 기반을 새로 닦았다. 그와 더불어 평화가 무엇인지, 다양한 사회와 국가가 서로 어떻게 관계를 맺어야 하는지와 관련한 사상이 등장했다. 로마교황청이나 신교국 연합에 소속되는 대신, 운명을 스스로 지배하는 독립적 존재가 되어야 한다는 생각이 나라들 사이에 퍼져갔다. 한마디로 세속정치의 시대가 열렸다.

새로운 시대에 서유럽 민족국가의 지도자들은 자국의 이득에 도움이 될 혁신적 도구와 전략을 찾고 있었다. 과학, 즉 데카르트주의 또는 새로운 철학이 등장한 시점은 이런 정치적 환경이 전개되던 시점과 맞물렸다. 정치와 군사 지도자들은 이 새로운 철학을 권력의 잠재적 원천으로 보았다. 과거에도 권력을 지탱할 기둥을 철학에서 끊임없이 찾았으며 미래에도 여전히 그럴 것이다. 15세기 밀라노의 공작은 군사장비를 만들기 위해 레오나르도 다 빈치를 고용했다. 미국은 제2차세계대전이 종식된 후에 베르너 폰 브라운Wernher von Braun을 비롯한 독일 로켓 과학자들을 몰래 빼돌려, 그들의 나치전력을 지운 다음 미국 우주프로그램의 기초를 세우는 일을 맡겼다. 크리스티나 여왕은 유럽 대륙 도처에서 일어나는 과학탐구 열풍을 알고 있었다. 사람들은 사체와 식물의 알뿌리로 듣도 보도 못한 일을 했고 겁에 질린 동물들에게 주사를 맞혔으며 하늘을 응시했다. 또 사회의 토대를 뒤흔들 무엇인가가 곧 발견될 것이라 떠들어댔다. 그녀는 그 탐구에 참여하고 싶었다.

데카르트는 기대에 차서 여왕을 알현한 다음, 샤뉘의 집을 거처로 정하고 궁정에서의 삶에 적응하려고 애썼다. 곧 그는 여왕이 끌어들인 다른 지식인들을 몹시 불쾌해했다. 크리스티나 여왕도 예전에는 데카르트의 최신작들을 읽고 샤뉘를 통해 그에게 편지를 보내 물을 만큼 철학에 관심이 많았지만 이제는 다른 듯했다. 특히 여왕은 고대 그리스 철학자들의 글을 바탕으로, 반半신비주의적 관점에서 자연을 탐구하는 비의사상에 푹 빠져 있었다. 반신비주의적 자연탐구는 아리스토텔레스주의Aristotelianism를 대체하는 사상으로, 한동안 유행하면서 데카르트의 기계론적 철학과 세력을 겨루었다. 여왕이 고대 그리스 연구에 많은 관심을 쏟자, 데

| 피에르 루이 뒤메닐Pierre Louis Dumesnil의 작품으로, 스웨덴 스톡홀름 궁정에서 기하학을 설명하는 데카르트와 그 이야기를 듣는 크리스티나 여왕의 모습이다. 데카르트는 오른편에 서 있고 여왕은 그의 맞은편에 앉아 있다.

카르트는 그녀가 마치 몹쓸 병에 걸린 것처럼 이야기했다. 그는 샤뉘에게 "아마 언젠가는 지나가겠지"라고 말했다.[39] 그는 머지않아 크리스티나 여왕을 소일거리로 학문을 기웃대는 아마추어로 취급했다. 여왕 역시 그에게 실망했던 것 같다. 그는 열정적인 혁명가보다는 늙고 괴팍한 노인에 가까워 보였다. 게다가 그의 철학은 정치권력이나 개인적 성장에 쓸모 있을 것 같지도 않았다.

그해 겨울, 여왕과 철학자는 서로에게 실망했다. 거기다 환경도 데카르트에게 호의적이지 않았다. 그는 밤에 연구하고 늦잠 자기를 좋아했다. 반면에 여왕은 새벽 4시에 일어났다. 여왕은 데카르트에게 새벽 5시에 철학수업을 해달라고 명했다. 데카르트는 깜깜한 새벽에 마차를 타고 스톡홀름 중심에 있는 섬 중앙의 작은 언덕을 넘어 웅장하게 항구를 굽어보는 왕궁으로 들어갔다. 추운 겨울이었다. 당대 사람들이 기억하는 가장 혹독한 추위였다. 데카르트는 평생 감기와 열병을 두려워했는데 그 두려움이 다시 고개를 쳐들었다. 우울해진 그는 생애 마지막 편지에 이곳에서는 사람들의 생각까지 얼음처럼 꽁꽁 얼었다고 쓰면서 자신의 능력을 제대로 발휘할 수 없다고 덧붙였다.[40]

데카르트의 병은 그렇게 시작되었다. 병은 악화되었고 데카르트는 직접 처방한 치료법, 그러니까 담배를 넣어 우린 포도주로 구토를 유도한 뒤에도 병을 털고 일어날 수 없었다. 머나먼 바깥세상에서는 그가 시작한 일들이 끝없이 진행되고 있었다. 파리와 런던, 암스테르담에서 편지가 왔다. 파스칼은 데카르트가 제안한 적 있는 기압실험에서 새로운 성과를 올렸다. 한 달 혹은 두 달 후에 인체조직의 재생과 관련된 논문이 발표될지, 천체를 움직이는 힘이 지상의 물체를 움직이는 힘과 똑같다는 증거가 발표될지 누가 알겠는가? 만약 그렇다면 데카르트의 기계론적 우주관이 확고히 입증될 것이다. 장벽이 무너지고 인간의 시야를 가리던 비늘이 떨어져나가고 있었다. 그런데 여기 머나먼 바위투성이 추운 나라에, 그야말로 무덤 같은 곳에 그는 누워 있었다.

결국 데카르트는 의사 빌렌스의 진찰을 다시 받기로 했다. 그래도 그는 여전히 불평해댔다. 빌렌스도 후속 보고서에 악의에 찬 어조로 '호모 옵스티나투스Homo Obstinatus,' 즉 고집스러운 인간이라고 라틴어로 썼다. 나중에 데카르트 역시 어차피 죽을 바에는 그를 보지 않는 것이 더 편할 것[41]이라고 말했다고 한다.

그러던 중 굴욕적인 일이 벌어졌다. 기세가 누그러진 데카르트가 극도의 절망감에 사혈을 부탁했던 것이다. 최후의 항복이나 다름없었다. 그의 팔이 세 번 절개되었다. 피가 뭉클뭉클 쏟아졌다. 샤뉘의 비서는 피가 '기름처럼'[42] 쏟아졌다고 기록했다. 빌렌스의 보고서에 따르면 데카르트의 병세가 호전되기보다는 목구멍에서 그르렁대는 소리가 나며 검은 객혈이 나왔고 호흡이 불안정해졌으며 눈이 초점을 잃었다[43]고 했다. 죽음이 무섭게 달려들었다.

소외된 장례식

이제 상황이 곤란해졌다. 샤뉘와 크리스티나 여왕은 위대한 철학자를 스웨덴으로 초청했다가 죽인 셈이 되었다. 여왕은 데카르트의 죽음으로 왕실의 저명인사 한 사람을 잃었을 뿐이지만 외교관이자 데카르트의 친구였던 샤뉘는 극심한 죄책감에 시달렸다. 피하고 싶었겠지만 그에게는 해야 할 임무가 있었다. 그는 데카르트가 죽은 날부터 유럽 전역에 편지를 보냈다. 프랑스의 전 국무장관인 로메니Loménie 백작에게는 애도의 글을 썼다.

'우리는 이 집에서 세기의 드문 인재인 데카르트를 보내야 했습니다.'[44]

책임을 회피하려는 의도였는지 그는 데카르트가 스웨덴에 오게된 이유를 '스웨덴 여왕이 그를 열렬히 보고 싶었기 때문'이라고 덧붙였다. 데카르트와 가까운 친구였던 보헤미아Bohemia의 엘리자베스Elizabeth 공주에게는 괴로운 어조로 정중하게 편지를 썼다.

'데카르트 경이 세상을 떠났음을 임청난 슬픔과 더불어 부인께 알립니다.'

한편 크리스티나 여왕이 궁정에 초청했던 프랑스 언어학자 클로드 소메즈Claude Saumaise에게는 우리에게 방법론과 학문의 틀을 선사해주신 데카르트 박사가 아쉽게도 그 시작을 보지 못하고 돌아가셨다고 썼다. 아마 데카르트가 과학이 만개하는 모습을 보지 못하고 죽었다는 뜻인 것 같다. 그는 이 편지에서도 데카르트가 병에 걸렸는데 의사의 도움을 받으려 하지 않다가 결국 죽었다고 씀으로써 죄책감을 덜으려 했다.

데카르트가 죽었다는 소식이 퍼지자 사람들은 당황했다. 사람들에게는 데카르트가 질병을 없애고 수명을 극적으로 연장시킬 것이란 생각이 널리 퍼져 있었다. 그런데 정작 그가 죽다니! 그 사실을 믿지 않으려는 지식인들도 있었다. 프랑스의 클로드 피코Claude Picot 신부는 불가능한 일이라고 썼다. 그는 데카르트가 '수백 년간 사는 방법을 발견한 뒤 500살까지 살 것'[45]으로 생각했노라고 말했다. 피코의 표현대로 무언가 '그의 기계를 망가뜨렸다'는 불길한 설명밖에 할 수 없었다. 그 후 수십 년간 데카르트가 독살되었다는 소문이 사라지지 않았다.

한편 시신을 어떻게 해야 하는가라는 문제가 남았다. 크리스티나 여왕은 위대한 철학자 데카르트를 스톡홀름에 매장하고 싶다고 발표했다. 생전의 데카르트가 궁정을 빛내는 장식품이 되지 못했다면, 죽어서라도 약간의 후광을 더해야 했다. 샤뉘는 시신을 프랑스로 돌려보내자고 말해야 하는 입장이었다. 하지만 그렇게 했다가는 데카르트가 본인의 보호 아래 있다가 죽었다는 불편한 사실을 대대적으로 알릴 수밖에 없었다. 결국 그는 여왕의 생각에 동의했다.

그렇다면 데카르트를 어디에 묻어야 할까? 크리스티나 여왕에게 답은 자명했다. 데카르트는 여왕의 부왕을 비롯해 예부터 스웨덴 왕들이 묻혔던 리다홀름 교회Riddarholmskyrkan에서 잠들어야 했다. 샤뉘는 프랑스 철학자에게 그런 영광을 베푸는 여왕에 감사했지만 그렇게 하고 싶지 않았다. 그래서 여왕에게 입에 발린 소리를 해대며 결정을 재고해달라고 부탁했다. 그는 몹시 경건한 신자이자 비서인 벨린Belin을 왕궁으로 보내, 자신이 다른 장소를 원하는 이유는 종교와 관련 있다고 설명했다.

데카르트는 가톨릭 신자였고 프랑스는 가톨릭 국가였다. 스웨덴 사람들은 프랑스인 데카르트가 루터파 교회묘지에 묻히는 것을 달가워하지 않을 것이다. 게다가 데카르트와 샤뉘가 여왕을 가톨릭으로 개종시키려 한다는 소문이 이미 궁정에 돌고 있었다. 벨린은 여왕에게 '국립교회에 데카르트를 매장했다가는 자칫 종교적 문제를 일으킬 수 있다'고 지적했다. 여왕은 수긍했다. 데카르트의 죽음과 관련된 일을 조용히 처리하길 원했다면 샤뉘는 성공한 셈이었다. 데카르트의 장례식은 매장 장소와 시간, 분위기까지 전염병 희생자에게나 어울릴 법하게 치러졌다.

어느 겨울 새벽 4시, 데카르트 사후 24시간이 채 지나지 않은 시각에 짧은 행렬이 스톡홀름 중심부에서 북쪽으로 1.6킬로미터를 이동했다. 짐마차 바퀴가 얼어붙은 바퀴자국 위를 삐걱대며 지나 외지고 낯선 묘지로 들어섰다. 그곳에 묻힌 사람들은 대부분 고아였다. 샤뉘는 아마 몇 차례 신학적 질의를 거친 후 그곳을 데카르트의 묘지로 선택했을 것이다. 샤뉘는 로마가톨릭교회에서 규정한 '이성의 나이', 즉 이성을 사용할 수 있고 도덕적 책임을 질 수 있는 나이에 이르지 못하고 죽은 아이들은 신교도 국가에서 태어났어도 로마가톨릭교회의 은총 안에 있으므로, 그 묘지가 로마가톨릭교회의 축성을 받은 땅이 아니어도 불경한 땅이라고 할 수 없다는 답변을 얻었을 것이다. 이론적으로는 그랬다. 그리고 무엇보다 묘지가 외진 곳에 있었다.

샤뉘의 열일곱 먹은 아들을 포함해 남자 4명이 데카르트의 관을 준비된 곳에 내려놓았다. 몇 안 되는 사람들이 얼어붙은 어둠 속에서 관 주변에 모여들었다. 깜박이는 횃불이 그들의 얼굴을 비추었다. 차갑게 소용돌이치는 무심한 하늘 아래에서 신부가 하느님을 부르며 장례미사를 집전했다. 흙이 관 뚜껑에 뿌려졌다. 그리고 모두 집으로 돌아갔다.

2장

유골 이송 작전

"죽음은 삶의 사건이 아니다."[1]

오스트리아 태생의 철학자 루드비히 비트겐슈타인Ludwig Wittgenstein이 한 말이다. 그가 말하려던 바는 죽음은 우리가 실제 경험하는 것이 아니라는 것, 우리가 죽음의 상태를 의식하지 못하기 때문에 죽음은 말 그대로 무의미하다는 것, 따라서 미래를 걱정하며 삶을 허비하지 말고 매순간을 영원처럼 여기라는 뜻이다.

어쩌면 현명하고 옳은 말이다. 하지만 일반적인 의미에서 죽음이야말로 삶의 경험이다. 우리는 죽음을 중심으로 삶을 구성한다. 죽음이 있기에 조급해지거나 느긋해지고, 상사에게 아첨을 하거나 아이들을 찬양한다. 스포츠카와 지는 꽃을 사랑하고 시를 쓰고 섹스에 탐닉하는 것도 바로 죽음 때문이다. 우리가 왜 지금 이곳에 존재하는지 고민하는 것도 죽음 때문이다.

우리는 죽은 자들이 묻힌 장소에서 비교적 확실하게 죽음을 경험할 수 있다. 그 점에서 교회 옆 묘지와 공동묘지는 다르다. 공동묘지는 그 자체로 하나의 세상이다. 그곳은 기억의 대양이다. 개인의 기억이 너른 바다로 쉼 없이 흘러간다. 광활한 공동묘지에서 할 수 있는 일이란 그다지 많지 않다. 사람들이 공동묘지에 가는 이유는 사랑하는 이를 묻거나 참배하기 위해서이다.

그러나 오래된 교회묘지는 인간의 풍경과 맞물려 있다. 묘지 주변에는 일상생활이 펼쳐진다. 화창한 날, 도시에 위치한 교회묘지를 돌아다니면 다양한 사람을 만날 수 있다. 술래잡기하는 아이들, 수프를 홀짝대며 먹는 노숙자들, 천천히 산책하며 자기 삶을 돌아보는 사람들. 죽은 자들의 공간과 산 자들의 일상이 뒤엉켜 있는 풍경을 보노라면 인간의 유한함을 말없이 인정하게 된다. 우리 또한 언젠가는 죽는다는 것을……. 물론 부분적인 인정이겠지만 말이다.

스톡홀름 북부 중앙에 위치한 아돌프 프레드리크 교회묘지Adolf Fredriks Churchyard는 사무실과 가게로 둘러싸인 도심 속 묘지이다. 잔디밭 이곳저곳에 흩어져 있는 비석들에서 다양한 시대와 장례 양식을 엿볼 수 있다. 몇 백 년 전에 세워진, 오벨리스크 모양으로 살짝 기울어진 비석들도 있다. 켈트적인 분위기가 물씬 풍기는,

꼭대기가 모나게 깎인 비석의 표면에는 그 아래 묻힌 유골의 행적이 비바람에 닳아 희미하게 남았다. 아트데코풍의 분홍빛 대리석 비도 있고 1950년대 유행했던 단순하고 여백이 많은 기하학적 직사각형 비석도 있다. 비석에는 고인의 이름과 십자가가 장식 없이 간결한 산세리프체로 단정하게 새겨져 있다. 요한슨Johansson, 바그스트룀Baggström, 토르달Thordal, 쾨프만Köpman. 묘지는 사람들로 꽤 분주하다. 회사원들이 무덤 사이에 앉아 점심을 먹는다. 사람들이 가장 많이 찾는 무덤은 아무 장식 없는, 매끄럽지만 비틀어진 모양의 돌기둥 비석이 세워진 무덤이다. 돌기둥에는 소용돌이 치는 듯한 서명만 새겨져 있다. 1986년에 이 교회묘지의 동쪽 도로에서 스웨덴의 좌파 수상인 올로프 팔메Olof Palme가 총에 맞아 숨졌다. 그의 무덤은 여백을 중시하는 디자인으로 유명한, 스웨덴의 명성에 걸맞게 소박하다. 그곳은 사람들의 발길이 끊이지 않는 순례지가 되었다.

그런데 약 350년 전까지만 해도 이 교회묘지는 황량하고 작은 시골 묘지였다. 샤뉘가 저명한 친구의 마지막 쉼터로 택했던 변두리 묘지 말이다. 크리스티나 여왕은 웅장한 기념물을 주문했고 기념물 사면에 망자의 눈부신 지혜를 찬양하는 글귀를 새기도록 했다. 그 글귀는 샤뉘가 썼는데 자신과 여왕의 이름도 새겼다.

지금은 데카르트의 무덤도, 그 유골도 사라졌다. 1666년 5월 1일, 데카르트의 무덤이 파헤쳐졌던 것이다. 데카르트 사후 16년이 지나는 동안 많은 것이 변했다. 크리스티나 여왕이 왕좌에서 물러난 것이 가장 큰 변화였다. 여왕이 고대 그리스 비의사상에 품었던 열정은 오래가지 않았다. 소문대로 여왕은 가톨릭에 관심 있었다. 데카르트가 죽은 지 4년 후인 1654년, 여왕은 왕위를 버리고 가톨릭으로 개종했고 로마로 갔다(종교개혁 이래 루터교 국가가 된 스웨덴에서 가톨릭 군주는 있을 수 없었다). 그곳에서 크리스티나는 세계에서 가장 유명한 여자가 되어 완전히 새로운 삶을 살았다. 그녀는 종교적 관점에 따라 세계에서 가장 악명 높은 여자일 수도 있었고 가장 존경스러운 여자일 수도 있었다.

크리스티나는 유명한 계몽군주에서 신앙심이 다소 의심스러운 가톨릭 개종자(그녀는 로마에서 가톨릭 규율을 끊임없이 어겼다)로 변신했다. 그녀의 변신은 온갖 추측을 낳았고 사람들은 이런저런 추측을 멈추지 않았다. 크리스티나가 가톨릭으로 개종하자마자 사람들은 데카르트 탓에 혹은 덕택에 개종했다고 수군거렸다. 크리스티나 자신도 데카르트의 영향으로 개종했노라고 넌지시 내비친 적이 있기는 했다.

사실 데카르트는 무신론자라고 비난받았지만 신앙심이 깊기로 유명하기도 했다. 또한 여왕과 데카르트의 만남은 그다지 많지 않았을뿐더러 껄끄럽기까지 했다. 크리스티나의 전기작가는 개종의 원인을 다른 곳에서 찾았다. 많은 사람은 그녀의 기본 성정에 그 원인이 있다고 여겼다. 그녀는 진지했고 무모하리만큼 조급했으

며 굶주린 사람처럼 해답과 확실성을 미친 듯 찾아 헤맸다. 어쩌
면 그 점이 데카르트와 닮았는지도 모른다.

이송 작전 책임자, 탈롱

데카르트의 무덤이 파헤쳐진 1666년에는 샤뉘 역시 스웨덴에
없었다. 그는 데카르트가 죽은 이듬해 파리로 돌아갔고 1662년에
사망했다. 데카르트의 무덤이 파헤쳐지고 관 뚜껑이 천천히 드러
나던 당시, 스웨덴 주재 프랑스 대사는 샤뉘와는 완전히 다른 인
물이었다. 샤뉘는 과학을 열렬히 찬양했을 뿐만 아니라 데카르트
주의가 현실의 문제를 푸는 데 도움이 된다고 믿었던 미래지향
적 인물이었던 반면, 새로운 프랑스 대사인 위그 드 탈롱Hugues de
Terlon은 과거에 한 발을 걸친 인물이었다.[2]

그는 요한네스기사단Johannes 騎士團(예루살렘의 성지순례자들을 위한
구호단체에서 유래한 기사단으로, 십자군 원정 이후 군사조직 색채가 짙어졌
다. 요한기사단, 몰타기사단으로도 불린다_옮긴이 주)의 일원이었다. 몰타
Malta에 근거지를 둔 요한네스기사단은 그 역사가 제1차 십자군까
지 거슬러 올라간다. 탈롱은 풍채가 좋은 쉰넷의 사내로 숱이 적
으면서 동그랗게 말린 콧수염이 있었다. 그는 독일 북부의 뤼베크
Lübeck부터 폴란드 중부지방 피오트르쿠프Piotrków에 이르기까지

북유럽국가들 간의 전투현장에 있었다. 그의 가톨릭 신앙은 보수적이고 전투적이었다. 그는 전사이자 외교관일 뿐 아니라 독신을 서약한 종교교단의 일원이었다.

탈롱은 태양왕 루이 14세의 충직한 신하였다. 무엇보다 그는 태양왕의 어머니 안 도트리슈Anne d'Autriche에 헌신적이었다. 안의 남편인 루이 13세Louis XIII는 아들이 다섯 살 때 죽었다. 그래서 왕비는 아들이 성인이 될 때까지 프랑스를 통치했다. 왕비는 원래 신앙심이 깊었지만 섭정기간 동안 통치를 수월하게 하기 위해 더욱 깊은 신앙심을 보여주며 탈롱처럼 독실한 귀족과 관계를 돈독히 맺었다. 하루에도 몇 번씩 미사에 참가했고 여러 성당과 수도원에 어마어마한 인맥을 형성해두고는 축일 때마다 기도를 올리러 갔다.[3] 그녀는 또한 17세기 중반에 부활한 성물숭배에도 한몫했다. 그녀는 여러 성자의 유골뿐 아니라 예수가 못 박혔던 십자가의 조각도 갖고 있었다.

탈롱 역시 신앙심이 깊기로 유명한 사람이었다. 그가 프랑스 왕실 대표로 전쟁으로 얼룩진 북유럽 곳곳을 돌아다닐 때면 갈 곳 잃은 교단 사람들이 그를 찾아 도움을 청하기도 했다. 그 또한 성물을 수집했다. 독일 동부 브란덴부르크Brandenburg 선제후인 프리드리히 빌헬름Friedrich Wilhelm은 당시 유럽에서 가장 영향력 있는 인물이었는데, 1656년 바르샤바 외곽에서 벌어진 전쟁에서 탈롱에게 성물함을 하나 건네주었다. 리투아니아의 수도 빌뉴스Vilnyus

에 위치한 어느 성당에서 빼앗은 것이었다. 1657년에는 스웨덴 선봉대가 스트라스부르Strasbourg(독일 접경지역인 프랑스 알자스 주에 있는 도시이다_옮긴이 주) 외곽의 수도원을 약탈했다. 탈롱이 그곳에 도착했을 때 수녀들이 연기와 폐허 속에서 뛰쳐나오더니, 그에게 보관해달라며 수도원의 가장 신성한 성물을 안겨주었다. 그는 그들의 부탁대로 성물을 보관했다. 탈롱은 두 경우 모두 성물을 들고 다니다가 파리로 돌아와서 루이 14세의 모후인 안에게 바쳤다.

스웨덴에서도 탈롱은 성물 운반책임을 맡았다. 그는 여느 때와 다름없는 열정으로 그 임무를 수행했다. 1666년 5월, 데카르트의 유골을 파내는 일은 16년 전 데카르트를 묻던 그날을 되감기하는 것 같았다. 땅 위로 들어올린 데카르트의 관을 수레에 실어 과거에 지나왔던 길과 다리를 지나, 데카르트가 죽음을 맞이했던 건물로 옮겼다. 그 건물은 여전히 프랑스 대사의 관저로 쓰였다. 탈롱은 데카르트의 유골을 직접 보관하고 싶었다.

그 이후에 전개된 일련의 사건은 데카르트의 유골을 둘러싸고 실제로 어떤 일이 일어났는지 이해하는 데 중요하다. 당시 탈롱은 덴마크 대사직에 발령되어 스웨덴을 막 떠나려 하고 있었다.[4] 그 와중에 그는 프랑스 정부로부터 공식 통지를 받았다. 스웨덴 관료에게 은밀히 접근해 데카르트의 유골을 가져갈 수 있는지 알아보라는 내용이었다. 그는 스웨덴 관료에게 그 일을 부탁했고 그래도 좋다는 허가를 받았다. 그는 한술 더 떠서 관저 기도실에 보관된 유골을 지키도록 스웨덴 경비대에게 24시간 경비를 세웠다. 탈롱이 눈치 챘는지는 모르겠지만 경비대장인 이삭 플란스트룀Isaak Planström이라는 사내가 유독 이 임무에 관심 있었다.

탈롱은 코펜하겐까지 유골을 가져갈 계획이었다. 그는 약 75센티미터 길이의 구리함을 특별 주문했다. 데카르트의 유골이 있던 목관이 썩은 탓도 있었지만 그의 유골을 운반한다는 사실이 알려지면 혹시 누군가 일행을 덮쳐 유골을 훔쳐가지 않을까 하는 프랑스 당국의 우려 때문이었다. 데카르트가 죽은 뒤 데카르트주의를 신봉하는 사람들도 늘어났기 때문에 유골에 눈독을 들이는 자들이 있을 것이 분명했다. 탈롱의 위장술은 매장된 지 16년이 지난 유골의 상태에도 딱 맞았다. 관을 열자 시신의 부패과정이 완전히 끝나 있었다. 연조직이 사라져 뼈끼리 서로 헐거워졌다. 따라서 관보다는 가장 긴 다리뼈가 들어갈 정도로 작은 상자가 사람들의 이목을 덜 끌 터였다.

탈롱의 관저에서 개장改葬 의례가 열렸다. 탈롱은 대사관 직원들과 스톡홀름에 거주하는 프랑스인들, 가톨릭 사제들을 불러 모아 놓고 사건을 보고했다. 17세기에 데카르트의 전기를 집필한 작가의 표현에 따르면, 사실상 스웨덴에 거주하는 거의 모든 가톨릭 신자가 모였다.[5] 당시 스웨덴에서 가톨릭을 박해하다시피 했던 정황상, 결코 많지는 않았을 것이다. 하지만 분명히 교회의 승인을 받아 식을 치렀다. 그들은 데카르트의 이관식을 보기 위해 모였다.

기도와 함께 부식된 목관에서 유골을 꺼내 작은 구리함으로 옮겼다. '경건한 분위기 속에서'⁶ 유골이 구리함에 차곡차곡 쌓였다.

이때 탈롱이 의식을 잠시 중단시키더니 자리에 모인 가톨릭 사제들에게 데카르트의 뼈 하나를 '종교적으로' 간직할 수 있는지 물었다. 그는 특히 오른쪽 집게손가락뼈에 눈독을 들였다. 고인이 불멸의 글을 남기는 데 중요하게 쓰였을 뼈였기 때문이다.

나중에 언급하겠지만 데카르트의 유골을 프랑스로 가져오려고 애썼던 프랑스 정부인사들에게는 정치적·철학적 동기가 있었다. 그러나 탈롱의 관심은 그들과 사뭇 달랐다. 게다가 그는 평범한 궁정 조신이 아니었다. 세상에 대해 아는 것이 많은 사람이었다. 지난 16년간 데카르트의 명성이 널리 알려졌고 데카르트와 그의 철학은 소문, 희망, 두려움의 대상이 되었다. 2년 전 스웨덴에서는 루터파 교회가 장악한 정부기관이 데카르트주의를 금지하려 했다.⁷ 데카르트주의가 대단히 위험하다고 판단해서였다.

레이덴과 위트레흐트에서 데카르트주의 관련 논쟁이 불붙은 이후, 데카르트 철학은 꾸준히 뿌리를 내렸다. 탈롱이 데카르트의 유골 이전 일을 맡았을 때 데카르트주의는 거의 모든 대학에서 성장하고 있었다. 프랑스, 스페인, 독일, 이탈리아에서는 데카르트 생전에 학생이었던 사람들이 이제 교수, 성직자, 의사가 되었다. 그들은 데카르트의 방법론과 그 방법론에 내포된 자연관이 전반적으로 옳다고 확신했다. 곳곳에서 논쟁이 격렬해졌고 더 복잡해졌다. 이는 '과학 대 종교'의 논쟁도, 완전히 새로운 것과 철저히 낡은 것의 논쟁도 아니었다. 위트레흐트의 푸티위스처럼 데카르트 철학의 유물론이 직접 기독교를 공격하는 것이라고 생각하는 사람도 있었다. 동시에 가장 저명하고 지적인 가톨릭 교단 예수회와 오라토리오회Oratorians(6세기 이탈리아의 산 필리포 네리San Filippo Neri가 시작한 재속在俗 사제들의 수도회이다_옮긴이 주)의 주요 수도사들이 데카르트주의자가 되었으며 그의 철학으로 신앙을 수호할 수 있다고 믿었다.

한편 탈롱처럼 자연의 본질을 연구하는 일은 영적인 탐색과 통한다고 믿는 사람도 있었다. 빛의 본질은 무엇인가? 왜 소금은 결정을 형성하는가? 피부에 불이 닿았을 때 어떻게 그 감각이 고통으로 인지되는가? 우리는 이런 질문이 당연히 과학의 영역에 속한다고 생각한다. 그러나 17세기 유럽인들은 인체를 비롯해 자연은 두말할 나위 없이 절대자의 영역에 속한다고 여겼다. 따라서 자연을 더 잘 이해하려는 노력은 말 그대로 신의 얼굴을 만지는 일이나 다름없었다.

오늘날 우리는 성물숭배 하면 중세를 떠올린다. 데카르트가 죽기 한 세기 전에 트리엔트공의회The Council of Trient(16세기 중엽 19년에 걸쳐 이탈리아 트리엔트에서 열린 가톨릭 회의로 교리와 가톨릭교회 쇄신을 논의했다_옮긴이 주)에서는 상업적 성물 거래를 금했지만 가톨릭 신학자들은 여전히 성물의 중요성을 계속 강조했고 귀족뿐 아니라 평민들도 성물을 숭배했다. 성물숭배는 위대한 인물에 대한 존경과 숭배 사이 어디쯤에 자리 잡은 풍습이었다. 또 인간이라는 육체적 존재와 '성령을 모시는 성소'로서의 몸을 깊이 성찰하는 관습이었다.

우리는 기독교가 내세를 강조하며 인간의 육체를 죄악시한다고 생각하지만 사실 근대 초기의 가톨릭 신앙은 육체를 강조했다. 성자의 유골은 가장 심오한 신비를 여는 열쇠, 즉 삶과 죽음의 연결고리였다. 트리엔트공의회에서 선언한 것처럼 선지자와 성인을 비롯해 '그리스도와 함께한 사람들의 유골은 (……) 신도들에게 숭배될 것'이다. 따라서 요한네스기사단원인 탈롱이 데카르트의 유골 한 조각을 요구했을 때, 그는 고대와 근대의 교차로에 서 있었다. 바로 해석기하학을 고안한, 근대의 사상가에게 옛 전통을 적용했던 것이다. 기독교가 제도화될 무렵인 4세기, 기독교인들은 성인들의 무덤을 파헤치며 성물을 수집했다. 사실 성물수집은 훨씬 오래전부터, 어쩌면 선사시대부터 시작된 전통인지도 몰랐다. 탈롱이 성물처럼 취급했던 유골의 주인공이 역사상 유물론과 합리주의의 창시자로 여겨진다는 점에서 더 기이했다. 유골의 주인공은 성물숭배를 터무니없는 헛소리로 여기는 사상의 창시자였다.

어쨌거나 자리에 모인 사제들은 탈롱의 청을 수락했고 탈롱은 데카르트의 오른손 집게손가락뼈를 가질 수 있었다. 그는 아마 죽을 때(1690년)까지 그 뼈를 간직했을 것이다. 그는 분명히 도트리슈에게 그 뼈를 바치지 않았다. 당시 그녀는 이미 사망했다. 탈롱은 그 뒤 10년간 그 뼈를 들고 파리와 코펜하겐을 오갔을 것이다. 요한네스기사단은 사후에 재산을 유증遺贈하기로 되어 있었다. 그러나 교단의 성물 목록에는 탈롱이 유증한 성물이나 오른손 집게손가락뼈가 없었다. 요한네스기사단의 근거지는 프랑스 남부 툴루즈Toulouse에 위치해 있었는데 많은 가톨릭 성소와 마찬가지로 프랑스혁명기에 약탈당했다. 데카르트의 집게손가락뼈도 상퀼로트sans-culotte(프랑스혁명 당시 파리의 하층민 공화당원을 부르는 말로 상류계급의 의상인 반바지culotte를 입지 않은 데서 비롯된 명칭이다_옮긴이 주)의 손을 거치다 먼지 속으로, 역사 속으로 사라졌을 것이다.

'Translate(옮기다)'라는 동사는 가톨릭에서 특별한 의미가 있다. 787년 제2차 니케아공의회The Second Council of Nicaea(소아시아 니케아에서 열린 공의회로 성상숭배 문제를 다뤘다_옮긴이 주)는 당시 유럽 도처에 생겨나던 새 교회들이 성물의 힘으로 신성한 성소가 되어야 한다고 결정했다. 이에 따라 신부와 주교 들은 새 교회와 관련 있는 성자나 저명한 성자의 성물을 찾아다녔고 유골을 거래하는 공식 시장이 형성되었다.

이처럼 성물을 옮겨가는 것을 'Translation(이전)'이라 불렀다. 예를 들어, 유골은 이탈리아 시칠리아의 무덤에서 롬바르디아의 교회로 옮겨지기도 했다. 중세 내내 그리고 근대 초기까지도 신성한 유골은 휘장과 양초로 장식된 귀금속 상자에 실려 유럽의 주요 도로를 오가던 주된 화물 중 하나였다.

출항

탈롱의 이송부대는 1666년 6월 스톡홀름을 떠났다. 유골은 배에 실렸다. 탈롱의 대사관 직원 두 사람, 르핀l'Epine과 로쉐르Rocher가 유골을 관리했다. 그런데 항구에서 작은 소동이 있었다. 화물에 유골이 있다는 사실을 알아챈 선원들이 소란을 피웠던 것이다. 선원들은 유골이 불운을 불러온다고 믿었다. 탈롱이 간신히 소란을 진정시켰다. 아마 선원들에게 작은 구리함을 보여주며 시신이 아니라 성물을 이송 중이라고 설득했을 것이다.

탈롱은 성물 도둑을 걱정했다. 17세기 데카르트의 전기작가 바이예에 따르면, 탈롱은 이 귀중한 성물이 영국인들 차지가 되지 않을까 두려워했다. 데카르트는 영국에 대단히 많은 숭배자를 거느리고 있었고 영국인들은 철학 사원을 세운다는 구실로 영국에 거대한 영묘를 세우려 하기 때문이었다. 배가 떠나기 전에 탈롱은 루이 14세에게 편지를 써서 데카르트의 유골을 어떻게 처리했는지 알렸고 고인의 걸출함을 새삼 상기시켰다. 루이 14세는 왕명으로 유골 이전을 허락한다는 답장을 보냈다. 탈롱은 거기에 만족하지 않고 구리함을 돌 더미⁸처럼 보이도록 직접 위장했다. 그 후 배는 스톡홀름을 떠나 첫 번째 기항지인 코펜하겐으로 갔다.

10월 초 아침에 탈롱의 두 직원이 일행을 이끌고 코펜하겐에서 남쪽으로 출항했다. 그들은 유틀란트 반도Jutland(이윌란Jylland)의 습지와 북해의 해안습지, 니더작센 주의 안개 덮인 마을들을 지나, 거친 잡초가 우거진 황야와 숲을 통과해 탁 트인 플랑드르 Flandre(북해 연안의 저지대로 벨기에, 네덜란드, 프랑스에 걸쳐 있는 지역이다_옮긴이 주)의 평지가 나타날 때까지 항해했다.

북프랑스의 마을인 페론Péronne에 도착했을 때 세관관리들이 그들에게 관심을 보였다. 세관관리들은 이상한 화물을 찾아냈고 돌 더미처럼 보이는 그 화물 아래에 반짝이는 구리함이 숨겨져 있음을 알아챘다. 세관관리들은 밀수품인지 의심스럽다며 탈롱의 직원들에게 구리함을 열어보라고 했다. 르핀과 로쉐르는 분개하며 공식 서한을 내밀었다. 프랑스의 재무장관인 피에르 달리베르 Pierre d'Alibert가 탈롱에게 보낸 서한이었다. 그리고 탈롱이 직접 구리함에 붙인 프랑스 대사의 봉인을 가리켰다. 그럼에도 세관관리들은 구리함을 열어보길 원했다. 탈롱이 구리함 주위에 꼼꼼하게 두른, 튼튼한 철대가 의혹을 불러일으켰다.

결국 여러 증인이 보는 앞에서 철대가 찰칵 부러졌고 구리함이 열렸다. 세관관리들이 그 안을 들여다보았다. 일행이 말한 대로였다. 아니, 어쩌면 더 보잘것없었을 수도 있다. 원래 시신이 안치되었던 목관이 부식되었던 탓에 유골 중에는 부서진 것도 있었다. 조각조각 부서진 유골 위로 뼈가 하나씩 쌓아올려져 있었다. 그런 데 충격적인 사실을 눈치 챈 이가 없는 것으로 보아 형식적으로라 도 뼈를 하나씩 꺼내보지는 않았던 것 같다. 유골에 반드시 있어 야 할, 중요한 뼈 하나가 사라졌음을 알아챈 사람이 아무도 없었 다. 구리함은 다시 봉인되었고 말들은 출발 준비를 했다. 일행은 이제 아무런 방해 없이 파리로 출발했다.

파리의 수요모임

1650년대 말과 1660년대 매주 수요일이면 파리의 떠들썩하고 악취 나는 레 알Les Halles 시장 근처 캥캉푸와Quincampoix 거리의 한 주택에 온갖 계층의 사람들이 가득 들어찼다. 당시에는 다양한 계층이 한자리에 모이기가 극히 드물었다. 사람들이 수군댈 만한 일이었다. 결혼을 했거나 하지 않은 남자와 여자 들이 한데 모였 고 고위관리들이 교양 없는 촌사람들과 나란히 앉았다. 왕자와 창 녀, 가톨릭 사제 할 것 없었다. 주름장식 깃과 퍼프소매, 구불구불 말아 올린 가발로 단장한 사람들이 주택의 3층을 가득 채웠다.

이 좁은 건물은 오늘날 차 없는 거리, 랑뷔토Rambuteau 거리에서 몇 걸음 정도 떨어져 있다. 랑뷔토 거리는 케밥 장수, 피어싱 가게,

파테paté 샌드위치 그리고 파리 도처에서 볼 수 있는 로베르 두아노Robert Doisneau의 1950년대 파리 사진을 파는 가게들이 늘어선 곳이다. 주택의 위층은 여전히 가정집이고 1층에는 가라오케 바가 있다. 350년 전 이곳은 자크 루호Jacques Rohault 부부의 집이었다. 당시에는 고급 가구가 들어차 있었고 벽걸이 융단과 그림으로 장식되어 있었다. 도처에 비커, 관, 주사기, 현미경, 프리즘, 나침반, 자석, 다양한 형태와 크기의 렌즈들이 널려 있었다는 점이 다른 집과는 달랐다. 인공 안구 같은 진기한 물건도 있었고 바닥에는 거대한 거울이 붙어 있었다.

이 집에서 매주 열리는 회합은 '수요모임les Mercredis'이라는 이름으로 알려졌다. 이 회합에는 당대의 유명인사들도 들락거렸다. 프랑스의 최고 극작가인 몰리에르, 사교계 명사 세비네 부인 Madame de Sévigné, 네덜란드의 천재 크리스티안 호이겐스Christiaan Huygens도 이곳을 출입했다. 호이겐스는 진자시계를 발명했을 뿐 아니라 여러 천체를 발견했으며 미적분학의 발전에 기여한 인물이다. 이들 모두 자크 루호를 보러 왔다. 루호는 당시 생존하는 최고의 데카르트주의자로 알려진 물리학자였다.

우리는 루호라는 인물을 통해 17세기와 오늘날이 얼마나 다른지 알 수 있다. 오늘날 철학도들은 데카르트를 철학자라고 배웠다. 인간 지성의 지형을 바꾼 데카르트는 후대에 그렇게 알려져 있다. 하지만 데카르트는 자연을 탐구한 사람이기도 했다. 17세기

1600년대 중반 루호가 수요모임을 열었던 곳이다.

루호의 집에 모인 남자와 여자 들에게 철학과 자연탐구는 서로 얽히고설킨 문제였다.

1667년 마흔일곱의 루호는 불도그 같은 외모 못지않게 사나운 남자였다. 그는 원리를 반복해서 설명해도 이해하지 못하는 사람에게는 화를 버럭 냈다. 그의 불같은 성격은 열정의 부산물이기도 했다. 그는 데카르트주의에 워낙 헌신적이어서 데카르트 그룹의 구성원과 결혼했을 정도였다. 그의 아내는 데카르트의 저작(당시 데카르트의 저작 대다수가 출판되지 않았다)을 관리하는 클로드 클레르슬리에Claude Clerselier의 딸이었다.

데카르트처럼 루호도 물리적 세상을 이해하는 새 방법에 푹 빠져 있었다. 그는 어떤 분야에서든 관찰과 자료로 앎과 지식을 끌어낼 수 있다고 믿었다. 그는 천문학과 지리학, 해부학에 정통했으며 유클리드기하학Euclid幾何學과 그 응용법에 주석을 자세히 남겼다. 그의 《물리학 개론Traité de physique》은 수십 년 동안 물리학의 기본 교재로 쓰였다. 그뿐만 아니라 그는 학문에만 몰두하지 않고 파리의 골목을 돌아다녔다. 장인들이 시계를 만들고 브랜디를 증류하는 모습을 관찰하기도 했고 그들에게 질문을 던지면서 지식과 실마리, 방법을 찾아내려 애썼다.

매주 열리는 루호의 강연에서는 그의 지성, 예리한 관찰, 소명감에 불타는 열정이 한데 어우러졌다. 공연 같은 요소도 있었다. 사실 그의 강연을 찾은 사람 중에는 볼거리를 찾아온 무리도 있었다. 색깔 화염과 거품, 폭발 같은 것을 보기 위해 말이다. 데카르트주의는 이제 멋진 구경거리가 되었다. 그의 강연에서 물질계 너머, 초자연적 영역을 볼 수 있다는 소문도 돌았다. 평범한 존재의 이면을 볼 수 있지 않을까 하고 강연을 찾은 사람들도 있었다.

그러나 루호 자신을 비롯해 강연에 참가했던 대다수가 찾던 것은 그런 것이 아니었다. 그들은 자연에는 질서가 있으므로 철학적 원리라는 토대, 곧 데카르트의 방법론으로부터 한 단계씩 나아간다면 물질세계와 그 작동원리를 이해할 수 있다고 믿었다. 그의 발표회는 새로운 사상과 문화를 토론하던 살롱과 다름없었다. 그곳에서 사람들은 빠르게 휘갈기며 완전히 새로운 무엇인가를 이해하기 위해 애썼다.

루호의 강연을 자주 찾았던, 어느 무명 변호사가 남긴 필기가 오늘날까지 전해진다.[9] 이 변호사가 남긴 기록을 보면 당시 다양한 분야의 사람들이 철학이라는 추상적 문제에 대단히 관심을 두었음을 알 수 있다. 이날 저녁 루호는 각성과 수면을 주제로 강연을 시작했다. 변호사는 이렇게 기록했다.

'각성은 사실을 보고 수면은 허위를 본다.'

강연은 꿈 연구로 이어졌다. 강연의 서두에서 루호는 청중들에게 두뇌와 두뇌의 적절한 기능을 제대로 이해하라고 당부했다. 그런 다음 그는 데카르트가 새로 방향을 제시한 인식론을 분석했다. 그에 따르면, 핵심은 '코기토'이다. 코기토는 우리 개별적 존재에

확실성을 제공한다. 무명 변호사의 기록에 따르면, 그 외의 모든 것은 단지 개연성probability일 뿐이다. 무명의 변호사는 이 낯설고 상당히 현대적인 용어에 인용부호를 신중하게 찍었다. 이름 없는 아마추어 철학자가 남긴 필기를 보면, 루이 14세 시대에 가발을 쓴 사람들과 톡 쏘는 분가루 사이에 앉아서 처음으로 근대의 지평을 감지한 자의 전율이 어떠했을지 느껴진다.

루호는 계속해서 데카르트의 정신과 물질 이원론을 이야기했다. 그는 놀라운, 어쩌면 무한한 진보가 모든 학문에서 일어날 수 있지만 더 빠른 마차와 더 강한 검, 더 섬세한 렌즈를 만들기 위해서는 물질세계를 진정으로 이해해야 하고 그 세계를 인식하는 방법을 찾아야 한다고 했다. 그렇다면 '물체를 구성하는 것은 정확히 무엇일까?' 그 질문에 답하기 위해 물리학자 루호와 청중들은 철학을 깊이 파고들었다. 무명의 변호사는 이렇게 적었다.

'물리적 존재가 존재함을 믿는 것과 관련해, 우리는 그렇게 믿도록 하는 것이 무엇인지 알아야 한다. 예를 들어, 열은 물체의 본질이 아니다. 왜냐하면 차가운 물체도 있기 때문이다. 차가움도 본질이 아니다. 뜨거운 물체가 있기 때문이다. 그리고 똑같은 이유로 딱딱함도 유동성도 물체의 본질이 아니다.'

데카르트와 그의 추종자들은 스콜라 철학의 물질 개념과 반대편에 서 있다.[10] 전통적인 관점에서 보면 하늘에는 푸름이, 물에는 수분이, 마늘에는 마늘냄새가 내재한다. 스콜라 철학에서는 우리가 지각하는 물체의 특징이 곧 물체의 본질이다. 루호는 특히 이런 전통적 관점이 물질적 진보를 방해하는 잘못된 논리라고 지적한다. 그에 따르면, 아리스토텔레스주의자들은 빛을 발하거나 색깔이 있는 물체에 우리의 감각을 일으키는 성질이 내재해 있지 않으면 우리는 그런 감각을 느낄 수 없다. 그러니까 근본적으로 갖고 있지 않은 감각을 우리에게 주는 사물은 없다는 것이다.

그러나 루호는 단순한 예로 그 논리를 해체했다.[11] 바늘에 찔렸을 때 고통을 느낀다고 해서 바늘 안에 고통이 내재해 있는 것은 아니다. 고통은 우리의 정신에 있다. 하늘의 푸름도, 물의 수분도, 마늘의 냄새도 마찬가지이다. 이것이 바로 데카르트가 제자들뿐 아니라 우리 모두에게 선사한 기본 논리이다. 세상은 나뉘어져 있다. 세상에는 서로 다른 2개의 실체가 있다. 하나는 물질이고 다른 하나는 정신이다. 현실은 '저 밖에 있는 것'이 아니라 감각의 주체와 대상이 함께 참여하는 춤 같은 과정이다.

무척 추상적인 생각이기는 하지만 이것이 바로 데카르트주의의 핵심이다. 그런데 이상하게도 그 개념은 위험했다. 현실과 무관하게 들리는 이 관념적 개념에 정치적 함의가 있었다. 데카르트주의자들이 바라던 바는 아니었지만 데카르트주의는 특정 세속권력을 위협했다. 루호의 수요모임을 비롯해 파리와 유럽 도처에서 근사한 이름을 지닌 데카르트주의 모임(예를 들어 툴루즈의 랜턴을 든 사람들의 모임Société des lanternistes은 회원들이 저녁모임에 참석하기 위해 들고 오던 횃불에서 그 이름이 유래했다)에 참가한 남녀들은 모임이 위협받고 있음을 감지했다. 위협의 정도는 여러 교회와 정부의 관료들이 새로운 철학을 어떻게 이해하느냐에 따라 달랐다. 그들은 이 새로운 철학이 자신들의 권력을 약화시킬까봐 두려워했다. 가령, 새로운 종파인 데카르트주의가 인체는 일종의 기계와 같고 죽음은 절대적 단절임을 증명한다면 예수의 부활과 내세 같은 교리는 어떻게 될까? 교회에서 말하는 기적이 터무니없는 헛소리임이 증명된다면 기적을 토대로 쌓아올린 신앙은 설 자리를 잃는다.

데카르트주의는 전제군주들에게도 만만찮은 위협이었다. 루호는 파리에서 물리학을 강연했지만 암스테르담에서는 스피노자가 절대군주가 아닌 이성을 토대로 한 민주주의가 유일하게 정당한 정부형태라고 주장했다. 데카르트주의 신봉자들 사이에서 그런 사상이 조용히 퍼져나가자, 유럽 도처의 지도자들은 데카르트주의자들을 반역자로 몰지는 않아도 의혹의 눈초리로 주시하기 시작했다.

사실 이 모든 두려움은 한 가지 문제로 집중되었다. 살롱에 모여 매직랜턴magic lantern(슬라이드 환등기와 영화의 전신이다)을 이용한 발표를 듣고 수은과 자기, 대기압과 관련된 실험을 지켜보던 데카르트주의자들은 바로 그 문제 때문에 병사들에게 끌려갈지도 모른다는 두려움을 느꼈다. 그 문제는 로마가톨릭교회의 성찬식聖餐式과 관련 있었다.

성찬식을 둘러싼 논쟁

1630년 광학과 색을 연구하던 데카르트는 대수롭지 않은 생각이 하나 떠올랐다.[12] 자른 빵의 안쪽은 겉과 달리 아주 하얗다. 그렇다면 '하양'은 빵 자체에 있는 것일까? 그는 이 질문에서부터 일련의 논리를 끌어냈고 거기서 더는 파고들지 않았다. 그런데 그 논리가 곧 유럽의 주요 제도를 위협하고 말았다. 1643년에 그는 모교 라 플레슈La Flèche의 한 교수에게 편지를 받았다. 페르 드니 멜랑Père Denis Mesland 신부는 데카르트 철학의 맹신자였는데 몇 가지 의문을 품게 되었다.

지금처럼 17세기에도 가톨릭의 주요 의식은 미사였고 미사의 중심, 즉 가톨릭 신앙의 핵은 성찬식이었다. 성찬식 참가자들은 빵과 포도주를 받는다. 그것은 예수의 '육신과 피'이다. 가톨릭 신앙과 개신교 신앙의 주된 차이 중 하나는 성찬식에서 예수의 '육신과 피'가 무엇을 뜻하느냐이다. 이는 당시 막을 내린 지 얼마 안 된, 한 세기에 걸친 유혈사태를 일으킨 원인이기도 했다. 개신교(개신교 전부는 아니지만)[13]는 성찬식의 빵과 포도주가 예수의 육신과 피를 상징할 뿐이라고 했다. 반면에 가톨릭은 성찬식 빵과 포도주를 단순한 상징으로 이해해서는 성찬식에 내포된 신성한 신비의 본질을 이해할 수 없다고 했다.

가톨릭에서는 17세기와 현재 모두 미사 중 신부가 최후의 만찬에서 예수가 남긴 말인 "이것은 나의 몸이요. (……) 이것은 내 피를 담은 잔이니라"를 되풀이할 때 사물, 곧 빵과 포도주의 본질이 변화한다고 본다.[14] 멜랑이 데카르트에게 편지를 쓰기 한 세기 전, 트리엔트공의회는 신교혁명에 대한 반발로 축성한 빵과 포도주를 다음과 같이 정했다.

> 보고 느낄 수 있는 그 사물들, 즉 성찬식 빵과 포도주 속에 우리 주 예수 그리스도, 참 하느님, 참 인간이 실제로 담겨 있다.[15]

로마가톨릭교회의 입장에서는 축성한 빵과 포도주 안에 예수가 '진정으로, 진짜로, 실질적으로' 존재해야 했다. 제아무리 지적이고 논리적인 가톨릭 신자도 그 점에는 의문을 품지 않았다. 그들은 종교적 신비가 실재한다고 믿었다. 사실, 평범한 상식으로는 빵과 포도주가 예수의 살과 피로 변형되는 과정을 설명할 수가 없다. 하지만 그 변형이 가톨릭 신앙의 핵심이다. 예수의 부활과 승천이 예수의 기적을 설명하는 데 꼭 필요한 것과 마찬가지다. 그렇다면 어째서 신부가 축성을 마친 후에도 빵의 모양, 질감, 맛은 여전히 빵 같을까?

가톨릭 신학자들은 이를 토마스 아퀴나스가 사용한 아리스토텔레스의 범주 개념으로 설명한다. 아리스토텔레스 철학에서 물체는 물체에 내재한 본질substance과 사건accidents으로 구성된다. 사건은 사물의 비본질적 성질을 가리키는 용어로, 색깔, 냄새, 맛을 뜻한다. 신부가 미사 도중 빵과 포도주를 축성하며 《성경》의 의식을 반복할 때 변형이 일어나는 요소는 빵의 본질이다. 빵과 포도주에 내재된 본질이 예수의 살과 피로 바뀌는 것이다. 내재된 본질은 바뀌지만 빵과 포도주라는 우연적 사건은 변하지 않고 남는다. 따라서 빵과 포도주라는 모양과 구성성분은 바뀌지 않는다. 이렇게 해서 화체설Transubstantiation(성찬식 때 먹는 빵과 포도주가 그리스도의 살과 피로 변한다는 학설이다_옮긴이 주)이라는 용어가 1100년 무렵 신학자들 사이에 등장했다.

다소 문제 있어 보이는 학설이지만 가톨릭에서는 이 현상을 두 번째 기적으로 여겼다. 그리고 중세에는 화체설의 기적을 증명하는 사례가 여럿 등장했다. 미국의 철학자 리처드 왓슨은 아리스토텔레스주의자들의 화체설을 언급하면서 빵과 포도주라는 가짜 모습을 '방패'에 비유했다.

이 방패가 사라지고 본질이 드러난 기적이 많이 전해진다. 그런 이야기에서 신부는 손에 실제 살덩이를 잡고 있기도 했고 한술 더 떠서 완전한 모양의 아기를 들고 있을 때도 있었다.[16]

로마가톨릭교회 당국은 화체설의 물리학을 그렇게 설명했다. 17세기 유럽의 가톨릭 국가들에서 성체성사聖體聖事가 지닌 다면적인 중요성은 아무리 강조해도 지나침이 없다. 성찬식 빵은 예수의 진짜 몸으로서, 예수의 육체적 고통을 비롯해 인간을 위해 기꺼이 박해받고 죽어간 그의 희생을 뜻한다. 따라서 성찬식 빵에는 인류에 대한 예수의 사랑이 들어 있다. 성찬식 빵을 먹는 행위는 신앙에 자신을 위탁하며 예수의 고통을 함께 나누고 예수의 신성한 사랑을 받아들이는 것을 뜻한다. 예수의 몸과 하나가 되는 것, 그 일부가 되는 것이다.

이때 몸의 일부가 된다는 것은 예수 육신의 일부가 되는 동시에 신앙집단의 일부가 된다는 것을 의미한다. 성체성사는 과거나 지금이나 가톨릭 신앙의 정수이다. 심원한 종교적 신비를 인간존재의 근본조건, 즉 피와 살로 이루어진 육체적 자아와 연결하는 의식인 것이다. 그리하여 미사를 올릴 때마다 그리스도 신앙의 역사적 뿌리(예수를 통해 신이 사람이 되었고 육체적으로 고통 받고 죽었다)를 반복해서 보여준다.

화체설은 종교적으로 중요했지만 현실적으로도 대단히 큰 의미가 있었다. 로마가톨릭교회 제도 전체가 이를 토대로 유지되었으니 말이다. 교구와 대성당, 신부와 수녀, 로마가톨릭교회의 부동산과 예술품, 수익뿐 아니라 로마가톨릭교회가 국가의 수장을 마음대로 주무를 수 있는 능력 등이 전부 화체설을 바탕으로 했다. 서품敍品을 받은 신부만이 미사를 진행할 수 있고 성찬식에서 "이것은 나의 몸이요"라고 말할 수 있다. 또 예수를 대신할 수 있으며 예수 부활의 신비에 신자들을 참여시키는 도구로 쓰일 수 있는 것이다. 성찬식 빵이 실제로 예수의 몸이라면 로마가톨릭교회는 독점적으로 구원을 팔 수 있는 셈이다.

사실, 종교개혁은 화체설과 화체설이 로마가톨릭교회에 부여한 권력을 향한 공격이었다. 멜랑 신부는 데카르트주의 또한 화체설에 대한 공격이 될 것임을 일찌감치 알아차린 사람 중 하나였다. 데카르트의 자연관에서는 우연한 외양 뒤에 숨은 '진짜' 사과나 나무, 나비란 있을 수 없다. 어떤 물체가 단단하고 회색이며 얼룩이 있고 그 밖에 화강암처럼 보이는 모든 특성을 지녔다면 그것은 진짜 화강암이다. 빵 같은 모양과 냄새, 맛이라면 그것은 빵이다. 멜랑 신부는 데카르트의 철학을 그렇게 이해했다. 실로 위험한 철학이었다.

데카르트는 자신의 철학이 성찬식 빵에 예수가 진정으로 깃들었음을 부정하지 않는다는 내용의 답장으로 멜랑 신부를 안심시키려 했다. 데카르트는 성찬식 빵과 관련해 철학적으로 그럴 듯한 답변을 했다고 생각했다. 기계론적 자연관과 신앙이 공존할 수 있는 답변을 제시했다고 믿었던 것이다. 데카르트는 이원론을 통해 영혼과 정신 그리고 물질을 각기 다른 범주로 구분함으로써 과학의 공격으로부터 신앙의 요새를 보호할 벽을 세울 수 있다고 믿었다.

동시에 데카르트는 이원론을 통해 신학의 간섭에서 과학을 보호하고 싶었다. 그는 과학자들을 비난하는 로마가톨릭교회에 치를 떨었다. 특히 갈릴레오의 재판이 그러했다(데카르트는 갈릴레오가 지동설 때문에 유죄판결을 받은 사실을 알았을 때 '나는 그 사실을 알고 너무 두려워서 내 논문을 전부 태워버리거나 아무도 내 논문을 읽지 못하도록 해야겠다고 결심할 뻔했다'라고 썼다).[17] 데카르트는 가톨릭 신앙에 매우 충실한 사람이었지만 동시에 이성을 토대로 자연을 탐구하는 것이 정당하다고 확신했다. 그래서 그는 유일한 논리적 해결책으로 현실을 2개의 영역으로 분리했다.

데카르트의 이원론은 종교를 보호하려는 목적도 있었지만 장기적으로는 그러니까 수십 년, 수백 년을 거쳐 서구의 의식에 이원론이 스미는 동안, 종교의 영향력을 급격히 감소시켰다. 현대 일반적인 관점에 따르면, 천문학이나 생물학은 신앙이 관여할 분야가 아니다. 이를 논리적으로 확장하다 보면 현대적인 무신론에 닿게 된다. 당대의 데카르트 비판자들도 어느 정도 그 결과를 예측했다. 그들은 데카르트를 비롯해 기계론적 자연관에 경도된 철학자들의 연구가 이성에 전권을 쥐어줌으로써 신앙을 미신으로 전락시킨다고 보았다.

물론 데카르트를 포함해 동시대 학자들은 그럴 의도가 전혀 없었다. 데카르트는 평생 로마가톨릭교회 당국과의 대립을 꺼렸다. 데카르트의 소심함은 그의 야망과 늘 갈등을 빚었다. 성찬식 문제에서도 그의 입장은 양면적이었다. 그는 물리학뿐 아니라 신학에도 새로운 토대를 놓으려 했다. 그는 멜랑 신부를 비롯한 추종자들에게 화체설 문제를 회피하지 말고 로마가톨릭교회의 화체설 설명을 과학, 즉 데카르트주의와 연결시키라고 했다. 결국 그의 원대한 목표는 아리스토텔레스 철학을 완전히 대체하는, 모든 학문의 토대를 마련하는 것이었다.

데카르트는 직접 나서서 성찬식을 공격하지는 않았지만 그가 사망했을 무렵 이 문제는 격렬한 논쟁으로 확대되었다. 데카르트의 추종자들은 다양한 방식으로 대응했다. 데카르트는 아리스토텔레스적인 설명을 뒤엎으려 했다. 그는 본질이 변형된다는 아리스토텔레스주의자들의 설명은 잘못되었으며, 진짜 기적은 예수의 영혼과 빵이 하나가 되는 데 있다고 설명했다. 이 관점에서 보자면 내재된 본질을 감추는 빵 모양의 방패, 즉 두 번째 기적은 필요치 않았다. 하지만 데카르트주의자들의 설명은 경계의 대상이 되었다. 성찬식 빵이 예수의 몸을 상징하는 것에 불과하다는 신교도들의 생각을 약간 변형한 정도로 들렸기 때문이다. 로마가톨릭교회가 세속적인 권력체계를 유지하기 위해서는 예수의 영혼만으로는 부족했다. 예수의 육신이 필요했다.

그럼에도 데카르트주의자들은 주장을 밀어붙였다. 루호는 데카르트주의자들이 성찬식을 놓고 펼치는 주장을 옹호했다. 루호의 장인인 클레르슬리에는 데카르트의 서한집을 출판할 때 현명하게도 데카르트와 멜랑 신부가 주고받은 편지를 넣지 않았다. 그 대신 그는 편지의 사본을 영향력 있는 사람들에게 보냈다. 과학에 열정을 품은 로베르 데가베Robert Desgabets[18]는 베네딕투스 수도회의 수도사로, 데카르트를 한 번도 만나본 적은 없었지만 그의 철학에 매료되었다. 클레르슬리에는 데카르트와 멜랑 신부가 주고받은 편지 사본을 그에게도 보냈다.

데가베는 파리까지 와서 데카르트주의자들의 모임에 참석했다.[19] 그 모임에서 그는 수혈하는 방법을 강의하면서 데카르트가 생각했던 철학과 의학의 밀접한 관계를 생생하게 보여주었다. 그는 또한 데카르트주의자들이 화체설에 갖는 견해를 지지한다는 의견도 밝혔다. 데가베는 파리를 떠난 후 시골의 베네딕투스 수도원을 돌며 데카르트주의를 전파했다. 그는 결국 화체설 문제의 핵심을 제목으로 정확히 표현한 글을 하나 발표했다.

〈성찬식 빵 논쟁의 현 상황 고찰. 빵이라는 물질이 예수 그리스도의 영혼 그리고 그 신성한 존재와 본질적으로 결합함으로써 예수 그리스도의 몸으로 바뀐다는 의견을 간략하게 다룸〉

Considerations on the present state of the controversy touching the Very Holy Sacrament of the host, in which is treated in a few words the opinion which teaches that the matter of the bread is changed into that of the body of Jesus Christ by its substantial union to his soul and to his divine person.

이 발표를 비롯해 여러 활동을 한 탓에 데가베는 이단으로 낙인찍혔다. 결국 로마가톨릭교회 당국은 그의 연구를 탄압했고 그는 역사에서 사라지고 말았다. 한편 멜랑 신부는 이 문제를 끈질기게 탐구하다가 캐나다로 쫓겨났다.

반면, 데카르트주의가 정부와 로마가톨릭교회 당국에 유용하게 쓰일 수 있다고 주장하는 데카르트주의자들도 있었다. 루호도 그 중 하나였다. 그들은 데카르트의 철학이 신앙을 위협하기는커녕 수호할 것이라고 주장했다. 생전의 데카르트도 같은 입장이었다. 권력층 인사 중에는 이 이상하고 이해하기 힘든 철학이 사실상 교회와 국가의 무기가 될 수 있다는 생각에 흥미를 느낀 자들도 있었다. 사람들은 데카르트를 놓고 호기심과 두려움 사이를 오갔다. 17세기 후반에 데카르트주의자들이 처했던 상황은 박해자를 피해 고대 로마 지하묘지 카타콤Catacomb에서 종교생활을 했던 초기 기독교인들의 상황과 꽤 닮았다. 그들은 관용, 의혹, 박해를 번갈아 겪었으며 결국 데카르트의 철학을 퍼뜨리는 데 성공했다.

17세기 데카르트와 예수 사이에는 또 다른 유사점이 있다. 어떤 의미에서 데카르트 철학은 기독교를 대체해 서양 문화의 토대가 되려 했다. 또한 데카르트주의자들은 스스로 '데카르트의 제자들'이라 불렀다. 그들의 과학은 가톨릭이 예수의 육신을 보는 관점과 충돌을 빚었다. 그리고 이제 그들 또한 데카르트 철학을 알리기 위해 데카르트의 몸, 즉 유골을 이용하려는 참이다.

초기 기독교인처럼 데카르트주의자들도 경건하게 대의를 믿었다. 거의 신비주의적인 관점으로 데카르트주의를 신봉하는 사람들도 있었다. 그들은 스스로 유산의 수호자, 불씨의 전달자로 여겼다. 그 불씨가 미래의 세상을 밝히리라 믿어 의심치 않았다. 그 불씨가 위태롭다는 것도 잘 알았다. 또한 그 불씨로 세상을 밝히기 위해서는 골치 아픈 철학지식뿐 아니라 권력의 생리도 알아야 한다는 것도 말이다. 그들은 살아남기 위해서, 대의를 펼치기 위해서 다양한 설득의 도구를 사용해야 했다. 그리고 1667년 말, 새로운 설득의 도구가 파리에 막 도착했다.

재무장관 달리베르의 집에 도착하다

1월의 추운 날이었다. 프랑스인 르핀과 로쉐르는 스웨덴에서 출발한 지 석 달 만에 파리 외곽에 도착했다. 그들이 도착한 파리는 데카르트가 생전에 마지막으로 방문했을 때와는 달랐다. 17세기 초반에는 걷거나 노새를 타야 했지만 곧 혁명이 일어났다. 온갖 탈것들이 거리를 가득 메웠다. '세례 받은 노새'라 불리는 사람들이 끄는 인력거부터 유리창에 완충기가 달리고 도금된 마차까지 수천 대의 탈것들이 있었다. 흙길이 포장되기 시작했어도 도로는 불규칙하게 얽혀 있었다. 런던보다 더 컸고 시끄러웠으며 더러웠다.

당시는 재상 장 바티스트 콜베르Jean-Baptiste Colbert가 대규모로 개혁을 시작한 지 얼마 되지 않았을 때였다. 콜베르는 널찍한 대로를 뽑았고 오래된 성벽에서 무너져 내리는 돌조각들을 치웠으며 루브르궁의 주랑을 건축하도록 했다. 그러나 공사 탓에 교통체증이 더 심해졌다. 파리 사람들은 투덜거렸지만 왕은 대개 베르사유 궁전에서 지냈고 일 년에 서너 번 방문할 때 외에는 파리를 잊고 살았다.

데카르트의 유골을 비롯해 탈롱이 보낸 소포를 실은 마차는 탈것들이 뒤엉킨 도로를 이리저리 뚫고 가야 했다. 그들은 파리 북쪽 끝에서 무너져 내리는 중세의 성문 두 곳, 생-마르탱St. Martin과 생 드니St. Denis를 통과했다. 그리고 화려한 마레지구Le Marais를 지나 센Seine 강 북쪽, 행정업무 중심지 한복판에 위치해 있는 우아한 저택에 도착했다.

마차가 프랑스 재무장관이자 고위급 데카르트주의자인 달리베르의 집에 도착하자 서쪽으로 몇 블록 떨어진 곳에 사는 루호와 그보다 훨씬 가까운 거리에 사는 세비녜 부인 그리고 다른 데카르트주의자들에게 그 소식이 전해졌다. 그중에서도 주목할 만한 인물은 클레르슬리에였다. 쉰넷의 정부관료인 그는 데카르트주의를 먼저 받아들인 사람 중 하나였다. 클레르슬리에는 데카르트 생전에도 출판 대리인 역할을 했지만 데카르트 사후에는 더욱 두드러지게 활동했다. 데카르트의 글 가운데에는 생전에 출판하기에는 너무 선동적인 것들이 있었다. 클레르슬리에는 그 글들을 편집했고 사후출판을 지휘했다. 데카르트의 서한집도 출판했는데 쉽지 않은 일이었다. 데카르트 사후, 그의 편지를 포함한 소지품들이 스웨덴에서 프랑스로 수송되던 도중 그 짐을 실은 배가 가라앉고 말았다. 클레르슬리에는 일꾼들을 고용해 종이 수천 장을 건져서 말렸다.

1660년대와 1670년대에 클레르슬리에는 데카르트의 유고를 여러 권 출판했다. 그 덕택에 17세기 말 유럽의 지식인층은 신선한 지적 자극을 받았고 데카르트는 사람들의 기억 속에서 잊히지 않을 수 있었다. 그리고 그 저작들은 데카르트주의를 전파하는 데도 기여했다. 클레르슬리에는 데카르트주의자들의 지도자가 되었다. 철학적·학문적 지도자보다는 장군이나 전략가에 가까웠다. 데카르트 추종자들은 유럽 대륙 도처에 분산되어 있었지만 그 핵심인물들은 단단히 결속되어 있었다. 그들은 데카르트주의에 헌신할 뿐 아니라 친·인척 관계로 묶여 있었다. 루호는 클레르슬리에의 딸과, 클레르슬리에는 샤뉘의 누이와 결혼했다.

스승의 유골을 활용하자는 생각을 떠올린 사람도 데카르트의 유고를 오랫동안 책임졌던 클레르슬리에였을 것이다. 16년 전, 샤뉘와 크리스티나 여왕이 데카르트를 스톡홀름에 묻기로 결정한 데는 나름의 이유가 있었다. 그런데 데카르트의 죽음을 알리는 샤뉘의 편지가 파리에 도착하자마자 고인을 프랑스 땅으로 모셔야 한다는 요청이 일기 시작했다. 처음에는 민족주의에서 비롯되었을 것이다. 시간이 흐르면서 또 다른 생각이 고개를 쳐들었다. 어쩌면 그들도 자신들의 발상이 아이러니하다는 것을 눈치 챘을지 모른다. 데카르트의 혁명적 철학은 육체의 건강, 특히 데카르트 자신의 육체에 가진 관심에 뿌리를 둔다. 그런데 데카르트가 죽은 뒤 그의 철학은 공교롭게도 예수의 육신을 보는 관점을 놓고 로마가톨릭교회와 갈등을 빚기 시작했다. 이제 데카르트주의자들은 자신들의 철학을 정당화하고 스스로 보호하기 위해 데카르트의 육신, 바로 그의 유골을 이용하려 한다.

데카르트의 성화聖化를 준비하는 데는 여러 달이 걸렸다. 루호와 클레르슬리에, 달리베르를 비롯한 데카르트주의자들은 여러 정치적 요인을 고려하며 계획을 세웠다. 그들의 목표는 교회와 정부 인사들에게 영향을 미치는 것이었다. 데카르트주의를 공식적으로 인정하고 존중해달라고 요구하면서 그들 편에 서줄 만한 세력을 만들고자 했다.

유골 장례식

마침내 6월 말의 어느 저녁, 데카르트주의자들은 멋진 행사를 준비했다.[20] 해가 뉘엿뉘엿 질 무렵 센 강변에 위치한 달리베르 집 앞 좁은 길에 많은 사람이 모였다. 무리에는 성직자들과 귀족들,

데카르트의 친구들이 있었다. 그리고 그들 못지않게 중요한, 파리의 보통 사람들도 거리를 가득 채웠다. 그중에는 파리에서 가장 가난한 사람들도 있었다. 가난한 자들은 횃불을 들고 걸어왔고 부자들은 마차를 타고 왔다.

그들은 행렬을 이루어 북쪽 생 앙투안St. Antoine 거리로 향했다. 생 앙투안 거리에서 그들은 왼쪽으로 방향을 틀어 웅장한 생 폴St. Paul 성당으로 갔다. 생 폴 성당 안에는 데카르트의 유골을 담은 관이 지난겨울부터 놓여 있었다. 장례행렬은 그 관을 들고 남쪽으로 향했다. 그들은 시테 섬la Cité을 건너 르 카르티에라탱Le Quartier Latin(라틴구)의 오르막길을 따라 올라갔다. 그리고 파리에서 가장 높으면서도 널찍한 언덕 정상에 이르렀다. 언덕 꼭대기에 도착하자 성당의 종이 울렸다. 성당 둘이 나란히 서 있었다. 오른편에 서 있는 고딕풍의 생트 주네비에브Ste. Geneviève 성당은 파리의 수호성인 생트 주네비에브의 이름을 딴 성당이었다. 이 성당 앞에 수도원장 프랑수아 블랑샤르François Blanchard 신부가 예복을 갖춰 입고 머리에는 사제관을 쓴 채 손에는 십자가를 들고 서 있었다. 그 옆에는 성당 사제들이 양초를 하나씩 들고 서 있었다.

행렬은 줄지어 성당 안으로 들어갔다. 달리베르는 수도원장에게 바라는 종교행사에 관해 언질을 주었는데 수도원장은 그 이상을 준비했다. 장례행렬만 해도 생트 주네비에브 축일에 성인의 유골을 들고 성당에서 출발해 파리 거리 곳곳을 돌아다니는 순례와

| 파리의 생트 주네비에브 성당은 데카르트 유골의 두 번째 안식처였다. 현재 성당은 존재하지 않는다.

비슷했다. 장례행렬은 파리 시민들의 관심을 끌었다. 다음 날에는 훨씬 많은 군중이 무슨 일인지 보기 위해 성당 앞 광장에 모였다. 클레르슬리에는 대중 앞에서 장례연설을 할 생각이었다. 그런데 루이 14세 정부가 대중연설을 금지한다는 명령을 내렸다. 연설은 비공개적으로 이루어졌다. 데카르트의 관이 계획대로 생트 주네비에브 유골 옆 납골당에 안치되는 순간, 기도와 의식이 절정에 달했다. 수도원장이 데카르트의 유골을 축성했다.

그다음부터 의식은 행정절차처럼 진행되었다. 공적 서한이 줄줄이 발표되었다. 데카르트주의자들은 개장과정을 자세히 적은 기록을 발표했다. 클레르슬리에와 고인이 된 샤뉘가 남긴 기록도 있었고 데카르트가 흔들림 없는 가톨릭 신앙을 지녔으며 '본보기가 될 만큼 순수했음'을 증언하는 로마가톨릭교회 당국의 증서도 등장했다. 크리스티나도 로마에서 이목을 끌 만한 편지를 보냈다. 그녀는 여전히 왕을 지칭하는 대명사를 사용하여 데카르트가 짐의 위대한 개종에 크게 기여했다고 증언했다.

이 모든 자료는 데카르트가 반-가톨릭적, 나아가 반-종교적이라는 생각을 부정하기 위해 신중하게 준비된 듯했다. 마지막으로 클레르슬리에가 유골을 스웨덴에서 어떻게 이송했는지, 파리에서 장례의식이 어떻게 진행되었는지 세세히 새긴 구리검을 증정했다. 구리검에는 자리에 참석한 저명인사들의 이름도 새겨져 있었다. 데카르트의 전기작가가 쓴 기록에 따르면, 수도원장이 구리검을 자리에 모인 친구들 앞에서 관에 넣었다. 납골당이 봉인되었고 식이 끝났다.

그리고 달리베르가 대규모 연회를 열었다. 연회에는 클레르슬리에 같은 중요 인사들이 참석했다. 그의 지지자들도 함께 모였다. 파리 도처에서 화려하고 호화로운 향연이 열렸다. 공작, 변호사, 수학자, 궁정조신, 국회의원, 아카데미프랑세즈Académie Française 회원들, 왕실 주치의, 왕의 축성 감독관 할 것 없이 누구나 데카르트 유골의 귀환을 축하하는 이런저런 향연에 참가했다. 이 모든 일의 목적은 하나였다. 데카르트주의를 퍼트리고, 낡고 질긴 지식체계를 완전히 무너뜨리는 것. 사람들을 데카르트주의의 편으로 만드는 것. 가장 진정하고 믿을 만한 토대는 인간의 정신과 그 '합리성'이라고 믿도록 만드는 것.

한편 이날의 의식은 로마가톨릭교회의 성물숭배의식을 따라 했다. 세세한 부분까지 어찌나 똑같았는지 종교행사를 세속적으로 활용한 정도를 넘어서 종교행사 그 자체나 다름없었다. 그것은 종교적 생각으로 둘러싸인 세상에 과학적 관점을 소개하기 위해 선택된 방식이었다.

계획은 부분적으로 성공했다. 데카르트의 유골 장례식이 있고 나서 몇 년간 데카르트는 다양한 모습으로 사회 곳곳에 등장했다. 이야기와 시에도 등장했다. 프랑스의 역사학자인 스테판 반 담Stéphane Van Damme의 표현대로 데카르트는 '문학 속의 허구인물'이 되었다. 그는 과학자, 실체 없는 사상가, 심지어 영적인 존재로도 그려졌다. 당시 살롱에서 유행하던 소일거리로 문학게임이 있었는데, 1670년대에는 데카르트가 그런 게임에 등장하기도 했다. 그중 하나가 교령회交靈會였다. 교령회는 죽은 이의 혼령과 교류를 시도하는 모임이다. 교령회를 언급한 어느 시에는 '유식하고 고매한 데카르트 혼령'[21]과 대화를 나누는 젊은 여자가 등장한다.

새롭게 유명세를 얻은 데카르트의 철학은 새로운 장소에 뿌리를 내렸다. 콩데 공Prince de Condé, 리앙쿠르 공작duc de Liancourt, 레츠 추기경Cardinal de Retz 같은 주요 귀족과 교회인사 들이 데카르트주의자들을 비호했다. 데카르트주의는 일부 권력층의 비호를 받기 시작하면서 교회와 국가의 야당세력이라 부를 만한 분파의 사상이 되었다. 콩데 공은 유럽에서 유명하고 대담한 인물 중 하나였다. 그는 루이 14세에 대항해 프롱드의 난La Fronde(군중이 투석기, 즉 프롱드를 써서 싸웠기에 프롱드의 난이라 불렸다_옮긴이 주)에서 반대파를 이끌었다. 프롱드의 난은 1648년에서 1653년까지 프랑스를 황폐화시킨 내전이었다. 그는 형식적으로는 다시 루이 14세에게 충성을 맹세하기는 했지만 샹티이Chantilly에 위치한 성에서 왕권에 견줄 만한 세력을 다지고 있었다. 그의 세력기반 중 하나가 데카르트주의자들이었다.

레츠 추기경은 다양한 방식으로 왕의 반대편에 섰다. 루이 14세는 레츠 추기경에게 그 벌로 파리 대주교라는 직위를 포기하게 했다. 그럼에도 추기경은 여전히 정치적 활동을 벌이며 데카르트주의의 대변자로 남았다. 데카르트의 유골이 누워 있는 곳조차 야당과 관련 있었다. 파리의 수호성인 생트 주네비에브를 모신 성당으로 숭배되었지만 이 성당과 성당의 수도원장은 왕과 가톨릭 교구에 맞서 투쟁한 오랜 역사를 지녔다.

제도권의 탄압

그러나 제도권은 냉담했다. 그들은 입장을 뚜렷이 밝혔다. 1671년 루이 14세는 데카르트주의에 반대한다는 의견을 단호히 표명했다. 데카르트 철학은 이미 파리대학교Université de Paris에 침투해 젊은이들에게 영향을 끼치고 있었다. 젊은이들은 영성체와 미사, 사제의 권위에 의문을 제기했다. 파리 대주교가 루이 14세에게 행동을 촉구했고 루이 14세는 그 청을 받아들여 종교의 신비에 혼란을 초래할 학문을 금지한다고 명했다.[22] 훗날 그는 데카르트의 의견과 생각에 반대한다고 분명히 밝혔다. 파리 시정부는 왕명을 충실히 따라서 데카르트주의를 퍼트리는 사람은 누구든 사형에 처한다고 공표했다.

정부의 탄압은 아이러니한 결과를 낳았다. 1666년 프랑스 아카데미데시앙스Académie des Sciences가 설립되면서 개별적으로 흩어져 있던 철학자 집단과 살롱이 정부 통제 하에 모였다. 이때 데카르트주의자들(과학연구와 가장 근접한 연구를 하고 있던 루호 같은 사람들)은 아카데미데시앙스에서 공공연히 배제되었다.

가톨릭에서는 데카르트의 유골이 파리로 이송되기 전부터 공식적으로 데카르트의 학문을 반대하기 시작했다. 1663년에 가톨릭 검사성성檢邪聖省, 즉 종교재판소는 데카르트의 책 네 권을 금서목록에 올렸다. 그 이유는 1998년에야 비로소 공개되었다. 1998년, 전 교황 베네딕토 16세Benedictus XVI이자 당시 신앙교리회(종교재판소의 현대 버전이다)의 수장이던 요제프 라칭거Joseph Aloisius Ratzinger 추기경이 1903년까지의 종교재판소 파일을 공개한다고 발표했던 것이다. 데카르트의 저술을 검열한 기록을 보면 이 새로운 철학을 검토한 사람들이 얼마나 흥미로워했는지 알 수 있다. 당시 검열에 참가했던 가톨릭교회인사 중 하나는 이렇게 썼다.

'나는 저자의 명민한 영혼과 독창적인 사색, 탁월하리만치 우아한 문체 그리고 신학자들의 검열에 자신의 저술을 제출하는 그 겸손함을 존경하며 그의 재능에 경의를 표한다.'

그러나 검열결과는 금지였다.[23] 가톨릭 검사성성은 가톨릭 신자들이 그 책을 읽는 것은 죄를 짓는 것과 같다고 위협하며 금지시켰다. 당시 기록을 보면, 종교재판소는 데카르트가 물질과 물질세계를 인정함으로써 성체성사의 교리를 약화시키고 성찬식 빵에 예수가 실제로 깃들었다는 교리를 부인한다고 판결했다.

다양한 사람들이 데카르트주의가 무엇인지, 그것으로 무엇을 할 수 있는지 이해하려고 애쓰는 동안, 데카르트주의를 둘러싼 갈등의 구도도 끊임없이 달라졌다. 바티칸은 여전히 데카르트주의에 반대했지만 성직자 중에는 데카르트주의자가 적지 않았다. 로마가톨릭교회 내부에서도 주요 교단들이 데카르트주의를 받아들였다. 따라서 데카르트주의자들 사이에서는 《성경》과 아리스토텔레스 철학을 토대로 한 기존 세계관과 데카르트 철학의 투쟁 외에도 누가 데카르트 철학을 주도할 것인지, 또 데카르트 철학이 뜻하는 바가 무엇인지에 대한 투쟁이 있었다. 그런 투쟁에 데카르트의 죽음이 쓰일 수 있다면 그의 삶도 기꺼이 쓰일 수 있었다.

로마가톨릭교회 지도자들 중에 데카르트주의로 '전향'했지만 데카르트주의를 로마가톨릭교회의 맥락 안에 두고 싶어했던 사람들이 있었다. 그들은 같은 처지의 성직자 바이예 신부에게 데카르트의 삶을 다룬 전기를 쓰도록 했다. 바이예 신부는 열일곱 권짜리 《성자들의 삶Les vies des Saints》을 집필한 저자로, 데카르트의 전기도 성자의 전기 같은 느낌이 들도록 썼다.

데카르트의 유골을 프랑스로 이송하기 3년 전, 프랑스의 철학자이자 수도사인 니콜라 말브랑슈Nicolas Malebranche는 센 강둑에 늘어선(오늘날에도 여전히 그곳에 있는) 서적상들을 둘러보다가 데카르트의 《인간론Traite de l'homme》을 우연히 발견했다. 그는 그렇게 데카르트 철학과 처음 만났다. 그는 책을 읽으면서 얼마나 충격을 받았는지 숨이 가빠지고 심장이 두근거릴 정도였다. 결국 말브랑슈는 데카르트 학파의 주요 인물이 되었고 특히 데카르트 신학이라 불릴 만한 것의 대변인이 되었다.

데카르트 학파는 정신이 지식의 토대라는 믿음에는 모두 동의한다. 하지만 '끊임없이 변화하고 믿을 수 없기로 유명한 정신 말고 더 깊은 지식의 토대는 없을까?' 하는 문제에 끊임없이 의문을 가졌다. 말브랑슈는 데카르트가 그 문제에 분명히 입장을 밝혔다고 주장한다. 사실 데카르트는 실제로 우주가 2개가 아닌 3개의 물질로 이루어졌다고 썼다. 정신, 육체(즉 물질세계) 그리고 신. 신이 있기에 정신과 물질세계가 의미 있게 상호작용할 수 있다고 우리가 이성의 힘으로 진실에 도달할 수 있다고 말이다. 말브랑슈는

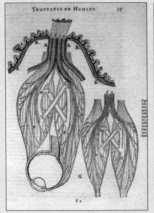

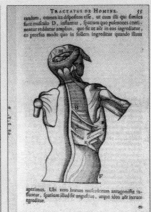

데카르트의 《인간론》에 실린 해부도이다. 데카르트가 직접 그린 것으로 정신과
육체의 상호작용을 보여준다.

인간의 지성과 그 능력으로 신에 의존하는 자연세계를 이해할 수 있다고 했다. "우리는 신에게서 모든 것을 본다." 따라서 그는 데카르트가 과학과 신앙 두 가지를 모두 옹호한다고 해석했다.

그러나 루호와 파리의 사제 앙투안 아르노Antoine Arnauld를 비롯해 다른 데카르트 학파는 생각이 조금 달랐다. 그들에 따르면, 데카르트는 말 그대로 생각이 그 자체로 정신에 존재한다고 믿었다. 그들은 신의 관련성을 무시하지는 않았지만 세계와 그 세계를 지각하는 정신의 관계에 신이 반드시 개입한다고 생각하지도 않았다. 루호가 이해한 데카르트와 말브랑슈가 이해한 데카르트는 그 차이가 사소해 보이지만 현대로 이어지면서 점점 두드러졌다. 그리고 신앙과 이성의 확실한 분리로 확장되었으며 필연적으로 현대적 개념의 무신론으로 이어졌다.

데카르트주의자들이 데카르트 철학의 의미를 둘러싸고 벌인 투쟁은 역사적 관점에서 중요하다.[24] 17세기 말부터 18세기까지 데카르트 철학의 의미를 둘러싼 투쟁이 여러 번 일어났다. 데카르트 학파와 교회의 투쟁, 데카르트 학파와 정부 권력의 투쟁, 데카르트 학파 내부의 투쟁. 데카르트 학파에서 희생자도 생겼다. 사람들은 파면되거나 추방되었다. 루호 역시 이단 혐의로 대중 강연이 금지되었다.

중요한 사실은 독일의 라이프니츠, 네덜란드의 유대인 철학자 스피노자 등 다른 사상가들이 데카르트 철학을 새로운 방향으로 물레질하면서 철학적 탐색의 영역을 넓혀갔다는 것이다. 데카르트 철학(특히 '방법'과 정신-물질 이원론)은 철학을 넘어 모든 문화 영역에 침투했다. 데카르트 철학은 성부터 교육, 여성의 역할, 인간과 환경의 관계에 이르기까지 모든 것의 관점을 변혁하면서 차츰 새로운 세상을 형성했다. 한편 최초의 근대 철학이 새로운 생명을 누리는 동안 그 창시자인 데카르트는 머나먼 과거로 멀어져갔다.

3장

이성과 신앙의 갈등사

Descartes' Bones

데카르트의 유골은 파리의 생트 주네비에브 성당에 재매장된 후
100년 동안 조용히 있었다. 유골이 천천히 부식되는 동안 생트 주
네비에브 성당도 서서히 무너지고 있었다(생트 주네비에브 성당은 프
랑스 왕권에 대립했던 긴 투쟁에서 패배한 데다 오랫동안 벽 하나를 공유하며
이웃하면서 경쟁관계에 있던 생테티엔St. Etienne 성당에 주도권을 빼앗겼다).

그 사이, 산 자들의 세상은 듣도 보도 못한 모습으로 달라졌다.
1700년대 초의 세상을 100년 전에 살던 누군가가 방문했다면 아
마 사람들이 발명에 미쳐 있다고 생각했을 것이다. 질소를 발견했
고 전기를 쓰기 시작했으며 충수절제술이 최초로 이루어졌다. 소
득세가 생겨났고 하와이제도를 발견했다. 만년필을 발명했고 소

화기와 피아노, 소리굽쇠와 수세식 변기도 생겨났다. 시계, 현미경, 나침반, 램프, 마차는 더욱 정교해졌다. 영국의 도시 버밍엄 Birmingham 한 곳에서만도 자칭 루너협회The Lunar Society(자연과학자 등 계몽주의 지식인들의 모임으로 보름달이 뜨는 밤에 모임을 가져 루너협회라 이름을 지었다_옮긴이 주) 회원들이 산소를 발견하고 증기기관을 만들어내고 디기탈리스Digitalis가 심장병 치료에 좋다는 것을 밝혀냈다. 세계 최초로 공장을 짓기도 했다. 그들은 발명과 산업을 연결하려는 열정을 전형적으로 보여주었다.

수집하고 분류하는 일에 사로잡힌 사람들이 지구 곳곳을 돌아다니며 거미, 광물, 화석, 꽃을 수집했다. 박물관, 사전, 백과사전이 생겼고 사람의 성에서 이름을 따온 상품과 용어가 나타났다. 와트Watt, 파렌하이트Fahrenheit(화씨를 뜻하는 단어는 독일의 물리학자 다니엘 가브리엘 파렌하이트Daniel Gabriel Fahrenheit의 이름에서 유래했다_옮긴이 주), 스웹Schweppe(미네랄 탄산음료를 개발한 독일인 요한 야코프 스웹Johann Jacob Schweppe에서 비롯된 상표이다_옮긴이 주), 셀시우스Celsius(스웨덴의 천문학자 안데르스 셀시우스Anders Celsius에서 유래한 용어로 그가 고안한 온도눈금이 섭씨온도계의 기원이 되었다_옮긴이 주), 웨지우드Wedgwood(도자기 혁명을 불러온 영국의 도예가 조사이어 웨지우드Josiah Wedgwood가 세운 도자기 회사이다_옮긴이 주)가 그런 경우이다.

요즘 모든 학교의 교육과정에서 계몽주의와 과학혁명을 가르치고 있어 누구나 그 사실을 잘 알고 있다. 하지만 그런 사건들이 어떻게 과거와 연결되는지 아는 사람은 그다지 많지 않다. 우리는 계몽주의를 18세기에 일어난 현상으로 치부해버린다. 또 18세기 지식인들이 이성에 대한 믿음을 토대로 사회 도처에 변화를 일으켰다고 생각한다.

최근 역사학자들은 18세기의 계몽주의와 과학혁명이 17세기와 관련 있다는 점에 주목한다. 여러 사건과 인물들(발명가들, 발명품의 파급효과 그리고 돛, 현미경, 깃펜으로 무장한 탐험가들)의 얽히고설킨 관계를 풀다 보면 18세기 미국 민주주의의 아버지 토머스 제퍼슨 Thomas Jefferson과 프랑스 계몽주의의 대부 장 자크 루소Jean-Jacques Rousseau의 사상도 결국 17세기 데카르트의 근대에서 비롯되었음을 알게 된다.

사실 데카르트가 발명과 발견의 세기인 18세기에 어떻게 영향을 미쳤는지는 분명하지 않다. 우리 시대의 발명과 발견에 어떤 영향을 미치는지는 더더군다나 불분명하다. 데카르트주의는 오늘날 흔히 입에 오르내리는 용어가 아니다. 데카르트주의 석사나 박사라 불리는 것도 없다. 아이가 커서 과학자가 되었으면 좋겠다고 말하는 부모는 있어도 데카르트주의자가 되었으면 하고 표현하는 부모는 없다. 요즘 우리는 자연계를 체계적으로 탐구하는 특정 방법을 '과학'이라고 부른다. 과학을 의미하는 영어단어 'Science'는 지식을 뜻하는 라틴어에서 유래했는데 중세시대부터 전쟁술을 뜻하는 'The Science of war'나 승마술을 의미하는 'The Science of horsemanship'처럼 기술이나 학문 같은 것을 뜻하기 시작했다. 과학이라는 단어가 오늘날과 같은 의미로 굳어진 것은 1800년 무렵이다. 한편, 데카르트주의는 1700년대 초반에 시들해졌다.

그렇다면 데카르트주의자들은 어떻게 되었을까? 어떤 의미에서 데카르트주의자들은 1600년대 말과 1700년대 초반에 유럽을 휩쓴 거대한 물결에 묻혀 버렸다. 그 거대한 물결은 '영국숭배'라 불릴 만했다. 영국숭배는 일시적인 유행이었는데, 그런 유행이 생겨난 데는 실용성을 중시하는 영국인들의 성향이 중요하게 작용했다.

영국인들은 새로운 사상을 연장이나 도구 같은 것으로 이해했다. 그들은 말 그대로 '땜질'했다. 프랑스인들이 새로운 철학을 창조했다면 영국인들은 응용과학을 고안했다. 프랑스인들이 살롱에서 세련된 사교와 교양에 몰두하는 동안, 영국의 장인들은 견습생을 고용해 냉혹한 계약서에 서명하도록 했다. 예를 들어, 웨지우드는 젊은 시절에 '카드놀이나 주사위놀이를 비롯해 그 어떤 비합법적인 게임도 하지 않으며 주점이나 선술집에 들락거리거나 빠지지 않고, 간음을 저지르지 않고, 결혼계약도 하지 않겠다'[1]는 계약서에 서명했다고 한다.

물론 두 국가의 정치적 요인도 있었다. 프랑스 정부는 새로운 사상을 통제하려 했다. 아카데미데시앙스를 만들어 새롭게 등장한 학문분야를 공식적으로 후원하거나 금지시킨 것만 봐도 알 수가 있다. 반면에 영국학자들은 정부기관에 소속되지 않았다. 그들은 프리랜서였다. 따라서 더욱 쉽게 혁신을 꾀했고 자본을 쌓았으며 시장을 형성했고 소규모 기업가가 되어 세상이 움직이는 방식을 변혁하기 시작했다.

그 변화에 가장 영향을 미친 인물이 뉴턴이다. 뉴턴이 등장하자 데카르트는 과거의 철학자가 되고 말았다. 뉴턴의 운동법칙, 광학 연구, 중력의 법칙은 과학혁명이 일어날 수 있는 견고하고도 실용적인 토대가 되었다. 데카르트의 고향인 프랑스마저 뉴턴을 새 시대의 전령으로 찬양했다. 프랑스 계몽주의의 대부인 볼테르Voltaire는 '영국철학의 탁월함'에 관해 쓰면서 뉴턴을 데카르트 철학의 파괴자라 칭송했다.[2] 그는 뉴턴이야말로 과학을 뜬 구름 잡는 이론에서 현실로 끌어내렸다고 평가했다.

'프랑스인은 생각하고 영국인은 행동한다'라는 구분은 오늘날 철학 분야에서 합리주의와 경험주의라는 용어로 요약된다. 이 구분에서 근대의 아버지 데카르트는 합리주의라는 학파의 창시자가 된다. 합리주의는 인간의 정신에서 현실 인식이 시작된다는 생각이다. 합리주의의 주요인사는 대륙 출신들이다. 반면에 잉글랜드인 존 로크John Locke, 스코틀랜드인 데이비드 흄David Hume, 아일랜드인 조지 버클리George Berkeley 등 경험주의의 주요 사상가들은 외부의 현실에서 인식이 시작된다고 보았다.

'합리주의 대 경험주의'라는 이분법이 어느 정도 일리가 있기는 하지만 자칫 오해를 퍼트릴 소지도 있다. 데카르트의 연구 업적 그리고 그가 평생 해부와 관찰에 집중하며 의학을 연구했던 점은 합리주의자라는 명칭과 모순된다. 그런 의미에서 그는 합리주의와 경험주의 모두의 토대를 쌓았다. 그뿐 아니라 계몽주의 정치사상의 기반을 닦았다. 뉴턴의 원칙과 볼테르의 격언 밑바닥에는 코기토가 있다. 그런데 철학자들은 그 사실을 종종 잊곤 한다. 현대 철학자인 조너선 리Jonathan Rée는 다음과 같이 지적한다.

> 데카르트는 '새로운 철학'의 창립자이며 뉴턴과 후대 과학자들이 그의 연구를 이어갔다. (……) '새로운 철학'의 원칙과 그 원칙에서 비롯된 인식론, 인간 본성론은 (……) 현대의식의 근원 중의 근원이어서 우리는 원래부터 우리가 그렇게 생각했다고 오해하기 쉽다. 그러나 그런 생각은 17세기의 산물이다. 특히 데카르트의 연구에서 비롯되었다.[3]

그러므로 데카르트주의의 정수(과학보다 훨씬 많은 것을 포괄하는 데카르트 철학의 핵)는 오늘날까지 그 명맥을 유지할 뿐 아니라 우리 삶의 구석구석까지 그 영향력을 확장했다. 데카르트 철학은 진화하고 변화하고 새로운 세대들을 탄생시켰다. 그들은 제각각 특징이 있지만 궁극적으로는 데카르트주의와 연결된다. 오늘날 데카르트주의자들이 멸종 위기에 처해 있는 것처럼 보일지라도 말이다.

대립의 시작

 '이성 대 신앙'은 근대의 고질적 열병이라 할 만하다. 우리는 서양세계가 계몽시대부터 이 병에 걸렸다고 단정해버린다. 계몽시대 사람들이 신앙과 이성을 대립시킨 후부터 신앙과 이성은 사투의 악순환에 빠져 있다고 말이다. 사실 계몽시대에는 오늘날 우리가 생각하는 것처럼 '이성 대 신앙'의 구분이 뚜렷하지 않았다. 어쩌면 그 구분은 모든 것을 단순화시키고 싶은, 선명한 어구와 글을 찾고자 하는, 현재를 살고 있는 우리의 욕망에서 나왔을 것이다. 이성 대 신앙이라는 구도는 여전히 왕성하게 활동하는 강경파 종교인과 반종교 분파 모두에 선명성을 제공하니 말이다.

 최근 사회와 정치를 종교관으로 움직이려는 사람들이 특히 목청을 높이고 있다. 그들은 이슬람교도일 수도 있고 미국의 복음주의자이거나 로마가톨릭교도, 인도의 민족주의 힌두교 정당일 수도 있다.

 그러나 반대편의 목소리도 만만치 않다. 정치적 무신론자라 불릴 만한 그들은 《만들어진 신》,《종교의 종말》,《신은 위대하지 않다》등 최근 출판된 책에서도 그 목소리를 충분히 들을 수 있다. 그들의 주장에 따르면, 인류는 이미 3,4세기 전부터 신이 아닌, 자연의 맹목적인 힘이 우주를 지배한다는 사실을 깨달았다. 그럼에도 오늘날 세계 도처에서 여전히 많은 사람이 종교의 덫에 갇힌 채 폭력과 협박을 일삼으며 인류를 위태롭게 하고 있다.

강경한 종교인들이 오래된 경전을 발판으로 삼는다면, 새로운 무신론자들은 계몽사상을 토대로 삼는다. 물론 계몽시대에는 상황이 이처럼 단순하지 않았다. 이성 대 신앙의 싸움은 3자 투쟁에 더 가까웠다. 계몽주의 철학자들이 두 진영으로 분열되었기 때문이다. 물론 두 진영 모두 근대성에 대단히 영향을 끼쳤으며 오늘날까지 살아 남아 케이블 TV 토크쇼와 신문 논평에서 그 싸움을 이어가고 있다.

앞에서 살펴본 대로 그 분열은 제1세대 데카르트주의자들에게서 시작되었다. 말브랑슈를 비롯한 사람들이 새로운 철학을 가톨릭 신학에 적용한 반면, 루호와 아르노 같은 사람들은 그 둘을 별개로 보았다. 그다음 세대에도 말브랑슈의 뒤를 이은 '온건파'들은 자신들의 믿음을 잃지 않았다. 그들은 이성이 신앙과 더불어 인간의 행복과 수명을 늘리고 질병을 종식시킬 뿐만 아니라 온갖 고통을 줄이며, 사람들에게 자연을 통제할 더 큰 능력과 자유를 줄 수 있다고 믿었다. 온건파들은 교회와 정부 편에 있었다. 사실상 많은 온건파가 교회나 정부기관에서 일했다. 온건파 진영에는 몽테스키외Montesquieu, 뉴턴, 로크, 토머스 제퍼슨, 토머스 홉스 Thomas Hobbes, 볼테르 등 유명한 계몽주의 인사들이 있다.

캘리포니아 대학교 로스앤젤레스 캠퍼스UCLA의 마거릿 C. 제이컵Margaret C. Jacob과 프린스턴 대학교Princeton University 고등연구소Institute for Advanced Study의 조너선 이스라엘Jonathan Israel은 거의 동일한 제목의 책을 써서 역사상 덜 알려진 세속주의 분파, 즉 계몽주의의 또다른 진영에 이름을 붙였다. 1981년에 출판된 제이컵의《급진적 계몽The Radical Enlightenment》과 2001년에 나온 이스라엘의《급진 계몽Radical Enlightenment》은 계몽시대에 이성이 기존의 신앙을 대체한, 즉 새로운 신앙이 되었다고 믿었던 사상가들에 초점을 두었다.

그들은 데카르트의 사상이 필연적으로 전통 종교를 몰락시킬 것으로 믿었다. 또한 수천 년간 인류를 옭아매왔던 미신의 독재, 교회와 정부의 권력자들이 이익을 위해 유지해온 독재를 끝장낼 것으로 믿었다. 초기 급진 계몽주의자들은 단지 미래를 예고한 데서 그치지 않았다. 그들은 훗날 세계 역사를 바꾸게 될 사상을 발전시켰다.

이스라엘이 지적한 대로 독자와 역사가 들에게는 1750년 이후의 급진 계몽High Enlightenment(1750년 이후 생겨난 계몽주의 분파로 신과 영혼의 불멸을 철저히 부정하는 특성이 있다. 대표인물로 프랑스의 폴 앙리 디트리히 돌바크Paul Henri Dietrich d' Holbach, 데이비드 흄을 들 수 있다_옮긴이 주)이 더 친숙할 것이다. 하지만 1750년대 이후의 급진 계몽주의는 기본적으로 계몽주의 초기에 시작된 혁명적 개념을 확립하고 대중화시키고 그 개념들에 주석을 달았을 뿐이다.

1700년대 초반의 사회 변화

1600년대 말과 1700년대 초반에 일어난 변화는 기어와 도르래에 국한되지 않았다. 거기에는 발명 이상의 무언가가 있었다. 이성을 생각과 행동의 토대로 삼는다는 생각은 사회에 즉각 영향을 끼쳤다. 1660년대부터 프란시스퀴스 반 덴 엔던Franciscus van den Enden이라는 네덜란드인이 모든 계층에 평등한 교육기회, 공동소유권, 민주적 정부 등을 포함한 급진적인 사회사상을 지지했다. 엔던은 17세기 네덜란드가 아메리카에 건설한 식민지 뉴네덜란드New Netherland에서 맨해튼 섬의 뉴암스테르담New Amsterdam을 수도로 삼는 유토피아 공동체의 선언문을 작성했다. 한 무리의 식민지 정착자들이 공동체를 건설하기 위한 기지를 델라웨어 만 Delaware Bay에 세우기도 했다. 그러나 몇 달 뒤 영국인들이 네덜란드의 식민지를 점령하는 바람에(영국인들은 뉴암스테르담을 뉴욕으로 바꾸었다) 근대적인 민주주의 원칙에 기반을 둔 사회를 세우려는 첫 번째 시도는 물거품이 되고 말았다.

1720년대에 이탈리아 귀족으로 태어났지만 급진 철학자로 전향한 알베르토 라디카티Alberto Radicati도 자연철학自然哲學에 따르면, 민주주의가 유일하게 적절한 정부형태라고 주장했다.[4] 자연철학은 자연현상의 바탕이 되는 형이상학적 원리를 연구하며, 자연과학 인식의 기초와 그 근본을 밝히려는 학문이다. 그는 성서의 가르침을 대부분 무시했고 사람들에게 인생을 즐기라고, 인생이 끔찍하다면 자살이 합리적 선택이라고 말했다(골수 급진주의자이자 급진계몽주의인 그는 이탈리아의 최고재판관이 그의 주요 저작을 내가 읽은 책 중 가장 불경하고 부도덕한 책이라고 평했을 때 무척 통쾌했을 것이다).

제1세대 데카르트주의자들조차 엄밀히 이성에 바탕을 둔 사회라면 여자를 남자에 종속시키는 사회규정을 절대 인정할 수 없다고 생각했다.[5] 특히 파리의 여자들은 살롱에 적극적으로 참가하면서 철학을 토론했다. 이처럼 성적으로 동등한 사회를 만들려는 시도를 비판하는 사람들도 있었다. 성을 다룬 소설과 안내서를 비롯한 외설문학의 등장은 이들이 가진 가장 큰 두려움을 확인시켜주었다. 당대 열렬히 성적 자유를 지지했던 한 인물에 따르면, 이들 문학의 기저에는 그동안 사회가 여성들을 지배하기 위해 성적 쾌락을 이해하고 표현하는 등 그들의 권리를 부정했다는 생각이 놓여 있다. 네덜란드의 저자 아드리안 베버란트Adriaan Beverland는 여성을 성적 억압에서 해방시키는 데 자신의 작품뿐 아니라 삶도 헌신했다.

성 계몽은 더 넓은 의미의 계몽주의와 같은 길을 걸었다. 1600년대 후반 몇 권의 책으로 등장한 외설문학은 점차 하나의 장르로 성장했다. 외설문학의 극치는 마르키스 드 사드Marquis de Sade, 본명은 도나시앵 알퐁스 프랑수아 드 사드Donatien Alphonse François de Sade의 글이었다. 그의 글에서 성은 개인의 자유라는 급진적 개

넘을 탐색하는 수단이었다. 사실 사드는 제퍼슨이나 루소 못지않게 급진 계몽주의의 주요 인물이다. 그는 성 혁명의 토머스 제퍼슨쯤이라 할 수 있다.

외설문학은 새로운 철학과의 관계를 노골적으로 표현했다. 데카르트 사후 몇 십 년간 등장했던 외설문학은 철학적 색채가 두드러졌다. 작가들은 자위하는 여자와 서로 부둥켜안고 성행위를 하는 수녀 들을 묘사하면서 데카르트와 스피노자, 고대 로마의 시인 푸블리우스 나소 오비디우스Publius Naso Ovidius, 로마의 정치가이자 문인 페트로니우스 아르비테르Petronius Arbiter를 언급했고 철학적 설명을 덧붙였다.

성 혁명이 아무리 변혁적이고 위협적이라 해도 데카르트의 철학이 종교제도와 개인의 신앙에 미친 영향에 비하면 미미했다. 데카르트 이전에는 대체로 종교의 테두리 안에서 삶과 세상에 대한 근원적인 사상 토론이 이루어졌다. 철학 논쟁은 곧 종교 논쟁이었다. 논쟁은 구교와 루터주의Lutheranism, 루터주의와 칼뱅주의, 구교와 신교 사이에 있었고 특정 분파 내부에서도 교리를 놓고 벌어졌다. 그런데 파리에 데카르트의 유골을 안치하던 무렵부터 논쟁의 초점이 달라졌다. 신학의 테두리 밖에서 적용되던 이성, 즉 '자유사상'이 열광적인 환호 속에서 유럽 대륙 전역을 무서운 속도와 영향력으로 휩쓸었다. 성직자들은 당황했다. 이 급진적 철학에 교회와 세속 사상가들은 극과 극의 반응을 보였다.

영국 철학자 앤서니 콜린스Anthony Collins는 1713년 당시 베스트셀러였던(하지만 익명으로 출판한) 논문, 〈자유로운 생각에 대한 고찰A Discourse of Free Thinking〉에서 이렇게 썼다.

> 자유로운 생각이란 어떤 명제의 의미를 정신으로 이해하는 것이다. 그 명제를 입증하는 증거든, 반하는 증거든 정신으로 증거를 고찰하고 증거의 강점과 약점에 따라 명제를 판단하는 것을 뜻한다.

그는 더 나아가 다음과 같이 선언했다.

> 내가 내린 정의에 따라서 자유롭게 생각할 권리를 옹호한다면 그것은 자유로운 존재로서 매일 자유롭게 생각하는 나 자신을 변론하는 것일 뿐 아니라 이제까지 있었던 혹은 앞으로 올 모든 자유사상가를 옹호하는 것이다.[6]

미신과 무신론

17세기와 18세기에 철학자들은 대단한 영향력을 휘둘렀다. 그들은 신문에 글을 썼고 출판사에서 일을 했으며 논문을 출판했다. 또 의회에서 큰 소리로 고함을 쳤고 교회 지도자들과 논쟁하는 등 여러 방법으로 여론을 주물렀다. 그 결과 제1세대 데카르트주의자 이후 새로운 세속주의가 평범한 사람들 사이에 퍼져갔다. 1700년 대 초반에 저지대 공국들(유럽 북해 연안의 벨기에, 네덜란드 등의 국가를 일컫는다_옮긴이 주)을 다녀온 사람들은 네덜란드에서 마녀와 악마를 믿는 대중이 사라졌다고 느꼈다. 콜린스는 '악마는 네덜란드 북부의 주연합에서 철저히 사라졌다. 그곳에는 자유로운 생각이 완전히 자리 잡았다'[7]라고 썼다.

현대 프랑스 철학자인 미셸 보벨Michel Vovelle은 18세기 남프랑스의 문서기록을 연구하면서, 프랑스 사람들이 데카르트 철학의 제1세대부터 종교단체에 돈을 덜 내기 시작했으며 유언장을 비롯한 공식문서에서 종교적인 표현이 현저히 감소하기 시작했음을 발견했다.[8] 예전에는 유언장에 성모마리아와 지역 성인들에게 고인의 영혼을 돌봐달라는 청을 가득 썼지만 1750년 무렵에는 유언장의 80퍼센트 정도에서 종교적 언급이 등장하지 않았다. 물론 유럽 국가들은 여전히 기독교를 믿었다. 하지만 그 와중에 세속주의가 무시 못 할 사회 세력으로 커져 있었다. 17세기에 위트레흐트 대학교의 푸티위스는 데카르트 철학이 무신론과 방종한 개인주의를 낳을 것이라며 데카르트에 격렬히 반대했다. 결국 그의 견해가 옳았다.

1700년대 초반 어느 유럽 국가에서든 부적으로 사탄을 물리친다는 생각은 터무니없다는 내용의 글을 써서 유명해진 저술가가 많았다. 그중에는 무신론이라는 금지된 땅으로 방향을 튼 사람도 있었다. 물론 대놓고 무신론을 옹호한 사람은 거의 없었다. 신이 존재하지 않는다고 말하는 것은 여전히 범죄로 여겨지던 시절이었다. 무신론 대신 이신론Deism(신이 세상을 창조하기는 했지만 세상에 스스로 움직일 수 있는 힘을 부여해주었으므로 우주와 사회가 신의 계시가 아니라 자연법칙에 따라 움직인다는 믿음이다_옮긴이 주)과 유물론적 범신론Materialistic Pantheism(신이 초월적·인격적 최고 존재가 아니라 비인격적이며 세상에 내재해 있다는 믿음이다. 범신론에 따르면, 만물이 신이요, 신이 만물이다. 스피노자를 대표 사상가로 들 수 있다_옮긴이 주)이 등장했다.

이신론은 교리가 아닌 이성을 바탕으로 신을 믿는 것이고 유물론적 범신론은 신과 세상, 즉 우주의 모든 물리적 힘이 결국 하나라는 믿음이다. 이탈리아의 급진 계몽주의자 라디카티는 1732년에 유물론적 범신론을 이렇게 정리했다.

우주라고 할 때 나는 거대한 물질을 포함한, 무한한 우주를 뜻한다. (……) 이 물질은 운동에 의해 무한하게 다양한 형태로 바뀌는데 나는 이것을 자연이라 부른다. 자연의 속성과 형태는 힘과 지혜, 완벽함이다. 자연은 이 모든 속성을 많이 가지고 있다.[9]

물론 힘과 지혜, 완벽은 신의 속성으로 여겨지던 것들이었다. 그러나 성직자들은 이처럼 개념을 가지고 장난치는 저술가들의 글에 속지 않았다. 성직자들은 교회의 세계관과 권위를 교묘히 피하려는 시도가 있나 싶어 눈에 불을 켜고 살폈다. 1708년에는 한 독일 신학자가 '신을 자연이라 부르는'[10] 사상을 저지하는 방법을 소개하는 안내책자를 쓰기도 했다. 그는 그런 사상을 가장 체계적인 철학 형태의 무신론이라고 설명했다.

콜린스와 라디카티, 엔던을 비롯한 대다수 급진 계몽주의 인사는 온건 계몽사상가들만큼 유명세와 영향력을 누리지 못했다. 그렇다고 모두가 무명인사로 묻혀 지냈던 것은 아니다. 이스라엘은 급진파의 주요 배후, 급진파의 지적 대부(그리고 역사상 가장 영향력 있는 철학자)가 스피노자였다고 주장한다. 스피노자는 데카르트의 여러 개념을 끌어다 철저하게 적용했는데 무엇보다 종교에 알맞게 이용했다. 스피노자도 데카르트처럼 신이 존재한다고 '증명'했다. 하지만 그는 신이 인간적인 속성을 가질 수 없으며 기적을 행하거나 어떤 식으로든 인간사에 개입할 수 없다는 것도 증명했다. 스피노자는《성경》에는 지혜가 많이 담겨 있지만 바다가 갈라지거나 물이 포도주로 변했다는 이야기를 믿어서는 안 된다고 충고했다. 그는 초자연적 존재에 대한 대중의 믿음을 조롱했고 영성의 남녀 여부 논쟁에는 "벌거벗은 영성을 보게 되면 절대 성기를 쳐다봐서는 안 된다"[11]는 말로 재치 있게 응수했다.

신학자, 급진 세속주의자, 온건 세속주의자 들의 3자 논쟁은 거의 모든 주제에 걸쳐 있었지만 그 중심은 신의 개념이었다. 1600

년대 말과 1700년대 초에는 누군가를 무신론자라고 비난하는 소리가 어디선가 쉴 새 없이 들려왔다. 그렇다고 무신론자로 비난받은 사람들이 신을 믿지 않는다고 고백했던 것은 아니다. 그들에 따르면, 신과 인간의 중재자인 교회가 필요하지 않았을 뿐이었다. 그래서 그들은 무신론자라 비난받았던 것이다. 당시 《성경》을 토대로 하지 않고 신을 정의하는 것은 교회와 국가를 위협한다고 여겨졌다. 스피노자는 절대 자신을 무신론자라 생각하지 않았다. 그는 신이 분명히 존재한다고 믿었다. 그는 신을 무한한 물질이라 정의했으며 '무한한 속성으로 구성된 물질이 필연적으로 존재한다'고 추론했다. 스피노자의 관점에서 신은 자연과 동일했다. 신은 단순한 자연계를 뜻하기보다는 모든 것 전체를 뜻했다. 그는 신을 우주에 존재하는 유일한 물질로 정의내림으로써 중세의 물질 개념을 뒤집었다. 그에게 신을 제외한 모든 것은 신의 부분이었다. 스피노자는 종교적 진리 같은 것이 있다고도 주장했다. 그는 또한 종교제도가 대체로 입지를 지키는 데만 관심이 있다고 했다.

스피노자의 '미신은 만들어진다'는 생각은 근대를 넘어 초근대적으로 들리기도 한다. 그의 저서 《신학-정치론》을 간략히 요약하면 21세기의 반-종교 베스트셀러처럼 들릴 정도이다.

의심의 시대에 인간의 정신은 이리저리 쉽게 흔들린다. (……) 무엇이든 충격적인 것이 있으면 신이나 절대자가 분노하는 것으로 믿어버리고 미신을 종교라 착각하며 기도와 희생으로 악을 피하지 않는다면 불경하다고 말한다. 그들은 이러한 징조와 기적을 끊임없이 만들어내면서 자신들의 환상에 따라 해석한 방식으로 자연이 이루어졌다고 믿어버린다.

스피노자는 종교제도가 불안한 자들을 먹이로 삼는다고 주장했다. 그 뒤 수백 년간 많은 사람이 그가 쓴 문장에 고개를 끄덕였다.

그러므로 진짜든 거짓이든 거대한 고통이 (……) 종교를 키운다. 종교의 의식과 의례를 화려하게 키운다. 어떤 충격에도 흔들리지 않는 종교의식을 모든 사람이 조심스럽게 숭배하며 항상 따른다.[12]

스피노자의 범신론은 당대뿐만 아니라 후대의 기독교인과 유대인 들에게 비난받았다(그는 결국 스물셋의 나이에 암스테르담의 유대인 공동체에서 쫓겨났다). 알베르트 아인슈타인Albert Einstein은 종교적 입장을 밝히라는 질문에 스피노자와 자신을 비유한 것으로 유명하다.

나는 스피노자의 신을 믿습니다. 스피노자의 신은 인간의 운명과 행위에 관여하는 신이 아니라 존재하는 것의 조화로 자신을 드러내는 신입니다.

물론 진정한 무신론, 즉 어떤 신적 존재도 우주와 우주의 창조에 관여하지 않았으며 우주에는 오롯이 인간만 있다는 생각은 17,18세기 유럽에서 일어난 근대적 전환의 주요 부산물이다. 그렇다고 당대의 계몽주의가 반종교적일 것이라 생각한다면 그것은 오해다. 주류 계몽주의 사상가들뿐 아니라 급진 계몽주의자들 중 대다수가 교회에는 반대했지만 신앙 자체를 반대하지는 않았다. 그들이 종교에 불만을 품었던 이유는 종교가 개인의 자유로운 사고를 방해하기 때문이었다. 그들은 개인이 이성으로 세상을 이해하고 세상 속에서 자신의 자리가 어디인지 이해하는 데 종교가 방해물이 된다고 생각했다.

계몽주의는 구교뿐 아니라 신교도 비판했다. 신교는 구교에 비해 개인의 신앙을 중시했다. 신교는 그리스도교인 개개인이 교회 제도의 중재 없이 신과 직접 관계를 맺어야 한다는 생각에서 탄생했다. 마르틴 루터Martin Luther는 로마가톨릭교회가 사람들을 사제의 노예로 만든다고 매도했다. 하지만 동시에 그는 〈노예의지론De Servo Arbtrio〉에서 개인은 지성과 의지를 《성경》의 신께 바쳐야 한다고 썼다.

프랑스 계몽주의의 지도자였던 마르키 드 콩도르세Marquis de Condorcet(프랑스의 철학자이자 수학자로 프랑스혁명에 온건한 지롱드파로 참가했다_옮긴이 주)는 루터 같은 종교개혁자들을 다음과 같이 평가했다.

종교개혁가들을 탄생시킨 정신은 진정한 사상의 자유를 낳지 못했다. 어떤 종교든, 그 종교가 지배하는 곳에서는 특정 의견만 허락할 뿐이다.

바티칸 못지않게 신교 역시 신은 곧 자연이라는 주장을 받아들이길 꺼렸다.[13]

계몽주의자들은 사람들이 완전히 자유롭게 정신과 이성의 빛을 사용하기를 바랐다. 사람들은 신앙에도 이성을 적용할 수 있어야 했다. 교회제도의 신앙이라는 도구를 쓰지 않고 명징한 시선으로 삶의 근원적 실체(우주, 신, 자연)를 평가하고 고찰해야 한다. 계몽주의의 포괄적 취지는 신을 약화시키려는 것이 아니었다. 계몽주의자들은 새로운 학문이 다루는 모든 것을 아우를 수 있도록 신의 의미를 넓히고 싶었을 뿐이다. 계몽주의자의 관점에서 적은 둘이다. 권위와 모호한 생각. 권위란 무엇을, 어떻게 믿어야 할지를 명령하는 권력과 조직 전부를 뜻한다.

이 모든 것이 데카르트로 직접 연결된다. 데카르트가 철학으로 관심을 돌린 계기는 스스로 '너무 많은 의심과 오류에 속박되어 있어서 알면 알려 할수록 얼마나 무식한지 깨달았기' 때문이다. 명료하고 분명한 생각은 데카르트를 비롯해 다음 세기 사상가들의 목표가 되었다. 그래서 스피노자는 미신을 맹렬히 비난했다. 1740년대에 그 유명한 백과사전파(《백과사전Encyclopédie》 편찬에 참여한 사람들로 볼테르, 몽테스키외, 루소 등을 대표인물로 꼽을 수 있다. 계몽사상을 보급하고 프랑스혁명의 기틀을 마련하는 데 큰 역할을 했다고 평가된다_옮긴이 주)의 배후이자 프랑스혁명의 지적 대부 중 한 사람인 드니 디드로Denis Diderot는 명징한 논리에 대한 열정을 다음 격언으로 표현했다.

'미신은 무신론보다 해롭다.'

이성의 폭력성

대개 역사적 시기를 지칭하는 명칭은 당대에 붙여지지 않는다. 1300년대 무렵의 사람들은 거리에서 서로에게 "중세 말기의 아름다운 아침이네!"라고 인사하지 않았다. 하지만 계몽시대는 예외였다. 계몽주의 지도자들은 자의식을 빼면 시체나 다름없었다. 유럽의 여러 언어에서 계몽을 뜻하는 단어들은 하나같이 이전 시대와 무언가 다르다는 의식을 드러냈다(계몽을 뜻하는 독일어의 Aufklärung, 프랑스어의 les Lumières, 스페인어의 Ilustración, 이탈리아어의 Illuminismo, 네덜란드어의 Verlichting는 모두 빛과 관계 있다). 도처에서 계몽사상을 빛이 어둠을 밝힌다는 은유로 표현했다. 왜소하고 내성적인 독일 철학자 이마누엘 칸트Immanuel Kant도 계몽사상을 그렇게 나타냈다.

칸트의 방대한 작업 중에는 종교의 '선험적' 토대를 찾는 것이 있었다. 그는 신앙의 토대를 교회나《성경》이 아니라 인간의 정신과 세계 그리고 둘 사이의 관계에서 찾으려 했다. 칸트는 소심하고 집에 박혀 있길 좋아해서 고향 프로이센Preussen에서 160킬로미터 밖으로 나가본 적이 없었다. 그래도 그 역시 가끔 선동가처럼 흥분했고 여느 철학자의 글 못지않게 그의 글도 난해했다. 그는 자신과 동시대인을 사로잡은 계몽에 이렇게 선언했다.

> 계몽주의는 스스로 속박한 굴레로부터의 탈출을 뜻한다. 속박된 자에게는 다른 사람의 안내 없이 지성을 사용할 능력이 없다. (……) '감히 알기를 힘쓰라!Sapere aude!'(사페레 아우데는 로마 시인 호라티우스의 시구절로 칸트가 〈계몽이란 무엇인가?Beantwortung der Frage: Was ist Aufklärung?〉에서 인용해 더욱 유명해졌다_옮긴이 주) 용기를 내어 스스로 이해하라. 그것이 계몽주의의 좌우명이다.[14]

그 좌우명은 18세기에 극적인 두 가지 방식으로 실행에 옮겨졌다. 그 두 방식은 서로 매우 달랐다. 1770년대에는 발명과 과학연구의 광기가 잠시 잠잠해지는 듯했다. 모든 사람이 아주 새로운 근대성의 도래를 목도하기 위해 잠시 멈춰 선 듯했다. 대서양 건너 북아메리카 대륙에서는 영국 식민지 거주자들이 식민모국의 지배를 벗어던지기로 결정했다. 그들은 18세기 존 로크 같은 이론가들이 펼친 대의정치사상을 현실세계에 시험해보기로 했다. 미국인들은 미국독립혁명을 18세기 유럽에서 끓어오르던 지적 소요의 클라이맥스로 생각하기를 좋아했다. 가령, 미국의 위대한 학자 헨리 스틸 코메이저Henry Steele Commager는 1977년에 다음과 같이 썼다.

> 구세계는 계몽주의를 상상하고 고안하고 공들여 만들었다. 영국계 미국인들을 포함한 신세계는 그 사상을 실현하고 충족시켰다.[15]

하지만 유럽인들의 생각은 달랐다. 유럽인들에게 미국독립혁명은 부차적인 에피소드일 뿐이었다. 그들에게 계몽주의의 절정은 폭력과 영광, 비극으로 얼룩진 프랑스혁명이다. 거대한 물결로 교회와 정부를 전복시킨 프랑스혁명은 데카르트의 코기토에서 시작되었다.

물론 미국독립혁명과 프랑스혁명 모두 그에 앞선, 한 세기에 걸친 여러 변혁과 밀접하게 연관되었다. 토머스 제퍼슨, 제임스 매디슨James Madisonn, 존 애덤스John Adams를 비롯해 미국의 지도자들은 유럽인들과 같은 사상의 조류 속에서 헤엄쳤다. 그들은 로크의 정치철학에 푹 빠져 있었다. 로크에 따르면, 사회는 지배자와 피지배자 사이의 '사회계약'으로 구성되며 지배자가 권력을 남용한다면 민중은 봉기할 권리가 있다. 제퍼슨은 자신의 정치철학이 뉴턴, 베이컨, 로크에게서 출발했다고, 특히 과학적 탐구와 관찰을 정치에도 적용해야 한다는 사상에서 출발했다고 썼다. 그러니까 코기토가 미국 정부에 들어앉은 셈이다.

미국독립혁명에는 다른 측면도 있다. 미국의 역사학자 헨리 메이Henry May의 1976년 연구인 《미국의 계몽주의The Enlightenment in America》에 따르면, 미국 사회조직에서 종교는 너무나 큰 부분이어서 '계몽과 종교'가 아니라 '종교로서의 계몽'으로 말하는 것이 합당하다. 1730년대와 1740년대에 복음주의福音主義(종교의식보다는 개인 내면의 신앙을 중시하는 운동으로 17세기 유럽에서 시작되었다_옮긴이 주) 열풍이 아메리카 식민지를 뒤흔들었다. 그리고 이른바 대각성운동大覺醒運動(18세기 중반에 미국 식민지에서 퍼진 신앙부흥운동으로 대중의 종교적 감성을 중시하여 종교제도와 성직자의 권위가 축소되는 결과를 가져왔다_옮긴이 주)이 일어났다. 대각성운동은 뒤이은 정치 드라마인 미국독립혁명에 종교적 색채를 더해주었다.

한편 미국의 지도층은 이신론자였다. 이신론을 한마디로 정의하자면 뉴턴의 과학을 종교로 바꾼 것이다. 제퍼슨은 독립선언에서 '자연법칙과 자연의 신'을 부르며 국가조직에 이신론을 적용했다. 미국독립전쟁 초기, 1775년 매사추세츠 주 벙커힐에서 벌어진 벙커힐 전투Battle of Bunker Hill에서든 요크타운 포위전Siege of Yorktown(1781년에 버지니아 주 요크타운 반도에서 영국군이 프랑스-미국 연합군에 완패한 전투이다. 이는 미국독립전쟁의 결말을 지은 결정적 전투였다_옮긴이 주)에서든 교회가 불태워지는 일은 없었다. 이런 관점에서 보자면 미국독립혁명은 질서와 조화, 신앙과 이성의 균형을 강조한 온건 계몽주의의 생각을 실현한 운동이었다.

그러나 급진 성향을 띤 또 다른 계몽운동은 매우 달리 전개되었다. 1789년, 파리 사람들은 거리를 점령하고 국왕으로부터 새 헌법의 기초를 얻어내려 했다. 유럽의 과학자, 발명가, 사상가, 팸플릿 저술가 들이 숨죽이고 그 모습을 주목했다. 그들이 설파했던 계몽주의의 정치적 이상이 오래된 기성 국가에서 펼쳐지려는 찰나였다. 미국독립혁명과는 달리 프랑스혁명은 구질서와 그 지도자들을 체계적으로 무너뜨린 사건이었다. 프랑스혁명은 군주제뿐 아니라 로마가톨릭교회도 허물었다. 소수 지식인들에서 시작된 생각이 모든 계층으로 확산되었다. 사람들을 새장 안에 가두고 그들의 삶과 정신, 꿈마저 통제하는 왕과 교회에 반감이 퍼지면서 전례 없이 잔인하고 강렬한 무력충돌로 이어졌다.

근대성이 궁극적으로 사상, 신앙, 사회 등 기존의 제도로부터 완전한 단절을 요구한다면, 1780년대와 1790년대에 걸쳐 프랑스에서 일어난 일은 근대성에 따른 필연적 결과였다. 또한 프랑스혁명은 데카르트가 이성을 중심으로 세계관을 재정립할 때 예견하지 못했던 사실을 드러냈다. 이성이 조직의 원칙이나 슬로건으로 쓰였을 때 반드시 평화와 질서를 낳지는 않는다는 것 말이다. 이후 수 세기 동안 우리는 진저리칠 만큼 자주 그 사실을 인정해야 했다. 이성은 거대한 규모로 비인간적인 폭력을 낳기도 했다. 데카르트의 유골이 살아 있는 자들의 세상으로 다시 돌아온 것은 바로 그런 뼈아픈 교훈 속에서였다.

프랑스혁명이 낳은 소동

그의 얼굴은 좋게 말해서 천사 같았다.[16] 천사 같다는 말이 순수하다는 의미라면 그 말은 곧 세상에 초연한, 유령 같다는 의미로도 확대 해석될 수 있겠다. 사실, 이 모든 단어가 특이하고 열정적이고 활기차면서도 신중하고 여린 알렉상드르 르누아르Alexandre Lenoir에게 어울리는 표현이었다. 그는 1761년 파리에서 태어났다. 데카르트의 유골이 파리에 묻힌 지 거의 한 세기가 지난 후였다.

서른다섯 무렵의 르누아르를 그린 초상화는 이상하게 섭 대처럼 보인다. 피부는 설화석고雪花石膏처럼 빛나고 입술은 여자 같다. 초상화 속의 그는 연보라색 입술의 꼬리를 살짝 올리며 소름 끼치게 미소를 짓고 있다. 검고 동그란 두 눈은 보는 사람을 어둠 속으로 빨아들이는 듯하다. 머리에는 챙 넓은 검은색 모자를 맵시나게 썼고 금빛 스카프를 목에 둘렀다.

르누아르는 예술을 사랑했다. 그는 그림을 공부했고 화가와 결혼했다. 그는 어린 시절부터 죽음과 죽음의 이미지, 인류의 선조와 유골에 매혹되었다. 그 매혹은 집착에 가까웠는데, 프랑스혁명은 그에게 이상한 집착을 충족시킬 기회를 주었다.

　루이 15세는 1763년에 일련의 세금을 새로 부과했다. 옛날이었다면 무슨 세금을 또 걷느냐며 저들끼리 투덜대다 말았겠지만 세상은 달라졌다. 10년 전부터 시작된 디드로의 백과사전 편찬 작업은 총 서른두 권 중 절반 정도를 출판한 상태였다. 백과사전 공저자들은 당시 유럽에 빠르게 확산되던 새로운 지식을 백과사전에 모두 담으려고 애썼다. 그런데 그들은 백과사전에 객관적인 사실이 아니라 자신들의 신념을 솔직하게 제시했다. 예를 들어, 이성을 토대로 한 세상이라면 지배자가 피지배자의 동의를 얻는 것이 도덕적으로 당연하다는 식의 신념을 표현했던 것이다. 여러 해가 지나면서 백과사전 그리고 그 기저에 깔린 논리가 프랑스 사람들의 정신에 자리 잡았다.

　그리하여 프랑스 고등법원들이 합심해 루이 15세가 새로 부과한 세금에 반대의견을 제시했다. 지역의 사법부에 가까웠던 몇몇 고등법원은 왕의 감독관을 체포했다.[17] 왕의 목을 베라는 낙서가 공공기관 건물에 등장했다. 사태가 악화되자 지방 고등법원들이 스스로 국민의 뜻을 대표하며 국민의 동의 없이 세금을 부과할 수 없다고 최초로 선언했다.

　베르사유 왕궁을 우아하게 지키던 루이 15세가 갑자기 격렬하게 반응을 보였다. 그는 곧장 파리로 왔다(퐁네프다리Pont Neuf에서 종교행렬과 마주쳤을 때는 말에서 내려 행렬이 지나갈 때까지 진흙탕에 무릎을

꿇고 있기도 했다). 그는 최고재판소로 성큼성큼 들어가 프랑스 역사
상 '분노의 회기Séance de la Flagellation'로 기록될 사건을 벌였다. 루
이 15세는 정부부서인 고등법원이 합심하여 국가의 수장에 대립
하려는 생각을 비난했으며 왕의 권력을 단호하게 선언했다.

> 짐에게만 주권이 있으니 (……) 오로지 짐의 허락에 따라 고등법원
> 이 존재하고 권위를 얻을 수 있으며 (……) 짐에게만 입법권이 있
> 으니 (……) 법관들은 오로지 짐의 승인에 의해 행동할 수 있다.

이렇게 해서 유럽에서 가장 독재적인 군주제의 몰락을 낳은 투
쟁이 시작되었다. 1770년 왕은 고등법원을 해산했지만 상황은 이
미 돌이킬 수 없었다. 계몽사상 보급에 큰 역할을 했던 팸플릿 저
술가들이 고등법원의 주장을 널리 알렸고 사람들은 그 주장에 공
감했다. 그 후 몇 년 동안 이와 같은 상황이 이어졌다. 1788년에 복
권된 파리 고등법원은 새로 왕위에 오른 루이 16세에게 왕실의 전
제정치를 참지 않겠노라고 경고했다.

이 무렵 고등법원은 인권이니, 이성의 확증 같은 표현을 사용했
다. 이듬해 제3신분(중세시대부터 프랑스 사회는 세 신분으로 구분되었다.
성직자로 구성된 제1신분, 귀족으로 구성된 제2신분 그리고 평민인 제3신분이
다). 대표들이 새로운 표현을 더 만들어냈다. 그들은 스스로 제3신
분이 아니라(권력자들을 위한 3등급 고문단이 아니라) '국민'이라고 선언

했다. 그들이 바로 국민의회Assemblée Nationale(1789년 6월 제3신분 대표들이 스스로 국민의 대표임을 선언하며 쓰기 시작한 호칭이다. 국민의회는 초기 프랑스혁명을 주도해 봉건제를 폐지했고 근대 프랑스의 틀을 구성했다. 이후 제헌국민의회Assemblée Nationale Constituante로 명칭을 바꾸었으며 1791년에 해산했다_옮긴이 주)였다.

왕은 그들을 회의실에 들어오지 못하게 했다. 그들은 회의실 대신 근처의 테니스장에 모여 왕이 성문헌법 제정에 동의할 때까지 단결 투쟁하겠다고 맹세했다. 병사들이 파리로 진군했다. 하지만 국민의회는 단숨에 봉건주의를 폐지했고 인간과 시민의 권리 선언Déclaration des droits de l'homme et du citoyen(흔히 '인권선언'이라 불리며 개인 자유의 존엄성 및 만인의 평등을 선포한 선언으로, 근대 사회의 기본 성격을 규정했다고 평가된다_옮긴이 주)을 발표했다.

르누아르는 이처럼 프랑스혁명을 낳은 소동 속에서 성장했다. 방랑하는 화가였던 그 역시 혁명의 열정을 공유했다. 하지만 그의 관심은 혁명가들의 목적과는 한 가지 중요한 측면에서 달랐다. 그의 스승 가브리엘 프랑수아 두아이앙Gabriel François Doyen은 대형 종교화를 이탈리아 르네상스 형식으로 화려하게 그려 유명해진 인물이었다. 그의 또 다른 스승인 샤를 프랑수아 뒤퓌Charles-François Dupuis는 박학다식한 사람으로 전보를 발명했을 뿐 아니라 《모든 숭배의 기원Origine de tous les Cultes, ou la Réligion Universelle》이라는 성공적인 책을 썼다. 이 책에서 뒤퓌는 기독교가 고대의 태양숭배 교단을 변형한 종교일 뿐이라고 주장했다.

르누아르는 두아이앙과 뒤뛰뿐 아니라 자유로운 사상가들의 신비주의적 자연 탐구에서 비롯된 프리메이슨단Freemasonry의 영향에 흠뻑 취해 있었다. 프리메이슨은 '자유 석공'이란 뜻으로 중세 유럽의 큰 교회나 궁정 건축에 참여했던 석공, 건축가, 조각가 들의 조합에서 비롯되었는데 점차 귀족, 학자, 법관, 성직자 등을 포함하는 비밀결사로 변모해 유럽의 사상과 정치 동향에 영향을 미쳤다. 이들은 합리주의와 세계시민주의를 표방하며 로마가톨릭교회의 우위를 인정하지 않아 로마가톨릭교회의 박해를 받기도 했다. 역시 특이한 신비주의자였던 르누아르는 이성과 역사, 종교미술, 건축을 중심으로 특정 종교에 얽매이지 않는 자신만의 보편주의적 신앙을 개발했다.

혁명이 고조되면서 시민들은 구체제를 무너뜨리라는 지도자들의 선동을 말 그대로 실행했다. 르누아르는 혁명동지들의 모습에 경악했다. 군중은 성당과 왕궁을 공격했다. 건물을 약탈했고 그림과 조각을 파괴했다. 수도원을 마구간으로 썼다. 클뤼니Cluny 수도원과 프랑스 왕실 묘지가 있는 생 드니 성당 등 오래된 종교건축물들이 하나씩 초토화되었다. 군중은 숭배의 대상이었던 왕의 유골을 비롯해 한때 소중히 여기던 성물을 들고 거리를 행진했다. 거의 고스란히 보존된 루이 14세의 유해도 파헤쳐 난도질했다.

광기였다. 그러나 체계를 갖춘 광기였다. 성장하던 혁명사상은 자유와 평등, 우애의 가치를 강조했으며 이성을 토대로 한 17세기 '새로운 철학'에 단단히 뿌리 내리고 있었다. 혁명 이데올로기는 과거를 상징하는 모든 것을 거부했다. 그들은 과거가 이성보다 신비주의를 중시하며, 실용성을 참지 못하고, 훌륭한 도덕과 대치된다고 여겼다. 혁명정부는 군중을 부추겨 '탈기독교화'를 공개적으로 추진했다. 프랑스의 거의 모든 마을에서 종교건물이 파괴되었고 모독당했다. 작은 성당이든 파리의 노트르담Notre dame 대성당이든 할 것 없이 성당 전면의 성상들이 훼손되었다.

혁명지도자 전부가 광적이지는 않았다. 혁명의 반달리즘 Vandalism이 심해지자 혁명위원회의 몇몇 사람들은 조바심을 냈다. 사실 반달리즘이라는 용어가 처음 사용된 것도 대중교육위원회 Comité de l'instruction publique가 국민공회Convention Nationale(1792년부터 1795년까지 유지된 입법기관으로 왕정을 폐지하고 공화정을 선포했다_옮긴이 주)에 제출한 보고서에서였다. 보고서에서 대중교육위원회는 혁명당원들의 기물파손을 개탄하면서 반달리즘이라는 용어를 썼다. 이 용어는 5세기에 로마약탈로 악명 높았던 게르만족을 일컫는 말에서 비롯되었다.

어쩌다 보니 르누아르의 스승인 두아이앙이 대중교육위원회에 있었다. 르누아르가 그에게 한 가지 아이디어를 제안했다. 혁명정부가 구체제를 무너뜨리라는 요구를 철회하기보다는 누군가를 고용해 혁명의 잔해들 속에서 역사적 가치가 있는 예술품을 구하도록 하면 어떻겠냐는 것이었다. 왕과 교회를 향한 노예적 굴종이 담긴 상징물을 파괴하다가 국가의 기억을 통째로 지워버리는 일만큼은 막아야 했다.

두아이앙이 파리 시장에 전한 그 아이디어를 시장이 다시 혁명정부에 제출했다. 결국 르누아르가 혁명으로 헝클어진 예술과 건축을 정리하는 임무를 맡았다. 아마 르누아르 자신도 놀랐을 것이다. 그는 폭넓은 권한과 함께 조수 2명 그리고 월급을 받았다. 그가 구한 예술품을 보관할 장소도 정해졌다. 혁명정부가 몰수한 가톨릭 소유지 중 하나로, 센 강변에 위치한 프티 오귀스탱Petits-Augustins 수도원이었다.

르누아르는 종교적, 아니 혁명적 열정(둘 중 어느 쪽이었을지는 독

▌르누아르가 혁명당원들의 약탈로부터 무덤과 유적을 보호하고 있다.

자가 판단하시라)으로 일에 착수했다. 그는 수도원이나 성당, 성이 파괴된다는 소식이 들리면 조수들과 함께 파리의 거리를 달려갔다. 그들은 현장에 도착하자마자 대중교육위원회나 국가재산위원회Comité d'aliénation des domaines의 영장을 휘두르며 특정 예술품에 손대지 말라고 혁명정부의 이름으로 소리쳤다. 그러면 군중은 뒤로 물러서곤 했다. 르누아르와 조수들은 약탈품들을 마차에 힘들게 실어서 센 강변의 보관소로 운송했다. 당시 그가 남긴 주간일지의 일부이다.

- ♦ **수요일** : 베륄르Bérulle 추기경 묘지의 천사상, 루이 14세 집권 당시의 육군장관 마르키스 드 루부아Marquis de Louvois의 묘.
- ♦ **목요일** : 캐퓨신Capuchin 수도회 소예배당의 대리석.
- ♦ **금요일** : 시벨레Cybèle 상과 멜레아그로스Meleagros 상.
- ♦ **토요일** : 고대풍의 철학자 상.
- ♦ **일요일** : 생 오노레St. Honoré 소성당의 베륄르 추기경 조각상, 소르본Sorbonne의 리슐리외Richelieu 추기경 조각상.

혁명당원들이 르누아르의 공식허가증을 인정하려 들지 않을 때도 있었다. 어느 일요일의 기록을 보면 르누아르가 소르본에서 리슐리외 추기경의 무덤을 파괴하는 병사들과 싸우다가 부상을 입은 적도 있었다. 그가 창과 도끼를 든 상퀼로트들을 쫓아내며 루이 7세의 무덤을 지키는 모습을 묘사한 그림도 전해진다.

유골의 팡테옹 안치 논쟁

혁명기간에 국가가 몰수한 종교유적 수백 곳 중 독특한 역사를 가진 곳이 하나 있었다. 바로 파리의 수호성인 생트 주네비에브에 봉헌된 생트 주네비에브 성당이었다. 이 성당은 파리에서 가장 높은 곳에 있었고 데카르트의 유골이 묻혀 있었다. 성당이 워낙 낡은 바람에 루이 15세가 1744년에 새로 짓겠다고 서약한 바 있었다.

루이 15세가 고용한 건축가 자크 제르맹 수플로Jacques-Germain Soufflot는 고대 그리스와 고딕 건축 애호가였다. 그는 새 성당을 그리스 건축과 비슷하게 설계했다. 건물 정면에는 열주로 지붕을 버티고 선, 거대한 포르티코Portico를 배치했고 중앙에는 하늘로 봉긋 솟아오른 둥근 천장을 설계했으며 중세적 요소도 첨가했다. 생트 주네비에브 성당 앞 광장 건너편에 새 성당을 짓는 데는 수십 년이 걸렸다. 성당이 거의 완성될 무렵 때맞춰 프랑스혁명이 터졌다. 혁명정부는 새 성당을 봉건주의와 신비주의의 사원으로 비난했다. 봉건주의와 신비주의는 혁명기 프랑스에서 악과 동일시되던 단어였다.

혁명정부는 새로 지은 성당 건물을 몰수했다. 이 널찍한 고전풍 건축물은 혁명의 예술적 이상과 맞아 떨어졌던 것 같다. 건물은 종교적 색채가 제거된 다음, '급진' 계몽의 순수한 건축 표현이라 불리는 모습으로 변신했다. 이 건물이 바로 팡테옹Pantheon이다.

팡테옹은 일반적 의미의 신이 아닌 위대한 프랑스인들에게 봉헌되었다. 이른바 '명성'에 바친 사원이었다. 교회처럼 팡테옹도 성찰의 공간으로 만들어졌지만 철저하게 세속적인 성찰을 위한 곳이었다. 팡테옹도 교회와 마찬가지로 인간의 유해를 보관했다. 그러나 육체와 영혼이 연결되어 있음을 보여주기 위해서가 아니라 산 자들이 지상에서 이룬 위대한 업적을 보여주기 위해서였다. 곧 인간의 자유와 평등을 위한 진보의 행진에 기여한 업적을 기리기 위해 유해를 보관하는 공간이었다.

어떤 의미에서 팡테옹은 세속적 교회였다. 종교와 '미신'을 벗어던진 인간의 이성과 진보에 봉헌된 성소였다. 혁명정부는 신앙 대신 이성을 숭배하는 건축으로 이곳을 변형시켰다. 그 결과 독특한 유적이 탄생했다.

오늘날 팡테옹을 방문해보면 프랑스혁명의 동기뿐 아니라 그 이상이 얼마나 순진하고 공허했는지 느끼게 된다. 팡테옹에 들어서는 순간 기이한 느낌이 몰려온다. 건물의 광대함 때문에 웃음이 나올 정도다. '위대한 인물'과 '명성'에 건물을 봉헌한다는 생각에도 실소가 나온다. 우스운 동시에 공허하다. 벽에는 프랑스 역사와 신화가 그려져 있지만 벽과 벽 사이에는 아무것도 없다. 널찍하고 텅 빈 공간 사이사이에 기둥들이 서 있는 모습이 꼭 대리석 사막의 나무들 같다.

위대한 남자들(요즘에는 위대한 여자들도 더러 있다)이 묻혀 있는 지하 납골당은 얼마나 극적인 조명으로 밝혀 놓았는지, 꼭 영화 세트장에 들어선 기분이 든다. 무엇보다 가장 기이한 것은 어디든 장식이 없다는 점이다. 죽은 자들에게 봉헌된 성소에 애써 종교적 장식을 배제한 분위기이다. 이곳에 있으면 이성 또한 텅 빈 그릇에 불과하다는 것을 새삼 생각하게 된다. 팡테옹을 세속적 분위기로 만들려는 노력은 다방면에서 이루어졌다. 둥근 지붕 꼭대기의 십자가는 지구의로 대체되었다(훗날 조각상으로 바꾸었다가 결국 다시 십자가를 설치했다).

파리에서 가장 높은 곳인 팡테옹의 지붕 꼭대기는 또 다른 혁명의 무대가 되기도 했다. 프랑스혁명이 맹위를 떨칠 당시, 프랑스의 천문학자 장 바티스트 조제프 들랑브르Jean-Baptiste-Joseph Delambre가 중세의 측량법을 대체할 과학적 측량단위를 연구하기 위해 팡테옹 지붕에서부터 지구의 크기를 계산했다. 근대성의 전당인 팡테옹은 19세기에도 사람들을 끊임없이 매혹시켰다. 당시 물리학자 장 베르나르 레옹 푸코Jean Bernard Léon Foucault가 지구의 자전을 증명하기 위해 팡테옹 천장 꼭대기에 진자를 매달았다. 푸코의 진자를 보러온 수천 명에게 팡테옹은 과학을 가깝게 체험할 수 있는 곳이었다. 이처럼 팡테옹은 근대성 전체를 상징한다.

탈기독교화는 프랑스혁명이 공식적으로 추진한 근대화 정책 중하나였으며 이는 일상생활로 확산되었다. 로마가톨릭교회의 축일을 중심으로 한 달력은 종교의 영향을 받았다는 이유로 폐기되었고 과학적 자연관찰에 토대를 둔 달력이 새로 만들어졌다. 태양과 달, 계절, 지구의 자전과 공전을 바탕으로 한 달력이었다. 생 자크St. Jacques, 생 루이St. Louis, 생 프랑수아St. François처럼 종교와 연관된 거리와 마을 명칭이 사라졌다. 프랑스 안팎의 공화파 영웅들이 표지판과 지도에 등장했다. 조르주 자크 당통Georges Jacques Danton과 오노레 미라보Honoré Mirabeau뿐 아니라 계몽사상가들에게 공화제의 순교자로 추앙되었던, 고대 로마의 정치가 소少 카토Cato와 가이우스 율리우스 카이사르Gaius Julius Caesar 암살의 주모자 마르쿠스 유니우스 브루투스Marcus Junius Brutus, 미국 정치가이자 과학자인 벤저민 프랭클린Benjamin Franklin도 보였다.

프랑스혁명이 종교와 미신을 어느 정도 동일시했는가 하면, 혁명이 가장 급진적으로 치닫던 시기에 노트르담 대성당에서는 종교를 맹렬히 비난하면서 무신론을 선언하고 '이성 숭배'를 선포하는 의식이 열렸을 정도였다. 이 의식에서 자유의 역할을 맡은 여배우가 이성의 횃불 아래 몸을 엎드리는 장면으로 이성숭배를 표현했다.[18]

새 생트 주네비에브 성당이 팡테옹으로 탈기독교화되는 동안, 옛 성당은 광장 건너편에 여전히 서 있었다. 옛 성당에는 무덤과 기념상, 성인상이 수십 개씩 있었다. 따라서 혁명 열정의 표적이 되는 것은 당연했다. 1792년에 혁명정부가 옛 생트 주네비에브 성당의 종교 기능을 중단시키자 생트 주네비에브 수도원장은 유물 보관소장인 르누아르에게 성당이 파괴되기 전에 유물을 구해달라고 부탁했다. 옛 성당의 무덤과 기념비 중에는 물론 데카르트의 것도 있었다. 데카르트 사후 142년이 흐른 그 무렵, 그는 프랑스의 위대한 유산으로 여겨졌다. 실제로 그는 '위인'이었고 혁명당원들 중에는 그를 위인으로 인정하려는 사람들이 있었다.

르누아르가 옛 생트 주네비에브 성당에서 데카르트의 유골을 구해달라는 요청을 받기 1년 전, 혁명정부에서는 데카르트의 유골을 팡테옹으로 옮기느냐 마느냐, 더 나아가 프랑스혁명의 진정한 의미가 무엇이냐를 놓고 논란이 있었다. 팡테옹은 위대함을 숭배하는 신전이 되어야 했다. 그러나 대체 누가 위대한가? 누구의 유골이 '팡테옹 안치'의 영광을 누릴 자격이 있을까?

이 논쟁은 혁명의 확산을 두려워한 주변국들이 프랑스를 침략할 것이라는 소문이 돌던 격변기에 일어났다. 논쟁이 어찌나 과열되었는지 회의장 안에서 악담이 오갈 정도였다. 맨처음 팡테옹에 안치하기로 선택된 '위대한 사람들' 또는 탈락된 사람들을 보면 이성이 절대적으로 객관적이라는 생각에는 오류가 있다는 것을 알 수 있다. 새로 지은 생트 주네비에브 성당을 비종교적 영묘로 쓰자는 생각은 1791년 4월 2일, 널리 존경받던 혁명영웅 미라보가 죽었을 때 등장했다.

처음에 국민의회의 분파들은 미라보를 팡테옹에 안치하자는 데

하나같이 동의하는 듯했다. 그런데 미라보가 이 거대한 건물 깊숙이 매장되고 난 직후 그가 권좌를 그리고 목숨을 지키기 위해 루이 16세와 타협했던 사실이 드러났다. 막시밀리앙 로베스피에르Maximilien Robespierre는 혁명의 이상을 배신한 미라보의 유해를 팡테옹에서 파내자고 했다. 미라보의 유해는 조용히 수치스럽게 옆문으로 실려 나갔다(1794년 그의 유해는 파리 외곽 클라마르Clamart 묘지에 비석 없이 묻혔다_옮긴이 주).

누구를 팡테옹에 안치할 것인가를 두고 여러 번 논쟁이 있었다. 그러나 볼테르의 유골을 팡테옹으로 옮기자는 생각에는 하나같이 동의했다. 볼테르의 유골 안치는 논란 없이 해결된, 몇 안 되는 사안이다. 볼테르는 생전에 무신론자로 혹독하게 비난을 받았고 바스티유Bastille에도 투옥된 전례가 있었다. 이제 그는 계몽주의의 세속적 수호성인으로 여겨졌다. 13년 전 볼테르가 죽었을 때 그의 장례는 조용히 치러졌다. 반대로 그의 유골을 팡테옹으로 옮기는 장례행렬은 프랑스혁명기에 손꼽히는 거대 행사였다. 수십만 명이 거리로 나와 행렬을 구경했다. 백마 열두 마리가 끄는 관현악단, 볼테르가 남긴 저작 아흔두 권을 담은 금궤, 바스티유 공격에 자랑스럽게 참여했던 시민들 그리고 깃발을 늘어뜨린 3층 석관에 볼테르의 유골이 담긴 채 지나갔다.

공포정치(프랑스혁명이 한창이던 1793년부터 1794년까지 로베스피에르의 주도 하에 혁명정부가 실시했던 잔인한 독재정치로 이 기간 동안 3만 5,000

명에서 4만 명이 처형됐다_옮긴이 주)의 배후세력 중 하나인 장 폴 마라 Jean Paul Marat 역시 미라보와 비슷한 운명을 겪었다. 당국은 새 공화국의 성인 마라가 사후 1년 뒤 대중의 반감을 사자 팡테옹에서 그의 유해를 서둘러 파내야 했다. 오늘날 마라는 자크 루이 다비드 Jacques Louis David가 그린 그림 속에서 칼에 찔려 욕조에 쓰러진 모습으로 기억된다.

1791년 4월 12일, 미라보의 죽음으로 팡테옹 안치 논쟁이 시작된 지 단 열흘 만에 국민의회는 데카르트의 팡테옹 안치를 의제로 삼았다. 처음 탄원을 낸 사람은 데카르트의 형인 피에르Pierre의 자손이었지만 그 문제를 의제로 채택한 사람은 콩도르세였다. 혁명 지도자인 콩도르세는 볼테르처럼 계몽주의 정신을 완전히 체현한 학자였다.

계단식 원형 정부 회의실에 둘러앉은 의원 수백 명은 다방면에 걸친 그의 열정을 익히 알고 있었다. 콩도르세는 정치, 경제, 교육 등 여러 분야에 과학적 관점이 자리 잡도록 적극적으로 활동했으며 사회 곳곳을 이성의 원리에 따라 개혁하려 했다. 수학자였던 그는 콩도르세의 역설Condorcet's Paradox을 발견하기도 했다. 콩도르세의 역설은 다수결의 결과와 투표자의 선호도에 수학적 차이가 존재한다는 사실을 일컫는다. 그는 또 여성과 소수자 들에게도 완전한 권리를 주어야 한다고 주장한 정치인으로, 당시로서는 보기 드물게 전면적 평등을 지지했다.

콩도르세는 자신과 동시대인들이 겪고 있는 그 거대한 변화가 어디에서 비롯되었는지 지적한 바 있었다. 그가 다른 기회에 쓴 글에 따르면, 한 세기 전에 유럽은 미신이 빠트린 수치스러운 잠에 취해 있었다. 바로 데카르트가 철학을 이성의 품으로 되돌린 사람이었다. 왜냐하면 그는 인간의 정신활동으로 발견할 수 있는 중대하고 명백한 진리에서 철학이 나와야 한다는 사실을 깨달았기 때문이다.[19] 결국 콩도르세는 혁명동지들에게 그들이 현재 딛고 서 있는, 범상치 않은 사건인 프랑스혁명을 끌어내는 데 볼테르보다 더 근원적인 역할을 한 프랑스인과 관련해 의제를 내놓았다.

데카르트는 미신 때문에 프랑스에서 쫓겨났고 이국땅에서 죽었습니다. 그의 친구와 제자 들은 그에게 무덤이나마 고국 땅에 만들어주고 싶었습니다. 그들은 그의 유해를 조심스럽게 옮겨다 옛 생트 주네비에브 성당에 두었습니다. (……) 그들은 공적인 애도행사를 준비했지만 종교당국은 한낱 철학자를 찬양하도록 놔두지 않았습니다. 종교의 오만은 그저 위대한 사람일 뿐인 개인을 찬양하도록 허락하지 않았습니다. (……) 하지만 우리는 이 오랜 기다림을 끝낼 수 있을 것입니다. 데카르트는 인간의 영혼을 제한하는 장벽을 무너뜨림으로써 우리가 정치적 속박을 파괴할 수 있도록 했습니다. 그는 해방된 국가의 이름으로 찬양될 만한 사람입니다.

콩도르세의 연설은 설득력 있었다. 국민의회는 제헌위원회에 청원하기로 결의했다. 그러나 현실은 정치인들을 앞질러갔다. 제헌위원회가 데카르트의 유골을 옛 생트 주네비에브 성당에서 광장 건너 새 생트 주네비에브 성당(팡테옹)으로 옮기는 일을 심사숙고하고 있을 때, 르누아르는 옛 생트 주네비에브 수도원장으로부터 성당이 약탈당하고 있다는 전갈을 받았다. 수도원장은 그에게 성당의 소중한 보물을 구해달라고 청원했다. 당시는 프랑스혁명기에서 특히나 혼란스러웠던 때였다. 혁명이 프랑스 국경 너머로 퍼질 것이라는 주변국들의 두려움이 1792년 4월 오스트리아와의 전쟁으로 이어졌다.

그해 8월에 급진주의자들이 파리 시의회, 곧 파리 코뮌Commune을 장악했다. 그리고 의회에 왕정을 완전히 폐지하고 진정한 공화정의 시대를 시작하도록 밀어붙였다. 9월이 되자 탈기독교화가 최고조에 이르렀다. 가톨릭 신부들이 혁명의 영향력을 약화시킨다고 생각한 군중이 파리의 감옥들(당시까지도 미사를 집행하던 신부들이 몇 달에 걸쳐 체포당했다)을 습격해 신부 230명과 다른 죄수 1,000명 이상을 죽였다. 같은 달에 군주제가 해체되었다. 다음해 1월이 되자 당시 서른아홉의 루이 16세가 단두대에서 처형되었다. 혁명은 무르익을 대로 무르익었다.

르누아르의 유물 수집

르누아르는 이 격변기 내내 미친 듯이 유물을 수집했고[20] 수집한 유물들을 꼼꼼하게 기록했다. 다음은 그가 남긴 기록의 일부이다.

♦ 생테티엔 성당에서 파스칼에 대한 흰 대리석 비문…….

♦ 노트르담 대성당에서 루이 13세와 루이 14세를 표현한 조각상 2개. 니콜라 쿠스투Nicolas Coustou와 앙투안 코이제복스Antoine Coyzevox의 작품…….

♦ 생 쇼몽St. Chaumont 교회에서 성모마리아 석고상, 생 조제프St. Joseph 석고상, 무덤 속 예수를 표현한 얕은 돋을새김 석고부조. 프랑수아 조제프 뒤레François Joseph Duret 작품.

♦ 생 베뉘아St. Benoît에서 해부학자 J. B. 윈슬로J. B. Winslow에 대한 흰 대리석 비문.

르누아르는 나중에 이 시기를 두고 개인적으로는 만족스럽지 못한 시기였다고 언급했다(상당히 정신없던 시기였다는 뜻인 것 같다). 물론 무엇 때문에 만족스럽지 못했는지는 알 수 없다. 어쨌든 그와 조수들은 옛 생트 주네비에브 성당을 여러 차례 오가며 수많은 유물을 센 강변의 창고로 옮겼고 꼼꼼히 기록했다.

- 나무로 조각된 여인상 4점. 제르맹 필롱Germain Pilon 작품.

- 비스듬히 기댄 클로비스 1세Clovis I 석상.

- 베로나Verona산産 기둥 2개, 플랑드르 대리석 기둥 2개.

- 작은 회색 화강암 기둥 2개.

- 무릎을 꿇고 있는 로슈푸코Rochefoucauld 추기경과 그의 외투자락을 붙들고 있는 천사를 표현한 흰 대리석상.

- 부속 기도실의 오래된 검은 기둥 2개. (……) 필롱이 '무덤의 예수'와 '예수의 부활'을 표현한 테라코타 작품을 떠받친 검은 대리석 탁자. (……) 부속 기도실의 다른 작은 기둥 2개.

르누아르는 옛 생트 주네비에브 성당의 배치도까지 꼼꼼하게 그렸다. 그가 그린 배치도를 보면 성당 바닥 밑에 어떻게 관이 놓여 있었는지도 알 수 있다. 그는 관 내부도 신중하게 스케치 해뒀는데 몇몇 스케치에는 거의 그대로 보존된 시체까지 그려 넣었다.

1793년 1월 1일 일지에는 한 사고가 꼼꼼하게 기록되어 있다. 르누아르는 조수인 목수 부코Boucault에게 옛 생트 주네비에브 성당의 대리석 감실龕室을 운반해달라고 했다. 부코는 말 여덟 마리가 끄는 썰매 같은 탈것에 장식이 화려한 감실을 간신히 실었다. 그런데 말들이 끌어당기자마자 썰매가 무너지면서 감실이 산산조각 나고 말았다. 르누아르가 어찌나 세세하게 기록을 남겼는지, 그 부서진 조각들을 어떻게 처분했는지도 썼다.[21] 그는 구리 도금

| 성당에서 발견된 관과 유골을 꼼꼼하게 묘사한 그림이다. 그러나 데카르트의 관에 대한 언급은 없다.

된 바닥과 기둥머리를 본Beaune 거리의 네슬레Nesle 호텔에 팔았다고 했다.

그런데 이렇게 꼼꼼한 그가 어째서 옛 생트 주네비에브 성당에서 데카르트의 유골을 가져온 것은 기록하지 않았을까? 나중에 르누아르는 직접 데카르트의 관을 파냈다고 주장했다. 그가 주장한 바에 따르면, 데카르트의 유골(뼈와 뼛조각들)을 언덕 위 성당에서 유물 보관소로 옮겼으며 데카르트의 유골을 직접 구했다는 사실에 가슴이 벅찼다.

콩도르세와 다른 계몽주의 인사들처럼 르누아르도 진보를 믿었다. 인류가 세대와 세기를 거칠 때마다 더 많은 행복과 자유와 평등을 누리는, 더 훌륭한 문명으로 진보하고 있다고 말이다. 서양

문명이 진보하는 데 특히 자신의 세대, 무엇보다 프랑스혁명이 정점을 찍었다고 생각했다. 르누아르에게 데카르트는 역사의 원동력일 뿐 아니라 철학의 아버지이자 우리에게 생각하는 법을 최초로 가르친 사람이었다.[22]

르누아르는 죽음과 뼈, 무덤에 심히 매료되어 있었다. 그는 파괴될 위기에 처한 묘지와 유적을 구하면서 많은 유골을 파냈다. 극작가 몰리에르처럼 역사적으로 저명한 인물뿐만 아니라 중세의 연인으로 유명한 엘로이즈Héloïse와 피에르 아벨라르Pierre Abélard(중세 프랑스 신학자인 아벨라르와 그의 제자이자 연인으로 훗날 파라클레 대수도원의 수녀원장을 지낸 엘로이즈이다. 두 사람의 사랑은 중세 최대의 스캔들이라 불린다_옮긴이 주), 데카르트의 제자 루호의 유골도 파냈다. 르누아르는 유골을 파내는 일을 열정적으로 즐겼던 것 같다. 그의 동료가 회상한 바에 따르면, 르누아르는 막 개봉한 관에서 풍기는 죽음의 향기를 음미하는 것처럼 깊이 들이마시며 그 음습한 내용물을 숭배라도 하듯 관 속에 손을 넣었다.

르누아르는 앙리 4세Henri IV의 유해를 파낸 후에 잘 보존된 시신을 보고 기뻐하며 이렇게 쓰기도 했다.

"턱수염과 붉은 빛 콧수염까지, 이토록 잘 보존된 유골을 만질 수 있어서 기쁘다."

그는 자기도 모르게 석화된 앙리 4세의 손을 잡고 악수를 하며 덧붙였다.

"근데 나는 진정한 공화주의자올시다."[23]

나중에 그가 밝힌 바에 따르면, 데카르트의 유골을 파냈을 때는 매우 작은 뼛조각을 따로 챙겼다가 그 뼈로 반지 몇 개를 만들었다. 그러니까 르누아르는 데카르트의 뼛조각을 장신구로 만든 셈이다. 그는 그 반지들을 훌륭한 철학자 친구들에게 주었다고 기록했다.

유골로 반지를 만들다니, 이상하고 끔찍한 일이라고 생각할 독자들도 있겠지만 당시에는 유골과 머리카락으로 자질구레한 장식소품을 만드는 것이 유행이었다. 로마가톨릭교회의 성물숭배가 세속화된 것이라 할 수 있다. 팡테옹의 탈기독교화에서 잘 드러나듯, 근대는 종교와 멀어지려 부단히 애썼지만 과거와의 연결고리를 찾는 인간의 욕구까지 피할 수는 없었다. 생트 주네비에브 성당 같은 종교건축물이 팡테옹처럼 세속적이고 인본주의적인 동시에 초월적인 목적으로 개조되듯, 누군가의 유골이 인간세상과 신성을 연결하는 통로가 된다는 오랜 생각이 새롭게 해석되었다. 계몽주의에도 성물은 있었다. 물론 탈신성화된 데다 세속의 업적과 진보를 상징하는 성물이었다.

유골을 물신화하는 경향은 다음 세대로도 이어졌다. 각종 표본 수집을 위해 세계를 돌아다니던 19세기 탐험가들은 표본들을 모아 '호기심의 방Cabinet of Curiosities'(르네상스시대 유럽에서 시작된 풍습으로 진기하고 이국적인 소장품들을 모아놓은 소장실을 일컫는다_옮긴이 주)을 만들었고 손님들에게 자랑했다. 호기심의 방에는 유명인의 유골도 있곤 했다. 오늘날 스웨덴 룬드대학교Lunds Universitet의 역사박물관Historiska Museet에는 데카르트의 두개골 조각이라는 명패가 붙은 소장품이 있다. 그 두개골도 원래 스웨덴에 살던 누군가의 '호기심의 방'에 있던 것으로 추정된다.

르누아르가 나중에 밝힌 바에 따르면, 그는 옛 생트 주네비에브 성당을 파헤치다가 썩은 목관에 들어 있는 데카르트의 유골을 발견했다.[24] 보관소로 유골을 옮긴 르누아르는 생제르맹 록세루아St. Germain l'Auxerrois 성당에서 가져온 이집트 석관에 그 유골을 넣었다. 그는 이 석관이 데카르트에게 적합하다고 생각했고 데카르트의 유골을 영원히 그곳에 보관하리라 마음먹었다. 그는 석관을 보관소 뜰에 두었다. 수도원이었던 보관소 뜰에는 프랑스 전역에서 가져온 조각상과 비석이 점점 늘어, 거의 모든 프랑스 역사 시기의 유물이 모였을 정도였다.

국민공회의 칙령

한편 데카르트 유골의 팡테옹 안치 문제를 다루는 대중교육위원회가 보고서를 제출했고 의회는 즉시 이를 의제로 삼았다. 당시는 혁명정부가 깊이 있는 성찰보다 신속한 일처리를 중시하던 때였다. 그런데 산적한 일을 미뤄두고 그 문제를 오래도록 숙고했다는 것을 생각하면 상당히 숙연해진다. 혁명정부는 역사의 수레바퀴를 잠시 멈추고 역사의 흐름과 혁명의 역사적 의의를 숙려했다.

보고서를 제출한 사람은 극작가 마리 조제프 셰니에Marie Joseph Chénier였다. 극작가로서 실패를 거듭하던 그는 바스티유 습격 직후에 혁명적 색채를 띤 연극이 인기를 끌면서 하룻밤 사이에 유명 인사가 되었고 혁명정부의 일원이 되었다. 그의 형제인 앙드레 마리 드 셰니에André Marie de Chénier는 혁명 시인으로 훨씬 더 유명세를 누렸다. 콩도르세의 제안을 검토한 셰니에는 데카르트를 이성, 자유, 진보, 평등의 선구자, 즉 혁명의 아버지로 추앙하자는 생각에 끌렸다. 셰니에는 젊고 잘생겼으며, 대담했고 열정적이었다. 그리고 당시 그와 그의 형은 혁명의 꽃이었다(이듬해 앙드레 마리 셰니에는 단두대에서 생을 마감했다). 그는 대중교육위원회를 대표해 유창하게 연설했다.

시민동지 여러분,

대중교육위원회의 지시에 따라 국가의 영광과 관련 있는 안건을 여러분께 제출하는 바입니다. 이 문제는 여러분이 합리적 제도와 진정 대중적인 법률의 토대로서 철학을 얼마나 존경하는지 전 유럽에 보여줄 기회가 될 것입니다. 프랑스제국이 설립되고 나서 몇 세기가 지난 후, 파리의 서쪽 낭테르Nanterre 출신의 시골사람 생트 주네비에브가 파리의 수호성인으로 선언되었습니다. 오늘날 파리와 프랑스 전체의 수호성인은 자유밖에 없습니다. 생트 주네비에브를 위해 지은 사원은 이제 낡은 편견을 상징하는 건물이 되어 무심한 세월의 손길에 무너지고 있습니다. 폐허가 된 성당에는 우리 조상들이 경건한 믿음과 우매함으로 맹목적 신앙을 위탁했던 성물들 옆에서, 두려움으로 채워진 제단과 오만함으로 장식된 무덤 사이에서 르네 데카르트의 유골이 누워 있습니다.[25]

당시는 무척 어수선하던 시절이었다. 그러니 르누아르가 옛 생트 주네비에브 성당에서 데카르트의 유골을 옮겼다는 사실이 셰니에와 대중교육위원회에 전달되지 않을 만도 했다. 어쩌면 다른 이유도 있었겠지만, 그것은 나중에 살펴보겠다.

셰니에는 데카르트를 근대성의 근간을 형성한 사상가들, 즉 로크, 프랑스의 철학자 에티엔 보노 드 콩디야크Étienne Bonnot de Condillac, 뉴턴, 스위스의 수학자 레온하르트 오일러Leonhard Euler, 프랑스의 수학자이자 천문학자 조제프 루이 라그랑주Joseph Louis Lagrange보다 전면에 내세우면서 대중교육위원회의 의견을 이렇게 정리했다.

"우리는 계몽주의의 혜택으로 자유롭게 된 나라라면 대중의 이성을 발전시킨 인물을 존경하는 마음으로 그 유골을 수습해야 한다고 결정했습니다."[26]

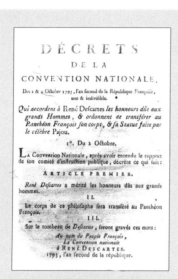

DÉCRETS
DE LA
CONVENTION NATIONALE,

Des 2 & 4 Octobre 1793, l'an second de la République Françoise,
une & indivisible. •

Qui accordent à René Descartes les honneurs dûs aux
grands Hommes, & ordonnent de transférer au
Panthéon François son corps, & sa Statue faite par
le célèbre Pajou.

1°. Du 2 Octobre,

LA Convention Nationale, après avoir entendu le rapport
de son comité d'instruction publique, décrete ce qui suit :

ARTICLE PREMIER.

René Descartes a mérité les honneurs dûs aux grands
hommes.

II.

Le corps de ce philosophe sera transféré au Panthéon
François.

III.

Sur le tombeau de Descartes, seront gravés ces mots :
Au nom du Peuple François,
La Convention nationale
à RENÉ DESCARTES.
1793, l'an second de la république.

┃ 1793년 10월자 국민공회의 칙령으로, 데 카르트와 그의 유골에 특별 영예를 수여했다.

그는 '전제주의'의 강압으로 유럽을 떠돌면서 살아야 했던 철학자 데카르트의 불안정했던 삶을 개탄하며 멋지게 결론을 내렸다.

"공화주의자 여러분, 데카르트의 유골을 멸시했던 왕권에 복수하는 것은 여러분의 몫입니다."

정부는 동의했고 칙령을 발표했다.

이는 프랑스 역사뿐 아니라 진보사상에서 데카르트가 차지하는 위치와 의미를 웅장하게, 공식적으로 천명한 칙령이었다. 어떤 의미에서 당시는 그런 선언을 하기에 완벽한 순간이었다. 어쩌면 지나치게 완벽한 순간이었는지도 모르겠다.

당시 프랑스혁명은 정점에 있었다. 유럽의 군주들은 현 체제를 전복시키려는, 이 위험한 혁명을 멈추고 싶었다. 그들은 프랑스 내부의 귀족 및 성직자 들과 손을 잡았다. 혁명정부를 무너뜨리려는 전쟁이 잇달아 일어났다. 전쟁과 교전으로 사람들의 생활조건이 악화되었다. 굶주린 군중은 혁명당 내부의 급진파로 기울었다.

국민공회 칙령

1793년 10월 2일과 4일

일체이면서 불가분한 프랑스공화국 2년

공화국은 르네 데카르트에 위인의 영예를 수여하며

그의 유골과 저명한 조각가 오귀스탱 파주Auguistin Pajou가 만든

그의 상을 팡테옹으로 옮길 것을 명한다.

1. **10월 2일**

   국민공회는 대중교육위원회의 보고를 듣고 다음과 같이 결정한다.

   I항. 르네 데카르트는 위인 칭호를 받을 자격이 있다.

   II항. 철학자 르네 데카르트의 유해를 팡테옹으로 옮긴다.

   III항. 데카르트의 비문에 다음과 같이 새긴다.

   　　　프랑스 국민의 이름으로

   　　　국민공회가

   　　　르네 데카르트에 바치다.

   　　　1793년 공화국 2년

   IV항. 대중교육위원회는 내무부와 이송날짜를 상의한다. (……)

2. **10월 4일**

   국민공회는 저명한 조각가 파주가 제작한 데카르트상을 데카르트의 유골을 이송하는 날 함께 팡테옹으로 옮길 것을 명하며 이 일을 집행하기 위한 모든 절차를 내무부에 일임한다.

로베스피에르가 정권을 장악했고 새로운 공화정부에 위협이 될 만한 세력을 없애기 위해 제도적으로 공포정치를 실시했다. 단두대는 피비린내 나는 혁명의 상징이 되었다. 단두대에서 루이 16세의 왕비 마리 앙투아네트Marie Antoinette를 비롯해 수만 명의 머리가 잘려나갔다. 결국은 로베스피에르 자신도 단두대에서 처형되었다.

콩도르세도 공포정치의 올가미에서 벗어날 수 없었다. 그는 루이 16세의 처형을 반대했는데, 이를 비롯해 몇몇 반동성향을 구실로 그를 체포하라는 영장이 발부되었다. 공교롭게도 콩도르세가 데카르트를 팡테옹에 안치하자고 낸 제안으로 셰니에가 연설을 한 다음 날이었다. 콩도르세는 도망쳐야 했다. 그는 숨어 지내던 시기에 〈인간지성 진보사 스케치Esquisse d'un tableau historique des progrès de l'esprit humainEsquisse d'un tableau historique des progrès de l'esprit humain〉를 집필했다. 이 책은 계몽주의에 대한 신념과 계몽주의의 가치를 요약했으며 특히 데카르트가 계몽주의에 어떻게 공헌했는지를 다루었다. 그는 결국 붙들렸고 감옥에서 죽었다. 사인은 정확히 알려지지 않았다.

프랑스혁명은 근대를 일컫는 가장 날 선 표현이라 할 수 있다. 따라서 근대의 아버지 데카르트를 팡테옹에 안치하기에 가장 적절한 시기였다. 더군다나 그 결정이 공포정치 전야에 내려졌다는 것은 더욱 의미심장했다. 자유, 평등, 민주주의는 코기토의 자손이다. 모두 이성을 중심으로 한 사고로의 전환에서 비롯되었다.

하지만 1739년 스코틀랜드 철학자 흄은 이성을 도덕원칙의 근본으로 생각할 수 없다고 주장했다. 그는 이성이 가장 비이성적인 목적에 쓰일 수 있다고 생각했다. 이성은 새로운 사회를 건설하는 데 도구로서 쓰일 수 있지만 사회를 죽이고 난도질하는 데 쓰일 수도 있다고 말이다. 인간은 근거 없이 순진한 믿음이나 이중성으로 이성을 오용할 수 있다.

사실, 이성의 오용은 현대사를 표현하는 어구 중 하나이다. 역사학자들은 프랑스의 공포정치를 현대사에 일어난 여러 악의 시초로 본다. 프랑스의 공포정치는 국가가 법의 원칙을 무시한 데다 고귀하고 이성적이라 생각하는 목적을 위해 폭력을 동원한 사례이다. 이는 구소련의 정치가 이오시프 스탈린Iosif Vissarionovich Stalin의 숙청부터 '마을을 구하려고 마을을 파괴한다'는 베트남 전쟁의 사례까지 반복되는 논리이다. 흄은 이성의 부정적 사용에 다음과 같이 경고했다.

> 내 손가락을 긁히느니 전 세계를 파괴하고 말겠다는 생각은 이성에 모순되지 않는다.**27**

프랑스에서 공포정치가 시작되던 해, 독일의 외딴 시골마을에 있던 칸트는 이성을 현대사회의 제1원칙으로 받아들였는데도 왜 인류의 '근본 악'을 부인할 수 없는지 고민했다. 그의 결론은 오늘날에도 유효하다.

> 인간은 스스로 무엇이든 될 수 있다. 도덕적으로 선할 수도 악할 수도 있다. 선한 사람이 될 수도 악한 사람이 될 수도 있다. 무엇이 되든 그것은 자유로운 선택의 결과다. 그렇지 않으면 그 결과에 책임을 질 수 없으며 도덕적으로 선하다고도 악하다고도 할 수 없다. 흔히 사람은 선하게 태어났다고 말한다. 그것은 그 이상도 그 이하도 뜻하지 않는다. 사람은 선하며 원래 성향이 선하다. 하지만 그렇다고 실제로도 선하다는 것을 뜻하지 않는다. 타고난 성향을 자신의 좌우명으로 삼느냐 아니냐에 따라 사람은 선해질 수도 악해질 수도 있다.[28]

로베스피에르를 비롯해 공포정치의 선동자들이 공포정치의 희생자가 되는 것이 마땅하다면, 1793년과 1794년에 벌어진 숙청과 폭력 속에서 근대의 아버지에게 경의를 표하려던 계획이 틀어진 것은 근대의 아이러니라 할 만하다. 매장해야 할 시체가 끊임없이 생겼고 의원들 자신들도 언제 체포 혹은 처형당할지 모를 위기였다. 이런 상황에서 국민공회는 부패된 유골의 이장 일정을 정하는 것보다 더 시급한 사안을 처리해야 했다. 결국 데카르트의 유골은 르누아르의 보관소에 남았다.

뮤지엄의 탄생

공포정치의 시기는 르누아르가 일하기에 더없이 좋은 때였다. 무차별 폭력이 늘수록 수집품도 증가했다. 수집품들은 센 강변에 위치한 옛 수도원의 실내와 바닥에 이리저리 널려 있었다. 조각품, 비문, 부조가 장엄한 폭포를 이루는 듯했다. 아름다움과 폭력이 함께 흐르는 폭포. 과거를 훼손시키는 현재 때문에 뒤죽박죽되어버린 과거가 웅장하게 흘러가는 폭포였다.

세계사적 변화와 혼돈의 시기에 르누아르는 아이디어를 하나 떠올렸다. 이 영광스러운 과거의 잔해로 무엇을 할 수 있을까? 구해낸 과거의 유적으로 무엇을 할 수 있을까? 르누아르는 무엇보다 진보를 중요하게 생각했다. 그는 과거를 통해 현재가 생성되었다고, 이성과 계몽의 시대가 탄생했다고 여겼다. 과거는 과거의 예술로 재현되고 표현된다. 그런데 이 모두가 사라져야 할까? 파괴적인 폭력 앞에서 과거를 잊어야 할까? 과거의 기록은 한순간에 전부 사라질 수 있다. 그것은 너무 끔찍한 일이 아닐까? 역사, 역사가 주는 교훈 그리고 진보를 향한 역사의 행진이 민주시민의 정신에 새겨져야 하는 것은 아닐까?

르누아르는 유물들을 정리해서 역사가 진보를 향해 나아가고 있다는 것을 사람들에게 보여주면 어떨까 하고 생각했다. 역사와 예술의 교육공간을 만들어야겠다고 말이다. 그곳에서 역사를 움직인 인류의 가장 고매한 감성을 보여주는 것이다. 그는 역사의 뮤즈를 위한 사원, 곧 뮤지엄museum을 만들었다.

데카르트의 유골을 다루어온 사람들은 놀랍게도 어떤 식으로든 근대성을 체현한다. 1796년 르누아르는 정부의 지원을 받아 유물 보관소를 프랑스유물박물관Musée des Monuments Français으로 탈바꿈시켰다. 역사상 최초의 역사박물관이었을 것이다. 그는 사회과학적 방식으로 예술과 사회에 접근한 선구자가 되었다. 르누아르는 이성과 진보라는 개념을 바탕으로 박물관을 구성했다. 즉 혁명이 야기한 파괴의 잔해로 프랑스 민족이 누구인지, 어떻게 진화했는지를 들려줄 공공기관을 지었다.

사실, 이미 루브르박물관Musée du Louvre이 건축 중이었다. 내무부장관은 르누아르에게 보낸 허가편지에서 프랑스유물박물관이 형식적으로는 루브르박물관의 분관이 될 것이라 명기했다. 르누아르는 격분했다. 그가 보기에 루브르박물관은 뒤죽박죽이었다.

그는 프랑스유물박물관을 한 가지 원칙에 따라 정리하기로 마음먹었다. 그러니까 방문객이 점점 진보하는 역사를 경험할 수 있도록 프랑스유물박물관을 구성한 것이다. 그는 방문객이 걸어 다니며 역사의 진보를 연대순으로 체험할 수 있도록 소장품을 배열했다. 르누아르는 디자인에도 대단한 재능을 보였다. 그는 각 전시실을 각 역사시대에 어울리는 듯한 분위기로 만들었다. 장례식 같은 음울한 분위기도 빠트리지 않았다. 그는 13세기의 유물을 전시한 제1실을 다음처럼 묘사했다.

> 납골당처럼 음산한 분위기의 램프가 둥근 아치형 천장에 매달려
> 있다. 문과 창문은 유명한 몽트로Montereau가 디자인했는데 (……)
> 아랍인들이 부흥시켰던 건축취향을 따랐다. 창유리도 당대 양식의
> 특징을 지녔다. (……) 이 전시실을 가득 채운 어두침침한 불빛도
> 당대를 흉내 낸다. (……) 그 불빛은 미신 때문에 겁에 질린 사람들
> 을 영원히 허약하게 만든 마술을 〔나타낸다.〕**29**

르누아르가 역사와 진보를 어떻게 생각했는지는 그가 각 시대
의 교회건축물에서 빛을 어떻게 사용했는지 설명한 것을 보면 알
수 있다.

"빛이 계몽된 사람들과 어울리기라도 하듯 우리 시대와 가까워
질수록 공공건물에서 빛이 증가한다."

그래서 혁명기에는 말 그대로 교회건축물의 지붕이 뜯겨나가고
어둑한 실내가 환한 빛에 드러나게 된 것일까?

르누아르의 프랑스유물박물관에서 현대적 개념의 박물관이 비
롯되었을 뿐 아니라 박물관 비판도 시작되었다. 박물관은 유물들
을 원래의 목적과 의미, 근원에서 가차없이 떼어내어 새롭고 낯
선 풍경 속에 짜 맞춘다. 원래 유물을 만든 사람들이 상상도 못했
던 의미를 그 유물에서 새롭게 짜낸다. 여러 세기 동안 프로방스

Provence 시골 성당의 제단 옆에 서 있던 성모마리아 상을 생각해보자. 수 세대에 걸쳐 시골 사람들이 그 성모상 앞에서 기도를 올렸을 것이다. 그 상은 그들의 성모마리아였다. 1세기 팔레스타인에서 살았던 한 여인에게 마을사람들이 바치는 숭배와 온갖 평범하고 절절한 소망이 뒤섞인 대상이었다. 마을의 풍경을 이루는 산맥처럼 그 성모상도 그들 삶의 일부였다. 그러나 박물관의 성모마리아 상은 이곳저곳에서 뜯어온, 대강 비슷한 시대의 유물들과 나란히 전시되어 예술의 리얼리즘이 어떻게 발전했는지, 르누아르에 따르면, 인간역사가 어떻게 진보했는지 보여주는 전시품이 된다.

근대는 함께 진화해온 자연적 배경에서 한 존재를 떼어내 분석가능한 조각으로 쪼개고 새로운 방식으로 재구성한다. 물론 그 과정에서 대상을 새로운 관점으로 조명할 수는 있다. 하지만 이는 많은 사람이 보기에 상당히 비인간적인 관점이다. 사람들은 이처럼 근대와 근대적 삶, 이성의 영향이 지닌 비인간적 측면을 불편하게 여긴다.

그런데 이상하게도 프랑스혁명기에서 르누아르의 박물관은 단연 인기 있는 문화공간이었다. 그 격변기에도 관광객들은 파리를 찾는데 프랑스유물박물관은 파리에서 꼭 들러야 할 곳 중 하나였다(1801년에 어느 영국인이 출판한 파리 안내서에서는 14쪽에 걸쳐 이 박물관을 소개했다). 프랑스유물박물관의 인기에 힘입어 르누아르는 안내책자를 출판하기까지 했다. 안내책자는 영어로도 번역되었다. 관람객들은 5프랑에 산 안내책자를 들고 납골당처럼 음산한 정원과 전시실을 돌아다녔다. 르누아르의 안내책자는 프랑스유물박물관의 기본주제를 찬양하는 것으로 시작된다.

'프랑스인들은 스스로 일으킨 이 혁명을 소중히 여긴다. 프랑스혁명은 이성과 정의를 토대로 새로운 질서를 세웠다.'**30**

한편 안내책자 표지에는 프랑스혁명 못지않게 근대성을 보여주는 글귀가 실려 있다. 그것은 너무나 일상적이고 실용적인 정보였다.

'프랑스유물박물관은 목요일 6시부터 2시까지, 일요일 6시부터 4시(여름) 또는 3시(겨울)까지 개관합니다.'

르누아르는 대중교육이라는 박물관의 목적에도 관심 있었지만 어쨌든 음침한 취향대로 박물관을 꾸몄다. 박물관 중앙에는 역사적인 무덤으로 가득한 정원이 있었다. 그 정원은 그의 자랑이자 즐거움이었다. 그는 정원의 이름을 고대 그리스 신화에 등장하는 엘리제 정원Jardin Élysée이라 지었다. 고귀한 영혼들을 위한 사후세계를 뜻하는 엘리제 정원은 미와 죽음을 생각하는 공간이었다. 르누아르의 안내책자에서 이 정원을 소개하는 글을 읽으면 그의 취향을 느낄 수 있다.

고요하고 평화로운 정원에는 조각상이 40개가 있다. 잔디밭 여기저기에는 침묵과 고요 속에서 무덤들이 위엄 있게 솟아 있다. 소나

무와 사이프러스 나무, 포플러 나무 들이 함께 서 있다. 벽에 진열된 데스마스크와 유골함이 한데 어우러져 이 아름다운 장소에 달콤한 멜랑콜리를 더한다. 감수성이 풍부한 사람이라면 이를 놓치지 않을 것이다.[31]

르누아르는 프랑스의 영광을 일군, 과거 저명한 남자와 여자 들(철학자, 시인, 화가, 극작가)의 유골이 모여 있기 때문에 이 정원이 중요하다고 했다. 그는 '한자리에 모인 이들의 영광이 한데 모여 훨씬 더 밝은 광채로 멀리 퍼져나갈 것'이라고 했다. 그는 위인들의 '재회'로 몽상적인 글을 쓰기도 했다.

이 생명 없는 유골들이 새 생명을 얻는다고 상상해보라. 그들이 일상적으로 살아가는 모습을 보고 들을 수 있다고 상상해보라. 고대 사람들이 상상했던 이상향 엘리시움Elysium도 이 인상적인 재회보다 못하지 않을까? (……) 나는 이 위엄 있는 정원에 들어설 때마다 아늑한 기분을 느낀다. 내게 아주 소중한 이 감정이 독자들에게 전해지기를 바란다. 그리고 이곳을 만드는 동안 내게 가득했던 [이곳에 잠든 사람들의] 지성과 재능과 덕이 이 정원을 방문한 사람들에게 경건한 존경을 불어넣을 수 있기를 바란다.

르누아르는 바로 이 정원에 데카르트의 유골이 담긴 석관을

두었다. 그는 안내책자에 일련번호를 매긴 석관을 다음처럼 묘사
했다.

> 507번. 경질석硬質石으로 만든 석관으로 1650년 스웨덴에서 죽은
> 데카르트의 유골이 담겨 있다. 거대한 천상의 동물 그리핀들과 집
> 을 상징하는 태양 문장이 석관을 받들고 있다. 그리핀은 고대 로마
> 신화 속 최고의 신 유피테르에 바쳐진 독수리와 사자의 몸을 합한
> 것이다. 구름에 닿을 듯 높이 자란 포플러와 주목朱木, 여러 꽃 들
> 이 우리에게 생각하는 법을 처음으로 가르친 이 유물에 그늘을 드
> 리운다.[32]

연기된 팡테옹 유골 안치

데카르트의 유골은 얼마나 오랫동안 주목과 포플러 그늘에
있어야 할까? 프랑스에 새로운 혁명정부가 들어섰다. 총재정부
Directoire(로베스피에르 처형 이후 제정된 공화3년 헌법에 따라 세워진 행정
부 체계이다. 1795년 10월 말 출범하여 1799년 쿠테타를 일으킨 나폴레옹이
통령정부를 창설할 때까지 유지되었다_옮긴이 주)는 다섯 총재로 구성된
집행부가 양원과 함께 통치했다. 그리고 르누아르의 프랑스유물박
물관이 막 문을 열었을 때 새로 구성된 의회 중 하원에 해당하는

500인 위원회가 데카르트의 팡테옹 안치를 다시 의제로 삼았다.

당시의 의사록은 오늘날 파리에 위치한 프랑스국립도서관에서 읽을 수 있다. 빛바래고 변색되고 군데군데 곰팡이가 핀 의사록에 쓰인 굵은 로만세리프체와 감상적인 이탤릭체에서 당대의 격앙된 분위기가 고스란히 느껴지는 듯하다. 기록들을 하나씩 읽다 보면 중대한 의제가 산적한 와중에 어찌 보면 꽤 철 지난 논쟁에 의원들이 몰두했다는 사실에 놀라게 된다. 여러 날 동안 의회는 '난민의 지위'와 '리옹Lyon, 론 강Rhône, 루아르 강Loire 유역에서 자행된 암살과 학살 피고자' 문제, 재산세, '실크, 리넨, 양모 산업의 보호', '파리 경찰 재설립' 그리고 '대중의 사기를 북돋을 방법'을 의논했다.

그러던 중 1796년 5월에 마리 조제프 셰니에가 동료 의원들에게 다시 연설했다. 처음에는 간단히 끝날 문제인 줄 알았다. 그러니까 데카르트의 유골을 옮기라는 국민공회의 칙령을 집행만 하면 되었다. 하지만 워낙 상징적인 문제여서 정치적으로 예민했다.

"시민동지 대표 여러분,"

셰니에는 혁명 호칭을 사용해 연설을 시작했다.

"데카르트와 관련하여 위원님들이 오늘 검토하고 결정해야 할 문제는[33] 총재정부의 요청에 따라 목장의 달Prairial(프랑스혁명력, 즉 공화력 9월로 태양력의 5/6월에 해당한다_옮긴이 주)[34] 10일, 그러니까 감사축일Fête de la Reconnaissance(총재정부가 프랑스혁명전쟁에 공헌한 시민과 병사 들을 기리기 위해 지정한 국경일이다_옮긴이 주)에 데카르트의 유골을 팡테옹에 안치하는 문제입니다."

셰니에는 1793년 10월에 데카르트의 유골을 팡테옹으로 이장하라는 칙령이 발표된 직후 데카르트를 혁명의 시조로 추앙했던 콩도르세가 공포정치의 올가미에 걸려들고만 아이러니한 사건을 언급했다. 그러나 셰니에가 연설하는 동안 데카르트의 팡테옹 안치 건에 의원들의 의견이 분분하다는 사실이 명백히 드러났다. 혁명을 어떻게 보느냐에 따라 의원들의 편이 나뉘었다.

셰니에가 '자아도취적 폭군들'이라 부른 급진주의자들, 즉 공포정치의 지도자들은 프랑스혁명의 일그러진 이성을 나타낸다고 할 수 있다. 그들은 근대의 아버지 데카르트를 정당하게 대우하려 하지 않았다. 셰니에는 "살아 있는 콩도르세를 박해한 자들은 죽은 데카르트마저 공경하지 않습니다"라고 비난했다. 그는 혁명동지들에게 데카르트가 인류에 남긴 수많은 공헌을 상기시켰다. 또한 로크, 뉴턴, 라이프니츠, 갈릴레오, 케플러 등 혁명에 공헌한 사람들을 차례로 언급했다. 그는 그들 중에서도 데카르트가 단연 으뜸이라고 주장했다. 그와 동시에 150년 전 세상을 살았던 이 혁명동지에게 저지른 왕정의 치욕적 처사를 언급했다. 그리고 칙령을 집행하여 이 '위대한 남자'의 유골을 합의한 날짜에 팡테옹으로 옮기자는 호소로 연설을 끝맺었다.

셰니에는 분명히 반대가 있을 것이라 예상했다. 반대의견은 루이 세바스티엥 메르시에Louis Sébastien Mercier에게서 나왔다. 메르시에는 당대에 왕성하게 창작열을 불태우던 작가 중 하나였다. 쉰여섯의 그는 거의 모든 문학 장르에서 책을 몇 권씩 출판했다. 그럼에도 가장 유명한 작품은 문학적 근대성의 좋은 예로 꼽히는 두 권뿐이었다. 《파리 그림La tableau de Paris》과 《새로운 파리Le nouveau Paris》는 파리와 파리 시민들에 대한 모든 것을 안내하는 안내서이자 개론서였다. 그는 책에서 독자들에게 길 잃은 동물과 안개를 조심하라며 경고하기도 했고, 마부에게 적절하게 지시하는 법을 알려주기도 했다. 파리의 하루가 시시각각 어떻게 달라지는지를 인상주의적으로 묘사하기도 했다(오후 2시, 저녁 초대를 받은 사람들이 가장 좋은 옷을 빼입고, 분을 바르고, 매무새를 다듬으며, 스타킹을 더럽힐세라 조심조심 걸어간다).**35**

그는 공상과학 소설의 원조라 할 만큼 특이한 소설도 썼다. 《서기 2440년L'an 2440》이라는 제목의 소설로 당시로서는 상상하기 힘들 만큼 먼 미래의 파리를 그렸다. 소설은 선풍적인 인기를 끌며 베스트셀러가 되었다. 왕성하게 창작활동을 하던 젊은 시절, 그는 유명 위인들의 추도사를 줄줄이 발표하기도 했다. 데카르트 추도사도 발표했다. 그 후 그는 마음을 바꿨다. 그는 이제 셰니에처럼 유려한 연설로 반론을 제시했다.

"저 또한 젊은 시절에 데카르트를 기리는 추도사를 썼습니다."

하지만 그는 세상에서 가장 위대한 사기꾼이 가장 찬양받는 사람이 될 때도 있다는 것을 미처 깨닫지 못했노라고 말했다. 메르시에는 셰니에의 정치적 주장에 정면 대응하지 않는 전략을 썼다. 그 대신에 그는 데카르트가 우리 조국에 저지른 심대한 악의 역사를 신랄하게 비판했다. 그는 이렇게 단언했다.

"데카르트는 오류를 저질렀고 프랑스는 그의 오류에 짓눌려 진보가 지연되었습니다. 그는 오늘까지도 프랑스를 지배하는, 가장 파렴치한 믿음을 낳은 장본인입니다. 그 믿음, 곧 데카르트주의 때문에 프랑스의 실험물리학實驗物理學은 시들었고 학교에는 자연 관찰자들 대신 현학자들이 가득합니다."

메르시에에 따르면, 대학에 뿌리내린 데카르트주의가 실험보다 이론에 초점을 두었기 때문에 결국 프랑스는 영국에 과학의 주도권을 빼앗겼다는 것이다. 그는 민족주의적 장광설을 늘어놓는 것이 아니라고 했다.

"영국인들이 우수하다고 화를 내는 것이 아닙니다. 뉴턴은 전 인류의 자산이니까요."

그러나 데카르트는 자연과학 분야에서 프랑스를 잘못된 길로 이끌었다. 메르시에는 데카르트가 공헌한 분야가 있다면 단지 수학뿐이라고 말했다. 메르시에는 크리스티나 여왕이 승인했던 데카르트의 첫 장례식 그리고 교회와 소르본 인사들이 참석한 가운데 열렸던 파리에서의 두 번째 장례식을 묘사했다. 그러더니 다음처럼 결론을 내렸다.

"저는 그와 같은 영예로 데카르트를 충분히 기렸으며 그의 영혼이 만족했을 것이라 믿습니다. 팡테옹은 혁명의 영웅과 순교자에게만 허락된 프랑스 공화정의 신전입니다."

메르시에의 말도 일리가 있었다. 오늘날에도 그의 지적이 타당하다고 보는 사람이 있을 것이다. 프랑스인들은 추상적 사고를 추구하는 문화적 성향이 있다. 자신들도 그런 성향을 비생산적이라 비판한다. 사실 근대성에는 행동보다는 성찰을 앞세우는 측면이 있다. 사회학, 문학비평, 예술비평 그리고 역사학까지 근대가 낳은 모든 학문 분야가 자족적인 학문의 컬트집단에 불과하다고 비난하는 사람도 있다. 현실세계와 관련 없이 자기들끼리만 통하는 말을 한다고 비난한다. 메르시에가 데카르트주의를 비난할 때 썼던 표현은 아이러니하게도 데카르트와 그 추종자들이 아리스토텔레스 철학을 비판할 때 썼던 바로 그 표현이었다. 그들 또한 과거 학계에 뿌리내린 아리스토텔레스주의가 진보를 막는다고 했던 것이다.

메르시에의 비난은 타당했지만 근시안적이기도 했다. 다른 의원이 일어나서 혼란스러움을 표했다.

"프랑스혁명은 자연의 순리에 따라 18세기 말에 일어났습니다. 그런데 논쟁을 들으니 우리가 진짜 19세기를 향해 가는지, 아니면 다시 암흑기를 향해 가는지 묻고 싶습니다."

그는 데카르트가 겪었던 박해가 이후로도 계속 되풀이되었다고 지적하면서 최근 사례로 루소를 들었다. 루소 역시 저작에 대한 비난을 피해 여러 나라를 전전해야 했다. 루소는 2년 전에 팡테옹에 안치되었다.

"데카르트가 어떤 삶을 살았는지 기억한다면 그의 재능과 그에게 적합한 찬사를 어렵지 않게 판단할 수 있을 것입니다."

그는 계속 말을 이었다.

"그는 왕과 사제들의 손에 박해받고 추방당했습니다. (……) 박해자들은 우리의 기억에 생생한 또 다른 유명 학자들을 끈질기게 쫓아다닙니다. (……) 바로 그들이 데카르트와 루소를 박해했습니다."

전부 맞는 말은 아니었다. 사실, 데카르트는 왕과 사제들에게 박해받지도 않았고 추방당하지도 않았다. 그러나 혁명투쟁에서 역사적 선구자를 밝히려는 욕망은 사소한 사실을 곡해할 만큼 강했다.

회의장이 술렁였다. 분명히 메르시에의 주장에 동조하는 사람들이 있었다. 셰니에가 다시 연단에 나가 동료위원들에게 분노에 찬 음성으로 연설했다.

"제가 위원회의 이름으로 제안한 이 계획에 의회는 수치스러운 반응을 보이고 있습니다."

서기가 의사록에 기록한 바에 따르면, '그의 나머지 문장'은 분노한 의원들의 웅성거림에 파묻혔다. 잠시 후 셰니에는 연설을 계속했다.

"제 생각을 어떻게 표현해야 할지 모르겠습니다만, 저는 몇몇 사람들이 지금 제정신이 아닌 생각에 흘려서 국민공회가 데카르트를 추모하기 위해 내렸던 엄숙한 결정을 부정하고 있다고 봅니다. 이는 바로 의회와 국가의 영광을 위태롭게 하는 일입니다."

논쟁은 계속 이어졌다. 볼테르가 언급되었고 위원들은 볼테르와 데카르트, 루소의 혁명적 자질을 비교하기 시작했다. 한 위원이 일어나 볼테르와 데카르트의 공헌이 어떻게 다른지 쉽게 설명했다.

"볼테르는 모든 계층의 사람을 계몽시켰습니다. 그는 모든 계층이 이해할 수 있도록 각 계층에 적절한 언어를 사용했습니다. 심오한 철학을 모든 사람에게 전달하기는 힘든 법입니다. 비록 저는 데카르트의 글을 조금밖에 읽지 못했지만 그처럼 위대한 천재는 보지 못했다고 맹세할 수 있습니다. 저는 뉴턴도 읽었지만 데카르트를 더 존경합니다. 왜냐하면 그가 최초의 선구자이니까요. 어쩌면 그가 프랑스인이기 때문인지도 모릅니다. 저는 셰니에가 제안한 이 계획을 즉시 채택할 것을 요청합니다."

의견충돌이 너무 많았다. 누군가 결정을 연기하자고 제안했다. 셰니에는 연기에는 동의하겠지만 데카르트의 팡테옹 안치 문제가 다시 비난받는다면 "계몽과 철학을 수호하려는 모두의 의견을 이 연단에서 듣기 전까지는 아무것도 결정할 수 없다고 주장하고 싶습니다"라고 의견을 밝혔다.

프랑스유물박물관에 남은 유골

　그러나 유골의 팡테옹 안치 여부 결정의 연기는 세니에의 계획에 치명타가 되었다. 여러 해가 흘렀지만 데카르트의 유골은 프랑스유물박물관 정원에 머물렀다. 프랑스유물박물관은 계속 인기를 누렸고 프랑스는 많은 것이 달라졌다. 유럽 군주국들과의 전쟁으로 프랑스혁명은 종말을 맞았다. 외국세력에 패전해서가 아니라 혁명정부 내부의 군사령관 때문이었다. 이탈리아와 이집트에서 승전한 뒤 1799년에 돌아온 나폴레옹 보나파르트Napoléon Bonaparte는 조국 프랑스마저 정복했고 약체였던 총재정부를 전복시킨 다음 권좌에 올랐다. 그가 프랑스의 '제1총통'으로서 일으킨 변화 가운데 가장 주목할 만한 점은 로마가톨릭교회에 예전의 지위 중 일부를 돌려준 것이었다. 그는 권력을 안정시킨 다음 1804년에 자신의 칭호를 바꾸고 황제가 되었다. 민주공화국은 막을 내렸다. 이성, 과학, 개인을 중심으로 사회를 변화시킨다는 수많은 꿈과 이상도 끝장난 듯했다.

　나폴레옹은 프랑스와 유럽에 거대한 문제였다. 르누아르에게도 특별한 문제였다. 프랑스유물박물관은 혁명의 혼란 속에 탄생했으며 혁명의 가치에 봉헌된 '혁명적 박물관'이었다. 입장이 곤란해진 르누아르는 새 정권에 프랑스유물박물관을 매각하기로 마음먹었다.[36] 그는 이제 프랑스유물박물관을 '혁명을 정점으로 절정

프랑스유물박물관 내부를 묘사한 18세기 그림이다. 나폴레옹은 이곳을 보고 시리아가 떠오른다고 했다.

에 달한 진보적 역사관을 보여주는 곳'으로 포장하지 않았다. 그 대신 프랑스의 과거를 찬양하는 박물관이라고 추켜세웠고 나폴레옹의 부인 조세핀Josephine에게 공을 들였다. 결국 조세핀이 수행단과 함께 프랑스유물박물관을 방문했다. 르누아르는 박물관의 건물과 정원에 횃불을 밝혀 저녁에 방문한 조세핀에게 음침한 매력을 과시했다. 나폴레옹도 친히 한 번 방문했다. 그는 점점이 별을 칠한 파란 천정 아래 누워 있는 석상들이 자아내는 이국적이고 침울한 분위기의 전시실을 보고 시리아가 떠오른다고 말했다.

어떤 면에서 르누아르의 노력은 성과를 거두었다. 프랑스유물박물관은 나폴레옹의 통치기를 잘 넘겼다. 결국 나폴레옹의 엘바

섬 유배와 워털루전투Waterloo戰鬪 이후, 나폴레옹이 죽고 1814년 부르봉Bourbon 왕정이 복귀하면서 르누아르의 행운도 끝이 났다. 근대 수백 년간 권력은 세속주의와 종교 사이를 진자처럼 오갔다. 그중에서도 가장 유명한 진자운동이 막을 내렸다.

로마가톨릭교회가 복권되었고 군주제도 새롭게 권력을 얻었다. 그러자 프랑스 곳곳의 성당들이 재산을 돌려달라고 요구했다. 르누아르는 프랑스유물박물관에 종교적 색채를 가미하는 계획을 성직자들에게 제안함으로써 소장품을 지키려 했다. 그는 직접 설계한 소성당에 분묘를 넣고 그곳에서 미사를 열 생각이었다. 하지만 그의 아이디어는 효과를 거두지 못했다. 1816년 루이 18세는 프랑스유물박물관에 있는 종교유물을 원래 종교기관으로 돌려보내라는 칙령을 발표했다. 같은 해 프랑스유물박물관의 부지가 국립미술학교École Nationale Superieure des Beaux-Arts로 넘어갔다. 국립미술학교는 오늘날에도 여전히 그 자리를 차지하고 있다.

르누아르는 직접 수집한 소장품이 이곳저곳으로 실려가는 모습을 감독했다. 많은 소장품이 원래 있었던 성당으로 갔다. 루브르박물관으로 간 소장품도 있었는데 그 소장품들은 오늘날까지 그곳에 남아 있다. 프랑스 왕의 조각상들은 생 드니 바실리카St. Denis Basilica 성당(프랑스의 수호성인인 성 드니에게 봉헌된 성당으로 프랑스 왕들이 잠들어 있는 곳이기도 하다_옮긴이 주)으로 돌아갔다. 르누아르도 함께 갔다. 그는 국가와 교회의 유산을 보존했다는 공을 인정받아 생

드니 바실리카 성당의 소장품 관리자가 되었다. 그는 그곳에서 여생을 보냈고 죽을 때(1839년)까지 예술품과 공예품을 정리했다. 그가 죽고 나서는 그의 아들 알베르Albert가 그 자리를 채웠고 건축사라는 분야를 창립했다. 그리고 알베르는 27년에 걸쳐 방대한《파리 유물 통계Statistique monumentale de Paris》를 세 권으로 편찬했다.

　프랑스유물박물관이 문을 닫을 때 많은 유명인사의 무덤을 어떻게 할 것인지가 대중적 관심을 불러일으켰다. 정부관리 여럿이 그 논쟁에 참여했다. 제안된 의견 중 하나는 페르라쉐즈Père-Lachaise 묘지를 활용하자는 것이었다. 페르라쉐즈 묘지는 나폴레옹 치하에서 만들어졌는데 도심에서 너무 멀리 떨어진 곳에 위치한 탓에 이용하는 이가 거의 없었다. 프랑스유물박물관에 보관된 유명인사의 유골을 모두 페르라쉐즈 묘지로 이장하고 대대적으로 기념행사를 연다면 사람들의 관심을 끌 수 있을 터였다.

　1817년 파리의 한 유적관리인이 내무장관과 센 현지사에게 편지를 써서 데카르트, 아벨라르와 엘로이즈, 시인 니콜라 부알로 Nicolas Boileau, 학자 베르나르 드 몽포콩Bernard de Montfaucon과 장 마비용Jean Mabillon의 분묘를 옮길 것을 제안했다. 그는 '이 걸출한 인물 모두가 존경과 종교적 대우를 똑같이 받아 마땅하다'고 썼다. 관료들은 동의했고 무덤을 한꺼번에 옮겼다. 위대한 희극작가 몰리에르와 시인 장 드 라퐁텐Jean de La Fontaine, 특히 운명적 연인인 아벨라르와 엘로이즈(신앙과 학문의 충돌에서 일어난 비극적인 러

브스토리의 주인공들이다)는 사람들의 병적인 관심을 자극했다. 파리 사람들은 그 계획을 지지했고 결국 성공했다.

오늘날 페르라쉐즈 묘지는 인기 있는 파리 관광지로 꼽힌다. 비교적 최근에 그곳에 묻힌 명사로는 작곡가이자 피아니스트인 프레데리크 프랑수아 쇼팽Frédéric François Chopin, 오스카 와일드Oscar Wilde, 미국의 시인이자 소설가 거트루드 스타인Gertrude Stein, 프랑스의 샹송 가수이자 영화배우인 에디트 피아프Edith Piaf, 미국의 작곡가 겸 가수 짐 모리슨Jim Morrison이 있다.

하지만 데카르트는 페르라쉐즈 묘지로 이장되지 않았다. '철학자 친구들' 무리가 그의 유골에 특별히 관심을 보이며 영향력을 행사한 듯했다. 페르라쉐즈 묘지는 너무 멀었다. 철학의 아버지 데카르트의 유골은 원래 파리의 수호성인을 모신 성당에 안치되어 있었다. 그렇다면 그에 못지않게 상징적인 장소가 필요했다. 그들은 센 강 왼편의 생제르맹 데 프레St.-Germain-des-Prés 성당으로 결정했다. 6세기에 지어진 이곳은 파리에서 가장 오래된 성당이었다. 이 성당 역시 프랑스혁명기에 부분적으로 파괴되었다.

1819년 2월 26일 데카르트의 세 번째 매장의식이 열렸다. 경찰국장과 파리 10구장, 센 현지사의 대행인들이 참석한 가운데 데카르트의 유골이 옛 프랑스유물박물관에서 마비용과 몽포콩의 유골과 더불어 옮겨졌다. '종교적으로 경건한 분위기 속에서' 유골들을 묘에서 꺼내 새로 만든 오크나무 관에 넣었다. 수많은 프랑스 아카데미데시앙스 회원이 옛 프랑스유물박물관의 왼쪽 강둑을 따라 성당까지 짧은 거리를 이장행렬과 함께 행진했다. 유골들은 생제르맹 데 프레 성당에 묻혔고 신도석 오른편 소성당에 검정 대리석 현판 3개가 세워졌다.

이 현판들은 오늘날까지도 그곳에 남아 있다. 데카르트의 현판에는 구태의연하게 불멸의 업적을 찬양하는 문구가 라틴어로 적혀 있다. 그런데 그 현판 아래 정말 무엇이 있는지는 논쟁의 여지가 있다. 그의 유골이 담긴 반암석관을 열었을 때 그 관 속을 들여다본 아카데미데시앙스 회원들은 어리둥절하면서 실망하고 말았다. 무언가 잘못되었다. 내용물은 그들이 생각했던 것과 뭔가 달랐다.

결국 학식 높은 신사들이 훌륭한 근대 과학자답게 연구에 착수했다. 그들은 정보를 분석했고 옛 이론을 평가했으며 새로운 가설을 구축했다. 이제 데카르트의 유골은 역사적 평가를 떠나 과학적 조사의 문턱으로 들어섰다. 어쩌면 당시 막 탄생하려던, 근대의 문학적 산물인 탐정소설의 주인공이 되려는 순간이라고 해야 할까.

4장

사라진 유골

Descartes' Bones

1821년 4월 6일, 스톡홀름

안녕하십니까?

귀하께 편지를 쓰게 되어 영광입니다.

제가 파리에 체류하는 동안 귀하의 아카데미데시앙스 학회에 참석했다가 데카르트의 유골 이전 행사에 참여했던 어느 회원에게 흥미로운 이야기를 들었습니다. 아마 생트 주네비에브 성당에서 다른 곳으로 옮겼다고 하지요. 그 회원에 따르면 데카르트의 유골 일부가 없었다고 하더군요. 제가 잘못 들은 것이 아니라면 데카르트의 머리가 없었다고 했습니다.

17세기 사상가들은 놀랄 만큼 다양한 주제를 다루었다. 그 시절에는 당연한 일이었다. 학자들은 어떤 의미에서 현실세계 전체를 다루었다. 데카르트나 홉스, 라이프니츠 같은 학자들은 빛과 광학에 대한 논문을 쓰는가 하면, 다음 논문으로 지리학, 그 다음 논문으로 신, 그리고 또 자유의지와 조수의 운동, 행성의 운동을 썼다.

그러나 1700년대가 끝날 무렵, 학자 한 명이 다양한 분야에서 권위를 주장하기가 점점 힘들어졌다. 1542년에 쓰인 식물학 논문에는 식물종이 500개가 실려 있었지만 1600년대 말에 이르자 1만 개로 늘어났다.[1] 1824년에는 스위스 식물학자인 오귀스탱 피람 드 캉돌Augustin Pyramus de Candolle이 무려 5만 개의 식물로 목록을 만들었다.

데카르트와 동시대를 살았던 자연탐구가들은 자연을 퍼즐처럼 생각했다. 그들에게 자연은 딱 맞는 조각을 계속 찾아내다 보면 충분히 파악할 수 있는 대상이었다. 그리고 과학의 힘으로 상상조차 할 수 없는 놀라운 변화를 이룰 것이라 예상했다. 그들의 예상은 맞았다. 하지만 그들은 자연이라는 퍼즐이 얼마나 복잡한지는 제대로 깨닫지 못했다.

1800년대 무렵의 학자들은 자연이 얼마나 복잡한지 훨씬 잘 인식하고 있었다. 당시는 세상을 이해하는 학문이 다양하게 분야로 나뉘던 때였다. 전문분야가 지리적으로 편중될 때도 있었다. 데카르트가 숨을 거둔 곳인 스웨덴은 특히 광물이 풍부하게 매장되어 새롭게 화학의 중심지가 되었다. 19세기 말까지 알려진 원소 68개 중 많은 원소를 스웨덴 학자들이 발견했을 정도였다. 그중에는 기본원소인 산소도 있었다. 1773년 스웨덴 화학자 칼 빌헬름 셸레Carl Wilhelm Scheele가 산소를 발견했지만 영국의 화학자 조지프 프리스틀리Joseph Priestley보다 한발 늦게 발표했다. 결국 산소를 발견한 공로는 두 사람 모두에게 돌아갔다.

화학자 베르셀리우스와 아카데미데시앙스

옌스 야코브 베르셀리우스Jöns Jacob Berzelius는 스웨덴이 배출한 위대한 화학자이다.[2] 과학사상 유명한 그는 바로 이 장 처음에 인용된 편지를 쓴 장본인이기도 하다. 베르셀리우스는 스웨덴의 한 시골에서 태어나 삼씨를 타작하고 감자창고에서 잠을 자며 지내다가, 의학을 공부하면서 학자의 삶을 살기 시작했다. 곧 그는 환자의 치료보다는 실험과 분석에 흥미를 느꼈고 스톡홀름에 위치한 의과대학 의학과 약학 교수 안데르스 스파르만Anders Sparrman 밑에서 무급조교로 일하게 되었다.

당시 그는 광물학과 화학을 연구하는 탄광소유주 빌헬름 히싱어Wilhelm Hisinger의 집에서 살았는데 같은 방을 쓰던 룸메이트는 치료효과가 있는 광천수로 온천을 운영하는 의사였다. 이처럼 베르셀리우스는 화학물질과 화학을 쉽게 접할 수 있는 분위기에서 살았다. 젊은 시절 늘 돈이 궁했던 그는 온천 고객들을 즐겁게 해줄(탄산수, 고미약苦味藥, 알칼리, '간즙' 등을 섞은) 광천수 배합물을 새로 개발해주며 식비를 벌었다.

베르셀리우스는 스파르만 교수 밑에서 대단한 일을 해냈다. 그는 특이한 원소를 발견했다(1803년 베르셀리우스는 스웨덴에서 산출된 광물에서 세륨Cerium의 산화물인 세리아ceria를 발견했다. 세륨은 란타넘Lanthanum 족에 속하는 희토류 원소의 하나이다_옮긴이 주). 오늘날이라면 노벨상을 받았을 것이다. 안타깝게도 스파르만이 은퇴했을 때 베르셀리우스는 그 자리에 임용되지 못했다. 그는 운명이라 체념하고 시골로 내려가 의사가 되려고 마음먹었다. 그런데 스파르만의 자리에 임용된 젊은 학자가 갑자기 죽는 바람에 베르셀리우스가 그를 대신했고 당시에 보기 드물던 화학 교수가 되었다.

그는 초인적인 정력으로 일에 집중했다. 당시 화학 분야에서 넘어야 할 장애물 중 하나가 각 원소의 원자량을 정하는 것이었다. 원자량은 원소들이 어떻게 서로 결합하여 새로운 화합물을 만드는지를 이해하기 위해서는 반드시 필요했다. 화학자들 사이에서는 베르셀리우스가 당시까지 알려진 원소들의 원자량을 전부 알아내기 위해 얼마나 노력을 기울였지에 얽힌 일화가 전설로 전해진다.

그는 보통 아침 6시 30분부터 밤 10시까지 연구했다. 한번은 폭발 때문에 실명할 뻔했다. 그러나 노력의 대가는 달콤했다. 염화은과 황산, 수산화바륨 화합물의 원자량을 알아낸 그는 '얼마나 행복한지 말로 다 표현할 수 없을 정도였다. (······) 이것을 이루기 위해 2년 동안 쉴 새 없이 일했다'3라고 썼다. 그는 연구결과를 출판했고 그 책은 권위 있는 화학교재가 되었다.

과학자들이 원소와 그 화합물들을 지칭하려고 용어와 기호를 너도나도 고안해내던 시절이었다. 베르셀리우스는 상형문자 같기도 하고 아이 그림 같기도 한 용어와 기호 때문에 좌절했다. 다른 사람들도 마찬가지였다. 결국 그는 각 원소의 라틴어 이름 첫 글자를 사용해, 오늘날 우리가 알고 있는 원소주기율표(와 화학의 지형)를 고안했다.

이처럼 하는 일마다 노력과 열정을 쏟아 부은 베르셀리우스는 그만 신경쇠약에 걸리고 말았다. 친구들이 그에게 건강도 회복할 겸 여행을 다녀오라고 제안했다. 그는 당시 과학계의 양대 산맥이라 불리는 런던과 파리를 방문하기 위해 출발했다. 베르셀리우스는 이미 국제적인 명사였기 때문에 런던과 파리의 과학계에서 환영받았다. 런던에는 로열소사이어티Royal Society(왕립협회 혹은 왕립학회라고도 하며 정식명칭은 자연과학 진흥을 위한 런던왕립학회The Royal Society of London for Improving Natural Knowledge이다. 1660년에 설립된 이래 뉴턴, 찰스 다윈Charles Darwin 등 저명한 학자들이 거쳐갔다_옮긴이 주)가 있었고 파리에는 아카데미데시앙스Académie des Sciences(루이 14세의 치하에서 1666년 재상 콜베르의 제안으로 과학연구를 장려하기 위해 세운 단체이다_옮긴이 주)가 있었다.

이 두 단체를 비교해보면 영국 과학과 프랑스 과학의 서로 다른 접근법을 알 수 있다. 영국의 로열소사이어티는 과학자들이 프리랜서였기 때문에 신사들의 클럽과 비슷한 분위기가 났다. 반면에 프랑스의 아카데미데시앙스는 정부 산하기관이었다. 그 덕에 로열소사이어티와는 달리 권위 있게 활동할 수 있다는 이점이 있었다. 비록 아카데미데시앙스의 관료적인 하향식 접근법 때문에 프랑스의 산업발달이 늦어졌을지는 몰라도 아카데미데시앙스는 서양사에 중요한 공헌을 했다.

캔터베리Canterbury에 위치한 켄트대학교University of Kent의 과학사학자 모리스 크로스랜드Maurice Crosland가 언급했듯, 아카데미데시앙스는 무엇이 과학인지 규정하는 권위를 지녔는데 그 권위는 과학이라는 단어의 정의에서부터 출발했다.[4] 프랑스 아카데미데시앙스의 학자들은 프랑스혁명을 계기로 자연을 세속적 관점으로 연구하는 방법을 일컫는 데만 과학이라는 용어를 사용하게 되었다.[5] 아카데미데시앙스가 1666년에 세워졌다는 점에서 알 수 있듯이 프랑스에서는 오래전부터 '과학'이라는 단어를 근대적 의미로 사용했다.

반면에 로열소사이어티는 과학을 전체론적 관점에서, 때로는 유희처럼 접근했다. 19세기 초반까지도 로열소사이어티 회원들은 '과학'이라는 단어를 중세시대처럼 넓은 개념으로 쓰는 경향이 있었다. 그래서 여전히 신학이 '학문의 여왕'으로 여겨지는 분위기였다. 영어에서는 1830년대 무렵에야 '과학science'이 요즘 같은 의미로 쓰이기 시작했다.

아카데미데시앙스는 과학적인 방식으로 과학에 접근했다. 그곳에는 분과와 하위분과가 있었고 하위분과 안에도 또 다른 하위분과가 있었다. 천문학, 지리학, 화학, 물리학, 광물학, 식물학, 기계학, 농학, 즉 이들 학문마다 학과가 있었는데 각 학과는 그 분야를 가르치는 대학과 연결되었다. 각 분과마다 학회를 열었고 상을 수여했으며 연구를 지원했다. 필요하면 아카데미데시앙스 회원들이 모여 하위분과를 새로 만들지 여부를 토론했다. 예를 들어 유럽 도처에서 화석이 점점 더 많이 수집되자 고생물학이라는 하위분과를 만들었고 그 후에는 고식물학이라는 하위범주를 만들었다. 이 방법은 오늘날 대학과 연구기관에서 학문분과를 나누는 관행으로 남아 있다.

아카데미데시앙스는 프랑스혁명이 일어나기 전부터 과학이 아닌 것이 무엇인지도 정의했다. 프란츠 메스머Franz Mesmer가 최면술의 효시로 알려진 '동물자기설Animal Magnetism'(시술자가 최면으로 사람의 몸에 흐르는 일종의 생체 에너지인 동물자기의 흐름을 바꿔 환자를 치유할 수 있다는 이론이다_옮긴이 주)로 빈Wien에서 물의를 일으키고 파리로 오자, 1784년 아카데미데시앙스 회원들이 모인 적이 있었다.[6] '메스머리즘Mesmerism'이라는 이름으로 알려진 이 치료법이 과학적 근거가 있는지 여부를 판단하기 위해서였다.

메스머는 자기를 사용했고 환자를 오래 응시했으며 손과 팔을 지압해 치료하는 방법을 썼다. 메스머는 알려지지 않은 액체 혹은 '흐름'이 인체에 있으며, 그 흐름을 바꿔 몸을 치유할 수 있다고 주장했다.

유럽 전역이 동물자기설의 진위 여부를 놓고 시끄러웠다. 결국, 의학부와 아카데미데시앙스가 이 문제를 판단하기로 결정했다. 그렇게 해서 구성된 검토위원회는 18세기의 스타 과학자들이 총출동한 듯했다. 검토위원회에는 근대 화학의 아버지인 앙투안 로랑 라부아지에Antoine-Laurent Lavoisier, 프랑스혁명의 상징적 처형도구인 기요틴Guillotine을 고안한 조제프 이냐스 기요탱Joseph-Ignace Guillotin 그리고 당시 프랑스에 체류 중이던 정치가이자 전기학자 벤저민 프랭클린Benjamin Franklin이 포함되었다.

검토위원회가 실시한 동물자기설 평가는 플라세보Placebo(효능이 없는 약이나 요법을 효능이 있는 것처럼 피실험자에게 제공하는 방법이다_옮긴이 주)와 단순맹검법單純盲檢法(의식적·무의식적 편견을 낳을 수 있는 정보를 피실험자에게 알리지 않는 과학실험방법이다_옮긴이 주)을 처음 활용한 사례에 속한다. 그들은 몇몇 피실험자들에게 실제로는 최면을 걸지 않았으면서 최면을 걸었다고 말한 반면, 다른 피실험자들에게는 최면을 건다는 사실을 알리지 않은 채 최면을 걸었다. 최면을 걸었다는 말을 들은 피실험자들은 실제로는 최면을 걸지 않았는데도 증세가 호전되었다고 보고했다. 그러나 최면을 걸지 않았다는 말을 들은 피실험자들은 실제로는 최면을 걸었는데도 증세의 변화가 없었다.

검토위원회의 과학자들은 실험결과 몸 안에 동물자기가 흐른다는 것을 증명할 수 없다고 결론지었다. 오히려 '상상'이 얼마나 대단한 효력을 발휘하는지 보여준 실험이었다. 아카데미데시앙스는 메스머리즘은 과학이 아니라고 결정했다. 아카데미데시앙스가 과학이 아니라면 과학이 아닌 것이었다. 메스머는 이듬해 파리를 떠났다. 메스머리즘은 19세기 미국에서 성행했지만 결국 털북숭이 매머드처럼 역사에서 사라졌다. 메스머는 위대한 인물의 이름, 즉 고유명사로서가 아닌 한낱 형용사로 영생을 누리게 되었다(그의 이름에서 최면을 걸 듯 '마음을 사로잡는'이라는 뜻의 형용사 'mesmerizing'이 파생되었다_옮긴이 주).

베르셀리우스는 1818년 아카데미데시앙스의 손님으로 파리에 도착했다. 그는 파리의 모습에 눈이 휘둥그레졌고 살롱의 평등주의적 분위기에 마음을 빼앗겼다.

"대화할 때 신분이 높은 사람들과 평범한 사람들 사이의 구분이 없었다. 공작이나 백작 따위의 호칭도 사용하지 않았다."[7]

그는 또한 파리의 발달된 화학에도 감탄했다.

"이곳에는 연구실험실이 100곳도 넘는 것 같다. 그리고 이 가난한 스톡홀름 사람은 화학유리제품의 재고량에 눈이 휘둥그레질 따름이다. 나는 별것 아닌 증류기 하나를 구할 때도 최소 석 달이 걸리는데 말이다."

베르셀리우스는 살롱의 민주적 감성에 감탄했고 유럽과학의 성소인 아카데미데시앙스의 우아함에 깊은 인상을 받았다. 아카데미데시앙스 회원들은 특별히 디자인한 옷을 입었다. 주름장식이 많고 금색으로 가장자리를 두른 초록색 가운 말이다(어쨌든 그들도 프랑스인이었다). 아카데미데시앙스 과학자들의 유니폼이라 할 수 있었다.

베르셀리우스는 애초에 휴양을 목적으로 여행을 떠났지만 파리에 오자 다시 미친 듯이 연구에 몰두할 만큼 활기를 되찾았다. 그는 당대 위대한 화학자들인 콩트 클로드 루이 베르톨레Comte Claude Louis Berthollet(프랑스의 화학자로 염소를 표백제로 사용하는 법과 암모니아의 화학식을 발견했다_옮긴이 주)와 피에르 루이 뒬롱Pierre Louis Dulong(프랑스의 화학자이자 물리학자로 물질의 비열比熱을 계산해 원자량을 측정할 수 있다는 뒬롱-프티의 법칙Dulong-Petit law을 세웠다_옮긴이 주)과 함께 수소의 원자평균질량 계산을 개선할 방법을 고안했다. 그는 각각 지방산脂肪酸과 과산화수소를 발견한 학자도 만났는데 그들에게 감탄했다. 그리고 자신의 책을 프랑스어로 번역하는 작업을 시작했다.

사라진 머리뼈

어쩌다 보니 베르셀리우스가 파리에 머무는 동안 데카르트의 유골을 세 번째로 매장하는 장례의식이 열렸다. 이 의식에 초대된 사람들 중에는 들랑브르도 있었다. 그는 당대 선도적인 천문학자이자 아카데미데시앙스를 공동으로 이끈 사무차관이었다. 들랑브르는 과학뿐 아니라 과학사에도 열정이 있었다. 그는 과학의 이상인 정밀성과 정확성에 헌신적이었고 결국 오늘날까지 영향을 미치는 업적을 이루었다. 프랑스혁명이 한창이던 당시 그는 훗날 미터법을 낳은 연구를 이끌었던 것이다.

중세 수 세기 동안 유럽에서는 서로 다른 단위를 고안해서 썼다. 지역마다 빵 1파운드나 맥주 1파인트가 나타내는 양이 달랐다. 동일한 명칭의 단위가 지역마다 다른 의미로 사용되기도 했다. 이처럼 체계 없는 단위는 각 지역의 전통이기는 했지만 교역에는 방해가 되었다. 유럽은 무척 현실적인 문제에서 여전히 중세에 머물러 있었던 셈이다. 그 무렵 세상 모든 사람이 똑같이 쓸 수 있는 단위체계를 만들자는 근대적인 생각이 대두되었다. 새로운 단위체계는 관습이나 전설, 고대 신화가 아니라 자연을 토대로 해야 했다. 정확히 말해 과학적으로 계산한 자연에 바탕을 두어야 했다.

프랑스혁명은 그와 같은 생각이 성장하기에 알맞은 환경이었다. 혁명정부의 무게와측량위원회Commission des Poids et Mesures는 새로운 기본단위, 즉 미터가 지구의 크기와 관련 있어야 한다고 결정을 내렸다. 구체적으로 말해 미터는 적도에서 파리를 통과해 북극까지 이어지는 자오선子午線의 1천만 분의 1과 같아야 했다. 그 거리를 계산하려면 프랑스를 직접 횡단해 그 길이를 측량해야 했다. 관측과 삼각측량에 쓰일 정밀한 도구도 필요했다. 이것이 바로 들랑브르가 젊은 시절에 몰두했던 일이었다.

위험한 일이기도 했다. 전쟁 중이다 보니 망원경을 들여다보고 시야를 조정하며 뭔가를 끼적거리는 들랑브르와 연구팀원들은 혁명당원들이나 반혁명당원들에게 첩자로 오인받기 쉬웠다. 들랑브르는 총알이 날아다니는 전장을 돌아다니기도 하고 투옥되기도 했다.

근대의 아버지 데카르트의 유골을 세 번째 매장하는 의식이 열리던 무렵에는 미터법이 널리 채택되지 않았다(미터법을 처음 받아들인 나라는 네덜란드와 벨기에로, 데카르트의 유골을 재매장하고 2년이 지난 뒤인 1819년에 미터법을 채택했다. 프랑스는 1840년이 되어서야 미터법을 썼다). 그럼에도 들랑브르는 천문학에서 이룬 업적 덕택에 이미 오래전부터 과학계에서 국제적인 명성을 얻고 있었다.

데카르트 유골의 재매장 행사에 초대받은 노년의 천문학자는 예전에 르누아르가 데카르트의 유골을 넣었던 석관에서 목함을 꺼내는 장면을 지켜보았다. 그리고 옛 프랑스유물박물관 정원에서 유골이 안치될 성당까지 몇 블록을 행진했다. 성당에 도착하자 엄숙한 분위기 속에서 목함이 열렸다. 들랑브르는 목함에 담겨 있는 내용물에 놀랐다. 그는 심지어 탈고를 눈앞에 둔《천문학사 Histoire de l'astronomie》에도 이 매장의식과 목함에 들어 있던 내용물을 썼다.

'안에 있던 목함에는 납으로 된 명판이 붙어 있었다. 명판을 닦자 데카르트의 이름과 생몰연도가 보였다.'

들랑브르 외에도 자리에 참석했던 관리들은 형체를 알아볼 만한 뼈가 몇 안 된다는 사실에 놀랐다. 뼈 몇 개를 제외한 나머지는 뼛조각과 가루였다. 들랑브르의 기록에 따르면 목함을 연 남자가 약간의 유골가루를 우리에게 보여주었다고 했다. 그 후 자리에 모인 사람들은 이 한 줌의 유골을 납골당에 넣고 묵직한 돌로 봉하는 모습을 지켜보았다.

데카르트의 유골에 얽힌 수수께끼에 사로잡힌 사람들은 '경건한' 그리고 '소중한 성물' 같은 단어로 그 유골을 묘사했지만 들랑브르의 관심은 달랐다. 이 일흔의 천문학자는 혁명과 계몽의 전성기에 젊은 날을 보낸 제1세대 무신론자였다. 그에게 종교적 혹은 영적 감수성 같은 것은 없었다. 그의 관심은 과학적 그리고 역사적 정확성에 있었다.

르누아르가 기록했던 관의 내용물은 들랑브르와 다른 사람들이 목격한 것과 달랐다. 만약 유골이 적절하게 매장되었다면 데카르트 사후 169년이 흘렀다 해도 잘 보존되었어야 하지 않을까? 그 뼈들이 데카르트의 유골이기는 한 것일까? 혹시 데카르트의 것이 아닌 다른 유골을 매장한 것이 아닐까? 그 유골이 진짜라면 어떻게 그런 상태가 되었을까?

들랑브르는 흥미가 동했지만 그 문제를 더 파고들지 않았고 집으로 돌아가서 그날 목격한 것을 적어두기만 했다. 아카데미데시앙스의 학회 모임 전후에 몇몇 동료과학자들과 그날 본 것에 대해 이야기를 나누기는 했다.[8] 아카데미데시앙스의 회원들 중에도 매장의식에 참석했던 사람이 더러 있었다. 학자들은 기회가 될 때마다 데카르트의 유골 이야기를 했다. 인간의 뼈는 아무리 좋지 않은 환경에서도 비교적 손상되지 않는 법이다. 머리뼈가 가루가 되다니, 이해할 수 없는 일이었다. 머리뼈가 그동안 나머지 유골과 따로 놀았다고 가정할 수밖에 없었다. 매장의식에 참가했던 과학자들 중 하나가 몇 가지 조사를 해본 듯했다. 그는 데카르트의 유골이 애초 프랑스에 도착했을 때부터 머리뼈가 없었다는 이야기를 들었다고 했다. 결국 데카르트의 머리뼈는 스웨덴을 떠나지 않았던 것이다.

스웨덴 사람인 베르셀리우스도 지식인들의 공론에 끼어들었다. 그는 분개했다. 만약 그의 동포 중 누군가가 위대한 데카르트의 머리뼈를 나머지 유골(베르셀리우스가 망설임 없이 '분명히 소중한 성물'이라는 종교적 표현으로 부른)에서 떼어냈다면, 모든 스웨덴인이 그

파렴치한 '신성모독' 때문에 비난받아 마땅했다.

문제는 거기에서 일단락되었다. 그 이상한 사건을 두고 달리 무엇을 할 수 있었을까? 그저 한마디씩 하다가 유골과 함께 잊는 수밖에 없었다. 들랑브르는 아카데미데시앙스의 사무차관으로 돌아갔다. 휴가를 마친 베르셀리우스는 고국으로 돌아갔고 스웨덴 왕립과학아카데미Kungliga Vetenskapsakademien의 회장이 되었다.

그로부터 2년이 흐른 1821년 3월의 어느 날, 베르셀리우스는 스톡홀름의 모 신문을 펼쳤다. 고인이 된 스파르만 교수의 저택에서 경매가 열렸다는 기사가 눈길을 끌었다. 베르셀리우스는 의대생 시절 스파르만 밑에서 연구했고 결국 그의 자리에 임용되었다. 기사는 이렇게 언급했다.

교수이자 의학박사인 스파르만이 사망한 뒤 열린 경매에서 흥미로운 것이 발견되었다. 바로 그 유명한 데카르트의 두개골이다. 두개골은 17 혹은 18릭스달레르riksdaler(1777년부터 1873년까지 사용되었던 스웨덴 화폐단위이다_옮긴이 주)에 팔렸다.

베르셀리우스는 이 놀라운 우연의 일치에 정신이 멍해졌다. 파리에 머물 당시 데카르트의 두개골이 사라졌다는 사실을 알았는데 그 두개골이 지인의 손에 있었다니! 그는 곧 경매장에 연락해서 두개골이 어느 카지노 주인에게 팔렸음을 알아냈다.

당시에는 '호기심의 방'을 꾸미는 것이 한창 유행이었다. 뼈와 엄니, 화석, 조각품, 공예품, 깃털 머리장식, 식물의 꼬투리, 출산을 돕는 부적, 나비, 말린 똥 등을 수집했는데, 자연과 인간세상을 체계적으로 이해하려는 작은 시도라 할 수 있다. 카지노 주인 아른그렌Arngren은 위대한 사상가의 두개골이 카지노에 마련한 호기심의 방을 빛내줄 소장품이 될 것이라 생각했던 것 같다. 베르셀리우스는 그를 찾아가 데카르트의 유골에 얽힌 역사를 대략 들려주었고 최근 파리에서 그 머리뼈가 사라졌다는 것을 알게 된 정황도 설명했다. 놀랍게도 아른그렌은 자신이 치렀던 액수만큼만 받고 선뜻 그 두개골을 베르셀리우스에게 내주었다.

그 후 베르셀리우스는 이 장의 서두에 인용된 편지를 썼다. 그리고 편지와 함께 데카르트의 머리뼈를 프랑스로 보냈다. 베르셀리우스는 아카데미데시앙스에서 동료 화학자인 베르톨레와 가장 가깝게 지냈지만 생물학자인 조르주 퀴비에Georges Cuvier에게 편지를 쓰는 것이 최선이라고 생각했다. 왜냐하면 퀴비에도 데카르트의 유골에 대단히 관심을 갖고 있었을 뿐 아니라 들랑브르와 함께 아카데미데시앙스의 공동 사무차관 자리에 있었기 때문이다.

퀴비에는 프랑스 자연사박물관Muséum National D'Histoire Naturelle 산하 비교해부학 박물관에 그 머리뼈를 보관하기로 마음먹었다. 하지만 당장은 아니었다. 데카르트의 두개골은 특별히 주목을 받아야 마땅했다.

프랑스로 간 두개골

　데카르트의 유골과 관련된 여러 사람들, 루호, 콩도르세, 르누아르, 들랑브르, 베르셀리우스처럼 퀴비에 역시 근대를 대표하는 인물이다. 사실, 이 시기에 유골과 관련되었던 세 사람 모두 당대의 주요 과학 이슈에 참여했다. 바로 각 분야마다 엄청나게 증가하는 자료를 분류하고 측정하는 일이었다. 들랑브르는 세계적으로 표준이 되는 미터법을 창조했다. 베르셀리우스는 화학원소를 표현하는 방법을 개발했고 어떻게 원소들이 서로 결합하여 지구상의 물질을 형성하는지 알아냈다.

　생물학의 상황은 특히 복잡했다. 생물학자들은 물리학에서 뉴턴이 발견한 것과 같은 근본법칙을 생물학에서도 찾으려고 애썼다. 생물을 분류하는 문제는 그 분류의 목적이 무엇인가라는 질문으로 연결될 수밖에 없다. 19세기 초반까지도 아리스토텔레스가 만들고 스콜라 철학자들이 다듬은 '목적론적 분류학Teleological Taxonomy'이 영향력을 발휘했다. 보편적으로 '존재의 대사슬Great Chain of Being'(플라톤과 아리스토텔레스에게서 시작된 개념이다. 신을 정점으로 가장 고등한 존재부터 가장 하등한 존재까지 존재의 위계질서가 있다는 생각이다_옮긴이 주)로 알려진 '존재의 등급Scale of Being' 체계는 프랑스에서 세리série, 즉 연쇄라 불린다. 중세의 체액설처럼 존재의 등급설 역시 대중적으로 알려진 것보다 훨씬 복잡하고 유용한 이론이다. 하지만 바로 목적론에 기초한다는 한계가 있다. 목적론은 목표 혹은 궁극적 목적을 가정하는데 궁극적 목적이란 신의 계획 같은 종교적 목적을 뜻한다. 아리스토텔레스의 학문체계는 목적론적이다. 그래서 스콜라 철학자들은 그의 철학을 기독교의 창조론적 세계관에 쉽게 적용할 수 있었다. 또한 가장 단순한 생물에서 좀더 복잡한 것으로 이어지는 존재의 사슬은 영적 위계를 반영했다.

그런데 18세기에 들어서자 그와 같은 이론을 과학에 적용하기가 점점 힘들어졌다. 19세기 초반 생물학자와 식물학자 들의 '물리학 선망'은 노골적이었다. 그들은 뉴턴 같은 인물이 나타나 생물학의 토대가 될 근본법칙을 세워주길 열망했다. 퀴비에는 목적론을 부정하는, 완전히 새로운 체계가 필요하다고 주장했다. 그는 생물의 각 부위와 그 기능을 관찰한 뒤 그것을 토대로 생물학을 연구해야 한다고 했다. 퀴비에는 그와 같은 학문체계를 세우기 위해 노력하면서 근대 동물학과 비교해부학比較解剖學의 탄생에 영향을 미쳤다.

퀴비에의 연구는 선배 생물학자인 칼 폰 린네Carl von Linné(오늘날 사용하는 생물분류법, 즉 종명과 속명을 나란히 쓰는 이명법의 기초를 마련했다_옮긴이 주)의 연구를 토대로 했다. 린네는 생물을 종, 속, 목, 강, 계로 분류했다. 그는 생물의 생식부위를 관찰하여 생물을 분류하고 구분하는 토대로 삼았다.

생식이 분명히 생물의 근원적 활동이기는 했지만 그렇다고 반드시 가장 유용한 분류원칙은 아니었다. 퀴비에는 생물의 생식 대신에 여러 부위의 상관관계를 토대로 생물의 분류체계를 만들었다. 즉 서식지에서 생물의 여러 부위가 어떻게 상호작용하는지를 중요시했다(가령, 날카로운 발톱을 가진 동물은 먹이를 물어뜯기에 적합한 이빨도 갖고 있기 마련이다). 그는 동물의 신체구조를 기준으로 네 가지 동물군, 그러니까 척추동물, 연체동물, 체절동물(예, 곤충), 방사형동물(예, 불가사리)로 나누었다. 이 체계는 오랫동안 근대 생물학의 기본이 되었다.

퀴비에는 생물을 분류할 때 거의 수리논리학적으로 자신의 체계를 적용했다. 예를 들어, 반추동물反芻動物은 먹이를 부분적으로 소화시키는 전위를 갖는다. 그러므로 전위를 가진 동물이 있다면 그 동물은 반추동물이고 역으로 전위가 없는 동물은 먹이를 두 번에 나누어 소화하지 않는다는 식으로 말이다.

퀴비에에 얽힌 전설 같은 이야기가 하나 있다. 퀴비에의 학생들이 무리 중 하나에게 소가죽을 씌웠다. 퀴비에가 교실에 들어오자 소가죽을 쓴 학생이 외쳤다.

"퀴비에, 나는 너를 잡아먹으러 온 악마다!"

그 말에 퀴비에는 이렇게 대답했다고 한다.

"웃기지 마라. 너는 갈라진 발굽이 있으니 곡물을 먹겠구나."

퀴비에가 개척한 학문 가운데 비교해부학은 여러 동물기관의 형태나 구조 또는 생리를 비교하여 그 분화, 변이, 진화 따위를 연구하는 학문이다. 그는 다양한 지질시대Geological Era에 멸종한 동물의 뼈를 비교 연구한 뒤, 지구가 선사시대에 여러 차례 대격변을 거쳤으며 그로 인해 대멸종이 일어났다고 결론지었다. 물론 동족으로 보이는 동물들의 뼈에 가벼운 변이가 있음을 주목했지만 진화론을 옹호하지는 않았다.

그 무렵 진화론이 소문처럼 돌고 있었다. 같은 프랑스인이자 아카데미데시앙스 회원인 장 바티스트 피에르 앙투안 드 모네 라마르크Jean Baptiste Pierre Antoine de Monet Lamarck가 진화론을 제기했다. 퀴비에는 과학사상 획기적인 성취를 여럿 이루긴 했지만 오늘날 과학계에서는 진화론의 발전을 지체시킨 인물로 알려져 있다. 그는 1859년에 《종의 기원》이 출판될 때까지도 진화론을 진지하게 검토하지 못하도록 했다.

퀴비에의 진화론 반대는 동물기관 상관의 법칙Theory of the Correlation of Parts(동물의 각 기관이 서로 기능적·형태적으로 연관되어 있고 각 기관의 구조적·기능적 특징이 환경과의 상호작용에 의해 결정된다는 가설이다_옮긴이 주)에 근거를 둔다. 퀴비에는 다음과 같이 주장했다.

자연은 서로 모순되지 않는 조합을 창조한다. 그래서 한 기관에서 변이가 생긴다면 다른 기관과 공존할 수 없게 된다. 이처럼 공존할 수 없는 모순성과 양립불가능성 때문에 생물 집단들 사이에 구분

과 차이, 경계가 생긴다. 그렇게 해서 속이니 과니 강이니 하는 자연적 분류가 생겨난다.[9]

즉 현재 존재하는 혹은 과거에 존재했던 모든 종은 하나의 전체로서 기능하기 위해 모든 신체기관이 필요하다. 한 부분의 작은 변이로도 전체가 붕괴될 수 있다는 것이다. 그러므로 그는 여러 세대에 걸친, 작은 변화를 토대로 한 점진적 진화는 있을 수 없다고 생각했다. 그 대신에 퀴비에는 진화에 반대되는 '종 불변성 Fixity of the Species'(각각의 종이 독립적으로 창조되었으며 변하지 않는다는 생각이다_옮긴이 주) 개념을 옹호했으며 아카데미데시앙스의 사무차관으로서 모든 권력을 동원해 종 불변설을 지원했다.

퀴비에의 진화론 반대는 다소 과학적이지 못했다. 게다가 그가 활동했던 19세기 초반은 기독교 신자들이 과학을 이용해《성경》을 뒷받침하던 시기였는데 그 또한 경건한 기독교신자였다. 물론 그와 같은 노력은 데카르트까지 거슬러 올라간다. 데카르트 역시 자신의 기계론적 자연관이 사실상 종교를 옹호한다고 믿었다. 기계론적 자연관이 물질세계를 '괄호로 묶어서' 과학의 영역으로 삼기 때문에 영혼을 다루는 신학의 영역을 침범하지 않는다고 말이다. 19세기 초반 무렵부터 사람들은 과학에 대한 신뢰도가 크게 증가했다. 그러다 보니 상당히 고집스러운 기독교신자까지도《성경》속의 창조설이나 노아의 방주 같은 이야기를 뒷받침하기 위해 과학에 눈을 돌리곤 했다.

그러나 퀴비에는 엄정한 과학자였다. 그는 기독교의 교리를 뒷받침하기 위해 자료를 노골적으로 조작하는 일 따위는 하지 않았다. 다만 그는 과학과 신앙이 조화를 이룰 수 있다는 것을 보여주고 싶어했다. 동물기관 상관의 법칙과 대격변설 같은 이론에서도 과학과 신앙을 조화시키려는 그의 노력을 읽을 수 있다. 문제는 《성경》속 이야기들과 모순되는 것처럼 보이는 과학적 증거가 부지기수라는 것이었다.

퀴비에는 다윈이 진화론을 주장할 때 썼던 똑같은 증거로 반대 이론을 주장했다. 퀴비에의 이론은 《성경》의 창조론과 아귀가 맞았다. 기이하게도 그의 주장은 어떤 면에서 현대적이기까지 했다. 그는 신의 존재를 의심 없이 믿었다. 사실, 그는 신을 의심하는 것은 이성을 잘못 사용하는 것이라 생각했다. 그의 과학 밑바닥에는 신앙이 있었다. 한 유기체 내에 공존할 수 없는 '모순' 때문에 생물집단들 사이에 차이와 경계가 생긴다는 동물기관 상관의 법칙도 같은 맥락에서 이해할 수 있었다.

퀴비에는 자연에서 지적인 창조주를 볼 수 있다고 생각했다. 그러므로 그는 '다양한 종이 오랜 시간에 걸쳐 우연한 힘에 의해 진화한다'는 생각이 지적인 창조주에게나 지적인 인간에게 혐오감을 준다고 여겼다. 그 이론의 토대는 '지적 설계론Intelligent Design' (우주와 생물이 자연선택 같은 우연이 아니라 지적 존재의 목적에 따라 창조되었다는 생각이다_옮긴이 주)의 19세기 버전 같은 것이었다. 지적 설계론도 퀴비에처럼 진화론이 기독교적 세계관을 무너뜨린다고 생각하는 기독교 사상가들이 제시한 이론이다. 그럼에도 퀴비에는 19세기 과학자들에게 본보기가 되었던 인물이다. 그는 생물학을 사랑했다. 생물학이 발전하면서 생겨나는 복잡성뿐만 아니라 생물학의 기원까지도 말이다.

1821년 4월 퀴비에는 프랑스에 온 스웨덴 대사에게서 베르셀리우스가 보낸 소포와 편지를 건네받았다.**10** 베르셀리우스는 자신이 겪었던 운명적이고도 우연한 발견을 편지에 썼다. 퀴비에는 떨리는 손으로 소포를 풀었다. 그도 2년 전 데카르트의 유골 매장의식에 참가했고 두개골이 없다는 사실에 실망했다. 그런데 지금 그 미스터리를 증폭시킬, 그리고 또 다른 미스터리를 열어 보일 물건이 도착했다.

그것은 분명히 평범한 두개골이 아니었다. 모습조차 평범하지 않았다. 고미술품 시장에서는 출처가 가장 중요하다. 따라서 고미술품에는 과거의 소유주가 누구인지를 알려주고 진품임을 증명하는 일련의 보증서가 따라다닌다. 퀴비에가 받은 두개골도 출처와 함께였다. 그것이 퀴비에의 흥미를 돋웠다. 그는 즉시 들랑브르에게 연락했고 두 사람은 이 문제를 아카데미데시앙스에 제출했다.

4월 30일, 아카데미데시앙스 모임이 센 강변의 아카데미데시앙스 건물에서 열렸다. 과학사상 유명한 인사들도 그 자리에 참석했다. 현대 화학의 용어를 정립한 베르톨레를 비롯해, 진화론을 주창한 라마르크뿐 아니라 몇몇 물리학 법칙을 만들어낸 조제프 루이 게이뤼삭Joseph-Louis Gay-Lussac도 있었다. 게이뤼삭은 물의 실제 화학적 결합을 알렉산더 폰 훔볼트Alexander von Humboldt와 함께 공동 발견했고 오늘날 와인, 맥주, 알코올음료 병에 빠짐없이 적혀 있는 '알콜함량' 계산의 초석을 닦았다. 뉴턴의 연구를 수리물리학 영역으로 확장시키고 태양계의 기원을 이론화한 피에르 시몽 마르키스 드 라플라스Pierre-Simon Marquis de Laplace도 있었다. 또 전자기를 발견하여 전기계측의 기본단위에 그 이름을 남긴 앙드레 마리 앙페르André-Marie Ampère도 있었다.

아카데미데시앙스에 모인 그들은 우선 중추신경계의 세포막 염증 연구 보고를 들었다. 그리고 포예Poyet라는 회원이 개발한 다리 건축법의 몇 가지 사례를 발표했다. 그다음에는 서인도제도에 위치한 앤틸리스제도Antiles에서 피는 꽃의 의학적 효용에 대한 보고가 있었다. 그러고 나서 유명인사들은 퀴비에가 그들 앞에 꺼내놓은 물건 주변에 모였다. 화학자 베르톨레의 표현을 빌리자면 그들은 '종교적 숭배에 가까운 분위기' 속에서 그 물건을 찬찬히 관찰했다. 퀴비에가 베르셀리우스의 편지를 낭독했다. 베르셀리우스는 어떻게 자신이 데카르트를 재매장하던 때에 파리에 머물게 되었고 두개골의 실종을 알게 되었는지, 또 데카르트의 것으로 추정되는 두개골을 발견했는지를 썼다. 그리고 이렇게 덧붙였다.

'엊그제 파리로 떠난 대사 레벤옐름Löwenhjelm 백작이 친절하게 도 이 성물을 전해주신다 하셨습니다. 선생님께 부탁드리오니 이 성물을 합당한 목적에 사용하시길 바랍니다.'

아래턱이 없다는 점을 제외하고 두개골은 아무 손상이 없었다. 두개골은 어둡고 텅 빈 안구로 그 자리에 모인 과학자들을 응시했는데 마치 과학을 진보시켰다고 오만해하지 말라고 꾸짖는 듯했다. 결국은 누구나 결말을 대면하게 된다고, 가차 없이 냉정한 죽음이 찾아오리라고 말하는 것 같았다. 두개골은 자리에 모인 과학자들에게 과제를 안겨주는 듯도 했다. 그곳에 모인 사람들이 누구인가? 자연의 수수께끼를 풀기 위해 평생을 바친 사람들, '데카르트의 방법'이 제2의 천성이 된 사람들 아닌가? 이제 그들 앞에는 모든 과학 분과의 아버지라고 할 만한, '방법'의 창시자라 불려 마땅한 사람에 얽힌 수수께끼가 놓여 있다.

과학자들의 호기심을 자극한 것은 두개골을 가득 덮은 펜 자국

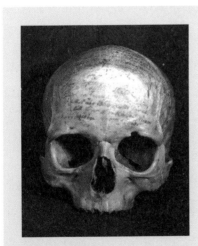
▌데카르트의 머리뼈이다.

이었다. 대체로 서명이었는데 두개골을 소유했던 사람들이 남긴 흔적이었다. 특히 정수리에 시원한 필기체로 적힌 라틴어 시구가 눈길을 끌었다.

이 작은 두개골은 한때 위대한 데카르트의 것이었다.
그의 나머지 유골은 멀리 프랑스 땅에 숨겨져 있다.
그러나 지구 곳곳에서 그의 천재성을 찬양하니
그의 영혼은 천상에서 기뻐하리라.

그 당시에는 시와 서명이 대체로 잘 보였겠지만 현재는 상당히 퇴색되었다. 라틴어 시의 원문은 다음과 같았다.

Parvula Cartesii fuit haec calvaria magni,

exuvias reliquas gallica busta tegunt;

sed laus ingenii toto diffunditur orbe,

mistaque coelicolis mens pia semper ovat.

이 시구는 많은 질문을 낳았다. 누가 이것을 언제 썼을까? '숨겨져' 있다는 것은 무슨 뜻일까? 혹시 생제르맹 데 프레 성당에 재매장한 유골이 데카르트의 것이 아니란 말인가? 이것이 진짜 데카르트의 두개골이기는 한 것일까? 그렇다면 이 두개골은 어떻게 몸과 분리되었을까? 데카르트 사후 171년 동안 대체 그의 유골에 무슨 일이 일어났던 것일까?

질문의 실마리, 그것도 상당히 중요한 실마리가 바로 두개골에 있었다. 그 실마리는 두개골을 정면에서 보았을 때 이마 오른쪽에 낙서하듯 스웨덴어로 휘갈겨 쓰여 있었다. 베르셀리우스가 해석을 달아놓았다.

데카르트의 머리뼈.

J. Fr. 플란스트룀이 1666년에 시신을 프랑스로 돌려보낼 때 가져가다.

퀴비에는 이미 몇 가지 조사를 끝낸 터였다. 그의 의견은 두개골이 진짜라는 쪽으로 기울었다. 그는 두개골 옆에 데카르트의 초상화를 놓고 두개골과의 유사성을 지적했다. 좀더 많은 연구가 필요했다. 이상한 점이 아주 많았다. 우선, 정체불명의 플란스트룀을 언급한 문장 위에는 거의 알아볼 수 없는 단어들이 있었다. 알아보기 힘든 이름이었다. '1666'이라는 연도도 그렇고 베르셀리우스가 '가져가다'라고 옮긴 스웨덴어 'tagen'도 의문을 불러일으켰다. 퀴비에는 이 '소중한 성물'의 정보가 더 많이 필요했다. 그리고 아카데미데시앙스 회원들도 누군가 더 자세히 조사해보아야 한다는 데 동의했다. 그다음 그들은 다른 안건으로 넘어갔다. 아마 데카

르트의 두개골만큼 흥미로운 안건이었을 것이다. 비레이Virey 경
이 일어나서 '처녀막' 논문을 발표했다.

들랑브르의 보고서

두개골 연구를 맡은 사람은 들랑브르였다. 들랑브르는 데카르
트를 과학의 아버지로 여기며 존경했다. 또한 그는 자신의 주요
연구가 데카르트를 계승했다고 생각했다. 그런데 아쉽게도 당시
의 들랑브르는 일흔둘이었고 건강이 좋지 못했다. 그가 막 시작하
려는 이 독특한 연구는 그의 과학 인생에서 후기쯤에 해당했다.

1821년 5월 14일 아카데미데시앙스 모임에서 들랑브르는 연구
결과를 3,000개의 단어에 달하는 보고서로 발표했다. 그의 발표는
모임시간을 거의 차지할 정도였다. 보고서의 제목은 〈스웨덴에서
온, 데카르트의 것이라 불리는 두개골: 사실과 성찰Skull coming from
Sweden said to be that of Descartes: Facts and Reflections〉이었다. 일련의 '사
실들'을 나열한 다음 각각 '논평'을 덧붙이는 형식이었다.

퀴비에는 자신이 낸 가정을 들랑브르가 철저히 확증해줄 것으
로 기대했지만 그렇지 않았다. 들랑브르는 반대편 변론을 맡기로
마음을 굳힌 듯했다. 그는 보고에 앞서 큰 소리로 결론을 밝혔다.

"퀴비에는 (⋯⋯) 그 두개골이 데카르트의 초상화와 무척 유사

하기 때문에 데카르트의 것이라 믿지만 저는 그렇지 않다고 생각합니다."

그는 먼저 아카데미데시앙스 동료들에게 데카르트의 유골과 관련된 사건들을 시간순으로 정리해주었다. 이야기는 2년 전 세 번째 매장의식에서 그와 다른 동료들이 관에 담긴 데카르트의 유골을 본 데에서 끝을 맺었다. 그는 그 유골이 얼마나 보잘것없었는지 "정말 놀랄 만했다"고 언급했다.

그러고 나서 그는 그들 앞에 놓인 두개골을 언급하기 시작했다. 그는 두개골 표면에 남아 있는 펜 자국들은 흥미롭다고 인정했다. "하지만," 하고 그가 덧붙였다.

"이 두개골이 진짜임을 증명할 수 있는 증거가 있습니까? 두개골에 남아 있는, 다소 흐릿해진 글귀들은 그동안 두개골을 소유했던 사람들의 이름과 날짜일 뿐, 그 외에 아무것도 말해주지 않습니다."

그렇다, 두개골에 적힌 플란스트룀이 누구인지 어느 누가 알겠는가? 그리고 플란스트룀이 두개골을 가져갔다는, 이제는 거의 읽기도 힘든 문장을 남긴 사람은 누구일까? 사실상 그 문장 하나로 온갖 시나리오가 가능하다.

플란스트룀이 실제로 1666년에 두개골을 훔쳤다고 치자. 그렇다고 해도 두개골이 처음으로 몸에서 분리된 시기가 1666년이라고 단언할 수 있을까?

"유골은 데카르트의 사망 직후 샤뉘 대사의 집에서 분리되었을 수도 있습니다. 혹은 1650년 임시묘나 석묘에서였을 수도 있고 1666년 탈롱이 지켜보는 가운데 벌어졌을 수도 있습니다. 아니면 페론에서 세관관리들이 유골함을 열었을 때였을 수도 있겠죠."

샤뉘가 데카르트의 데스마스크를 만들었다는 설도 있었다. 당시 스웨덴 궁정의 단골이던 프랑스 예술가 발라뤼Valary가 그 데스마스크로 흉상을 제작했다는 이야기도 있었다(하지만 데스마스크와 흉상 모두 사라졌다). 들랑브르가 아카데미데시앙스 동료들에게 물었다.

"그렇다면 혹시 조각가가 흉상을 쉽게 주조하기 위해 머리를 떼어냈다가 다시 돌려놓지 못한 것이 아닐까요? 적어도 그럴 가능성이 있다는 것을 부정하지는 못할 겁니다."

데카르트의 머리가 몸에서 분리된 시점과 이마에 두개골을 '가져갔다'고 기록된 시점 사이에는 16년이라는 간극이 있다. 그렇다면 데카르트의 두개골을 둘러싼 이 모든 소동을 알고 있던 누군가가 아무 두개골이나 가져다놓고 데카르트의 것처럼 꾸몄을지 누가 알겠는가? 누군가 돈을 벌 목적으로 그랬을 수도 있지 않을까? 일단 한 사람이 이런 사기에 속아 두개골을 구입한 다음부터는 모두가 두개골에 새겨진 출처를 진짜로 여겼을 것이다. 들랑브르는 그들 앞에 놓인 두개골 안에 '나는 생각한다. 고로, 나는 존재한다'라고 생각했던 뇌가 들어 있었다는 것은 근거 없는 단정일 뿐이라고 주장했다.

들랑브르는 데카르트의 두개골이 결코 몸에서 떨어진 적이 없을 가능성이 크다고 결론 내렸다. 들랑브르가 데카르트의 관에서 보았던 유골은 대체로 조각들이었다. 그렇다면 데카르트의 시신이 극도로 좋지 않은 환경에 노출되었을 것이라 추측할 수 있다. 두개골 역시 똑같이 유해한 환경에 노출되었고 비슷한 상태가 되었을 것이다.

"169년이나 지난 두개골이 원래의 모습을 유지하기는 어렵겠지요."

이렇게 말한 들랑브르는 자신의 반론에 누군가 답변을 하거나 의문을 풀어주도록 아카데미데시앙스 회의록에 자신의 보고서를 기록해달라는 요청으로 발표를 끝냈다.

퀴비에는 들랑브르의 발표를 들으며 의아해했다. 그의 추론능력이 나이 때문에, 아니면 건강 때문에 이상해진 것일까? 당시의 들랑브르는 아마 몇 해 전보다 더 왜소해졌을 것이다. 그는 죽음을 준비할 만큼 건강이 좋지 않았다(그는 다음 해에 죽었다). 사실 들랑브르의 끈질긴 집념과 결단력은 아카데미데시앙스의 회원 모두가 익히 알고 있었다. 이는 어린 들랑브르에 얽힌 일화에서도 드러나는데, 어쩌면 그는 어린 시절의 고난 때문에 강한 집념과 결단력을 지니게 되었을 수도 있다. 어렸을 적에 천연두를 앓았던 그는 시력을 부분적으로 잃었고 눈썹도 빠졌다. 눈썹이 없었기 때문에 강렬한 동시에 파리한 인상을 주었다. 기이한 외모였다. 어린 들랑브르는 시력이 나아지기를 바라면서 미친 듯이 책을 읽었다. 결국 기적적으로 시력이 좋아졌다. 그러자 그는 근육질환에 걸린 사람이 프로 스포츠선수가 되겠다고 맹세라도 하듯, 망원경의 작은 구멍을 들여다보고 싶은 욕망이 생겼다. 눈을 가늘게 뜨고 아득히 멀리 떨어진 새로운 것을 보고 싶었다. 그는 장애를 극복했고 결국 당대 선구적인 천문학자가 되었다. 과학에 혁명을 일으킨, 측량의 표준을 고안해낸 것은 두말할 나위도 없다.

지금 그의 능력은 여전한가? 퀴비에는 분명히 의문을 품었을 것이다. 들랑브르가 다양한 증거로도 추론을 해내지 못한 데는 어쩌면 다른 이유가 있었을지 모른다. 사실 그가 조금이라도 불확실해 보이는 과학연구에 유달리 예민하게 반응하게 된 데는 특별한 이유가 있었다. 퀴비에나 아카데미데시앙스의 과학자들은 그 이유를 몰랐을 것이다. 그 이유가 알려졌다면 분명히 엄청난 스캔들이 되었을 테니 말이다.

30년 전, 들랑브르는 지구의 원주를 바탕으로 미터의 길이를 정하는 연구팀을 이끌었다. 연구팀은 파리 북쪽 됭케르크Dunkerque에서 바르셀로나Barcelona까지 자오선의 호 길이를 측정해야 했다. 들랑브르와 피에르 프랑수아 앙드레 메셍Pierre-François-André Méchain은 연구를 나누어서 하기로 했다.[11] 들랑브르는 파리에서 출발해 북쪽으로, 메셍은 남쪽으로 갔다. 여러 해 동안 수없이 많은 고역과 계산으로 결과에 도달했을 때, 들랑브르는 충격적인 사실을 알고 말았다. 동료인 메솅이 계산을 잘못했을 뿐만 아니라 그 오류를 감췄다는 것을 말이다. 들랑브르는 1810년에야 그 사실을 발견했다. 데카르트의 두개골을 만나기 11년 전이었다. 그는 결정을 내려야 했다.

《만물의 척도》의 저자 켄 알더Ken Alder는 당시 들랑브르가 개인으로서, 과학자로서 운명적인 결정을 내렸다고 표현했다. 그는 동료가 저질렀고 은폐했던 오류를 다시 은폐했다. 알더는 파리천문대Observatoire de Paris 문서보관소에서 들랑브르가 직접 쓴 기록을 발견했다. 분명히 아무도 그 기록을 보지 못했을 것이다.

> 나는 대중이 알 필요가 없는 것은 대중에게 말하지 않았다. 그토록 중대한 연구의 신뢰성을 떨어뜨릴 만한 이야기는 세세하게 발설하지 않았다. (……) 나는 메솅 경이 마땅히 누려야 할 명성에 조금이라도 해가 될 만한 이야기는 전부 신중하게 감추었다.[12]

들랑브르는 그 오류와 관련된 일지뿐만 아니라 스스로 그 오류를 발견했다는 기록을 함께 보관했다. 그는 진리와 오류, 확실성의 문제로 고뇌했고 결국 오류와 불확실성을 어쩔 수 없이 인정해야 했다.

따라서 노년의 들랑브르는 현실적으로 큰 의미가 없지만 상징적으로는 중요한 데카르트의 두개골 문제를 연구하면서, 절대적으로 확신할 수 없는 한, 두개골의 정통성을 부정할 수밖에 없었을 것이다. 알더의 주장에 따르면 메생이 오류를 저지르고 들랑브르가 그 오류를 은닉했던 일련의 사건은 '엄정한' 과학자들조차 확실성의 불가능성을 인정할 수밖에 없음을 보여주었다. 즉 오류와 부정확성이 과학연구의 일부임을 인정한 사건이었다. 어쩌면 들랑브르는 그 사건을 통해 개연성과 오류를 삶의 엄연한 사실로 인정하는, 현대적 개념에 눈을 떴을 수도 있다. 데카르트의 두개골이 진짜라는 정황증거를 거부한 것은 그에 대한 반작용 정도로 해석할 수 있을 것이다. 불확실성을 제거하고 정화하려는 반사적 욕구 말이다.

들랑브르의 보고서에 대한 답변은 오래 걸리지 않았다. 퀴비에는 그 두개골이 데카르트의 것이라는 증거가 충분하다고 생각했다. 그는 일어서더니, 어떤 분석이든 상식이 중요한 역할을 한다며 운을 뗐다. 예를 들어, 사람이 사망했는데 흉상을 만든다면서 머리를 바로 잘라낼 수 있을까? 대체 그처럼 끔찍한 가정을 할 수 있는 근거는 무엇인가? 퀴비에는 들랑브르가 정교한 시나리오와 의혹을 꾸며내고 있다고 비난했다. 과학의 교리인 '최절약원리 Principle of Parsimony'에 따르면 난해한 설명보다 단순한 설명이 더 낫다. 두개골에 적힌 플란스트룀이 두개골을 가져갔다고 가정하는 것이, 다른 누군가가 데카르트의 두개골이 아닌 다른 두개골을 가져다가 완전한 허구를 창조했다고 가정하는 것보다 더 합리적이다. 특히 이 연구의 시초가 된 바로 그 사건, 즉 2년 전에 데카르트의 관을 열었을 때 두개골이 없었던 사건을 고려해보면 그 편이 더 말이 된다.

그뿐만 아니라 이 두개골에는 몸에서 분리된 시기가 적혀 있다. 바로 1666년이다. 1666년은 스톡홀름에서 데카르트의 유골이 파헤쳐지고 프랑스 대사관저에서 매장의식이 열렸던 때이다. 퀴비에는 데카르트의 머리가 몸에서 떨어진 시기는 유골을 프랑스로 옮기려고 포장했던 무렵인 것 같다고 말했다. 누가 머리를 떼어 갔는지 알 수 있는 증거도 뚜렷하다. 결정적이지는 않지만 설득력 있는 증거이다. '플란스트룀.' 그 남자를 찾으면 미스터리가 풀리기 시작할 것이다.

퀴비에는 들랑브르의 연구를 넘겨받았다. 스톡홀름에서 데카르트의 유골을 파낸 날에 관한 정보가 더 필요했다. 곧 외무부 기록보관담당자라는 알렉상드르-모리스 블랑 드 라누트Alexandre-Maurice Blanc de Lanautte, 오트리브d'Hauterive 백작과 접촉했다. 오트리브 백작은 이색적인 전력이 있었는데, 연구직으로 자리 잡기 전에 오스만제국의 콘스탄티노플Constantinople에서 프랑스를 대표해 외교임무를 수행했고 새로 건국된 미국의 뉴욕에서는 프랑스 영사로 일했다. 퀴비에는 오트리브 백작에게 데카르트의 삶과 죽음을 자세히 이야기하면서 스톡홀름에서 유골 이송에 관여했던 관리들의 이름을 알려달라고 부탁했다. 어쩌면 당시의 공식 서한에 답이 있을지 모른다고 판단했던 것이다.

퀴비에, 들랑브르, 오트리브는 데카르트의 삶을 조명한 초기 자료도 읽었다. 오늘날 우리도 볼 수 있는 그 자료는 17세기 사제인 바이예가 쓴 전기다. 이 전기에 따르면 바이예는 탈롱이 프랑스 재무장관 달리베르에게 보낸 편지와 시몽 아르노Simon Arnaud가 남긴 메모를 직접 본 적이 있다. 퀴비에는 그 사실에 주목했다. 아르노는 탈롱에게 스웨덴 대사직을 물려받은 후임으로, 1666년의 유골 발굴과 그 후에 열린 대사관저에서의 매장의식에 참가했다.

그러나 오트리브는 정부문서철에서 관련 문서를 하나도 찾을 수가 없었다. 그는 퀴비에에게 탈롱의 1666년과 1667년 서한에서는 데카르트의 유골을 프랑스로 이송한다는 언급을 전혀 찾을 수 없었다고 알렸다. 사실 오트리브가 무언가를 발견하긴 했다. 그는 이렇게 덧붙였다.

"누군가 다양한 출판물을 찾아보라고 제안해서 뒤적이던 중에 문제의 그 물건에 관한 이상한 정보를 찾아냈습니다."

오트리브가 발견한 것은 1700년대 중반의 기록이었다. 그 기록에는 데카르트의 것으로 알려진 두개골을 소유했던 사람들의 내력이 있었다. 애초에 데카르트의 머리뼈를 가져가버려 문제를 일으킨 당사자도 있었다. 그 기록에 따르면 1666년에 데카르트의 유골을 파낼 당시 어떤 임무를 맡았던 사람이 두개골을 가져갔다.

그 남자의 이름도 기록되어 있었다.

"플란스트룀."

두개골의 소유주들

그리하여 이야기는 다시 처음으로 돌아간다. 아니, 마지막으로
간다고 해야 할까. 1650년 한겨울 어느 밤중, 스톡홀름 중앙에 위
치한 건물 위층에서 병든 남자가 숨을 거두었다. 논쟁이 약간 오
간 후 그의 유골은 도시에서 약 1.6킬로미터 떨어진 묘지에 묻혔
다. 유골이 땅에 묻혀 있는 동안 여름과 겨울이 열여섯 번 지났다.
법인류학의 추정에 따르면 평균 섭씨 10도를 기준으로 했을 때 매
장 후 128일 사이에 연조직이 분해된다. 뼈는 1년 내에 탈색되기
시작하며 10년이 지나기 전에 뼈의 표면이 벗겨지고 금이 간다.[13]
관이 허술했다면(구멍이 많았다면) 식물의 뿌리와 설치류, 벌레 들이
부패를 부추겼을 것이다.

매장 후 16년이 흐른 어느 날 유골은 파헤쳐져 그 유골의 주인
이 마지막 숨을 거둔 프랑스 대사관저로 다시 옮겨졌다. 대사관저
의 소성당에서 스웨덴 가톨릭교회인사들의 주관 하에 매장의식이
열렸다. 유골은 약 76센티미터 길이의 구리함으로 넣어졌다. 요한
네스기사단의 회원이자 스웨덴 주재 프랑스 대사이며 곧 덴마크

대사가 되는 탈롱이 데카르트의 오른손 집게손가락뼈를 개인적으로 가질 수 있는지 물었다. 구리함은 파리로 향하는 여정을 시작하기 전에 탈롱의 관저에 있었는데 관저는 스톡홀름 경비대가 지켰다.

이삭 플란스트룀은 경비대 대장이었다. 오트리브 백작이 제공한 자료에 플란스트룀의 이야기가 자세하게 있었다. 오트리브는 어느 학교장인 스벤 호프Sven Hof가 1750년에 남긴 기록을 발견했다. 그 기록에 따르면 몇 해 전 호프가 친구인 요나스 올로프손 봉 Jonas Olofsson Bång을 만나러 스톡홀름에 갔다. 그때 친구인 봉이 호프에게 데카르트의 두개골을 자랑스럽게 보여주며 두개골에 얽힌 사연을 들려주었다고 한다.

봉은 그 두개골을 아버지에게서 물려받았다면서, 양조업자이자 상인인 아버지가 어떻게 두개골을 손에 넣게 됐는지 말했다. 아버지에게 빚을 진 사람이 죽는 바람에 빚 대신 그의 소유물을 가져왔는데 그중에 데카르트의 두개골이 있었다는 것이다. 봉이 아버지에게 들은 바에 따르면 사망한 채무자 플란스트룀은 데카르트의 유골이 프랑스로 이송되기 전에 유골을 보호하는 임무를 맡았다고 한다. 플란스트룀은 그처럼 저명한 사람의 유골이 완전히 스웨덴을 떠나도록 놔둘 수가 없어서 두개골을 가져왔노라고 했다. 봉의 아버지에 따르면 플란스트룀은 그 두개골을 '철학성인의 희귀한 성물'로 평생 소중히 간직했다고 한다. 봉의 아버지 역시 평생 그 두개골을 간직하다가 아들에게 물려주었다.

봉은 호프에게 이 이야기를 들려주며 두개골에 써넣을 만한 찬사를 부탁했던 것 같다. 호프가 라틴어로 추도사를 몇 마디 써주었고 나중에 봉이 그것을 두개골의 정수리에 옮겨 적었다. 그 기록에는 라틴어 시도 있었는데 당시 아카데미데시앙스에 보관 중이던 두개골의 것과 동일했다.

베르셀리우스는 퀴비에에게 보낸 편지에서 두개골에 새겨진 이름들을 언급했다. 전혀 알아볼 수 없거나 일부만 알 수 있는 이름도 있었지만 그는 이 이름들을 추적하면 스웨덴에서의 두개골 행적을 알아낼 수 있을 것이라 제안했다. 그런데 사실 페테르 릴예발크Peter Liljewalch라는 사람이 1860년대와 1870년대에 두개골 소유주들의 행적을 추적한 적이 있었다.[14] 릴예발크는 스웨덴 룬드 태생으로 의학박사이자 전염병 전문가였다. 그는 군에 입대해 덴마크, 독일, 러시아를 돌아다닌 다음 1829년부터 1860년까지 스웨덴과 노르웨이의 왕비 데시데리아Desideria의 궁정의사가 되었다. 그 후 릴예발크는 룬드로 돌아와 데카르트의 두개골을 소유했던 스웨덴인들을 조사하면서 소일거리로 삼았다.

2006년 여름에 나는 룬드대학교 도서관의 필사본 자료실을 찾아갔다. 사서가 내 앞에 '릴예발크'라고 표시된 필사본 묶음을 꺼내놓았다. 거기에는 우아한 19세기 글씨체로 덮인 종이가 가득했다. 릴예발크는 시간을 거슬러 올라가며 두개골을 소유했던 사람들의 삶과 행적을 추적했다. 데카르트의 두개골은 봉에게서 요한 악셀 하예르플뤼크트Johan Axel Hägerflycht라는 군인에게 넘어 갔다. 그 군인은 1740년에 죽을 때까지 그 두개골을 간직했다. 그가 죽고 난 다음 두개골은 안데르스 안톤 스티에른만Anders Anton Stiernman이라는 정부관료의 손에 넘어갔다. 그의 이름은 두개골 오른쪽에 1751년이라는 연도와 함께 적혀 있었다. 스티에른만이 죽자 그의 사위인 올로프 셀시우스Olof Celsius가 두개골을 소유했고 뒤통수 아래쪽, 후두골에 서명을 남겼다. 셀시우스는 성직자였는데 룬드의 주교가 되었다. 그는 데카르트의 두개골을 과학의 부적쯤으로 여겼던 것 같다. 사실 그의 집안은 과학자 집안이었다. 아버지는 식물학자였고 다른 친척들도 천문학자이거나 수학자였다. 사촌인 안데르스 셀시우스는 섭씨온도 눈금으로 이름을 남긴 천문학자이자 물리학자였다.

그다음 소유주는 스톡홀름의 경제국장 요한 피세르스트룀Johan Fischerström이었다. 언뜻 보기에 그는 다른 소유주들과 달리 근대성과 관련 있어 보이지 않는다. 그런데 그의 인생에서 주목할 만한 것은 경력이 아니라 연인이었다. 그는 스웨덴 최초의 페미니스트로 불리는 헤드비그 샬로타 노르덴플뤼크트Hedvig Charlotta Nordenflycht의 연인이었다.[15] 진지한 철학도 노르덴플뤼크트는 스톡홀름의 선도적인 계몽주의 문학협회의 원로였다. 그녀의 문학협회는 지성세움단Tankebyggarorden이라는 멋진 이름으로 불렸다.

노르덴플뤼크트는 난해한 철학적 관점과 짝사랑으로 유명했다. 그녀는 자연과 상실을 주제로 한 시로 명성을 얻었는데, 1760년대 초반 무렵 지성세움단 모임에서 피세르스트룀을 만나 그에게 반했다. 당시 그녀는 사십 대 초반이었고 그는 이십 대 후반이었다. 하지만 피세르스트룀은 그녀를 버리고 그녀보다 더 어린 그녀의 친구와 사랑에 빠졌다. 전설에 따르면 그 일로 상심한 노르덴플뤼크트는 물에 빠져 죽었다고 한다. 비정한 피세르스트룀은 살아남았고 얼마 뒤 데카르트의 두개골을 손에 넣어 호기심의 방에 추가했다.

피세르스트룀은 죽을 때(1796년)까지 그 두개골을 갖고 있었다. 그가 죽고 그의 소유물이 경매로 나왔을 때 두개골을 산 사람은 알그렌Ahlgren이라는 이름의 세관관리인이었다. 그의 서명은 왼쪽 귀가 있었을 자리 뒷부분에 알아보기 힘들게 남아 있다.

1760년대 스톡홀름에서 노르덴플뤼크트가 자신에게 무관심한 피세르스트룀 때문에 괴로워할 때, 또 다른 스웨덴인 스파르만이 위대한 식물학자 린네 밑에서 당대로서는 최고의 과학교육을 받고 있었다.[16] 공부를 마친 스파르만은 아시아 여행을 꿈꾸며 어느 함선의 의사로 일하기로 했다. 2년 뒤 그는 중국의 동식물 표본을 들고 돌아왔고 호기심의 방을 꾸미기 시작했다. 1772년 그는 자연 표본을 수집할 욕심에 아프리카로 모험을 떠났다. 그곳에서 의료 상담을 하고 케이프 식민지Cape Colony(17세기에 네덜란드 동인도 회사가 남아프리카에 세운 식민지이다_옮긴이 주) 관료들의 아이들을 가르치면서 계속 수집을 취미로 삼았다.

그해 말 어느 날 요한 포르스터Johann Forster라는 독일인이 나타났다. 남아프리카 남서부 테이블 만Table 灣에 정박한 배에서 내린 그 역시 박물학자였고 둘은 곧 가까워졌다. 포르스터는 스파르만처럼 혈기 넘치는 박물학자에게는 자신이 지금 일하는 배에 탑승하는 것만큼 좋은 일이 없을 것이라 장담했다. 그 배의 선장인 제임스 쿡James Cook(캡틴 쿡으로 불리는 영국의 탐험가이다. 태평양과 남극 등을 항해하며 다양한 정보를 수집했다_옮긴이 주)은 제2차 탐사항해 중이었다. 포르스터는 쿡에게 이 스웨덴 박물학자가 탐사에 소중한 인재가 될 것이라며 소개했다. 그렇게 역사에 히치하이크한 스파르만은 그 후 3년간 쿡과 함께 남극대륙의 유빙을 요리조리 피하며 남극권을 한 바퀴 돌았다. 그다음 뉴질랜드를 일주했고 타히티를 비롯한 남태평양 섬들을 탐험했다.

쿡의 임무 중 하나는 기존의 지식에 도전하는 것이었다. 어쩌면 그의 탐험은 스콜라 철학자들이 발전시킨 중세적 학문체계에 데카르트의 철학이 맞선 것만큼이나 도전적이었다. 영국의 로열소사이어티는 쿡에게 남방대륙(테라 아우스탈리스Terra Australis)을 찾으라는 임무를 맡겼다. 남방대륙은 아리스토텔레스와 그 후대의 학자들이 남극에 있을 것이라고 믿었던 대륙이다. 고대 사람들은 북극대륙에 대응하는 거대한 땅덩어리가 지구의 맨 밑바닥에 있다고 생각했다. 로열소사이어티 회원 대다수가 여전히 그 논리를 믿어 의심치 않았지만 쿡은 첫 번째 항해결과를 바탕으로 그런 대륙은 존재하지 않는다고 결론 내렸다.

쿡은 두 번째 항해에서도 남방대륙의 존재를 부인했지만 다른 몇 가지 면에서 세상의 지식을 넓히는 데 공헌했다. 스파르만은 쿡의 항해를 도우며 엄청나게 메모를 했고 이를 바탕으로《희망봉으로의 항해A Voyage to the Cape of Good Hope》라는 책을 썼다. 이 책은 18세기 박물학의 고전이 되었으며 쿡의 자료가 되었다. 스파르만은 나중에 혼자 남아프리카 탐험을 마친 뒤 동식물 표본을 잔뜩 들고 스웨덴으로 돌아왔다. 그러고는 세계에서 가장 거대한 호기심의 방이라 할 만한 대영박물관이 있는 런던을 방문했다.

스톡홀름에 다시 정착할 무렵 스파르만은 스웨덴 최고의 과학자라는 찬사를 들었다. 그는 1790년대에 의학대학의 교수가 되었다. 그리고 1802년 젊은 베르셀리우스가 그의 밑에서 무급조교로 일했다. 3년 후 스파르만이 은퇴하자 베르셀리우스는 결국 교수 자리를 물려받았다. 바로 그 무렵 세관관리인 알그렌이 친구인 스파르만에게 흥미로운 물건이 있다고 연락했던 것 같다. 스파르만은 분명히 그 물건을 보고 감탄했을 것이다. 그가 누구인가? 전 세계를 돌아다니며 다양한 인류의 두개골과 대퇴골, 비골과 화석을 수집한 사람이 아니던가. 근대 철학을 탄생시킨 이 두개골은 그의 소장품을 더욱 빛내줄 것이다.

그리하여 르누아르가 파리의 프랑스유물박물관에서 데카르트의 나머지 유골로 여겨지는 것을 보살피는 동안, 데카르트의 두개골은 스톡홀름에서 베르셀리우스의 스승 스파르만의 소장품으로 있었다. 결국 훗날 데카르트의 유골이 재매장될 때 우연히 파리에 있었던 베르셀리우스가 데카르트의 머리뼈와 몸을 다시 합하는 역할을 하게 되었다.

가짜 유골

과연 정말 그랬을까? 프랑스 아카데미데시앙스 회원들은 그 두개골이 진짜라고 결론내릴 수 있을까? 아카데미데시앙스의 어느 누구도 스웨덴에서의 두개골 행적을 알지 못했다. 하지만 호프가 제공한 정보는 그 두개골이 데카르트의 것임을 뒷받침해주었다. 퀴비에와 들랑브르는 두개골이 첫선을 보인 지 다섯 달 뒤에 아카데미데시앙스에서 후속 모임을 열었다. 들랑브르가 추가 보고서를 발표하면서 오트리브가 제공한 정보를 언급했다. 설득력 있는 정보였지만 들랑브르는 아직 확신을 갖지 못했다. 그럴 만한 이유가 있었다. 문제는 교장 호프의 증언에서 비롯되었다. 호프는 '스톡홀름 경비대 장교인 이삭 플란스트룀이 데카르트의 관에서 두개골을 꺼낸 다음 다른 두개골을 그 자리에 두었다'라고 썼다. 그

것이 사실이라면 나중에 유골을 다룬 사람들(특히 1666년 프랑스 국경에서 구리함을 열었던 세관관리들)이 실종된 두개골을 보고하지 않았던 정황이 이해가 된다. 그런데 그렇게 되면 또 다른 미스터리가 생긴다. 이 두 번째 두개골, 즉 가짜 데카르트 머리는 어떻게 되었을까?

프랑스 과학자들이 이 문제에 골몰해 있을 무렵, 베르셀리우스는 어느 스웨덴 친구에게 데카르트의 머리를 둘러싼 정황과 자신이 그 문제를 어떻게 해결했는지를 편지로 써 보냈다. 그러자 '참 매혹적인 이야기로군,' 하고 한스 가브리엘 트롤레-와슈트메이스테르Hans Gabriel Trolle-Wachtmeister가 답장을 보내왔다.[17] 귀족이자 정부관료인 그는 화학에 흥미 있는 아마추어 학자이기도 했다. 그는 그것이 진짜 데카르트의 두개골이라고 확신하느냐고 답장에서 물었다. 그가 베르셀리우스에게 알린 바에 따르면 룬드대학교에 데카르트의 또 다른 두개골이 있다는 것이다.

'총장과 교수 협회는 그 두개골이 진짜임을 기꺼이 맹세할 걸세.'

그리고는 위대한 데카르트의 머리가 2개였다고 해도 터무니없는 소리는 아닐 것이라고 담담하게 덧붙였다. 왜냐하면 '머리 하나 달린 바보가 많으니 말일세'라고 적었다.

룬드대학교의 유골이 두 번째 두개골인가? 그렇다면 데카르트의 두개골이 2개씩이나 세상에 돌아다닌다는 이야기인가? 진짜 두개골과 플란스트룀이 구리함에 넣은 가짜 두개골. 어떻게 2개 모두 스웨덴에 있었을까? 둘 중 하나는 탈룽의 대사관 직원들이 파리로 가져간 것이 아니었나? 갈수록 첩첩산중이었다.

파리의 학자들은 또 다른 문제를 놓고 머리를 쥐어짰다. 호프에 얽힌 이야기는 요한 아르쉔홀츠Johan Archenholtz라는 사람이 쓴 네 권짜리 크리스티나 여왕의 전기에도 있었다. 호프가 데카르트의 두개골을 처음 보았던 날의 이야기는 1751년에 출간된 일 권에 실려있다. 그런데 1760년에 출간된 사 권에서는 전기작가 아르쉔홀츠 자신이 이 기이한 두개골 이야기에 등장하는 인물이 되었다. 그는 자신이 1754년에 진짜라고 감정된 데카르트의 두개골 조각을 가졌고 나머지 부분은 고인이 된 하예르플뤼크트의 호기심의 방에 있다고 썼다.

이제 데카르트의 것으로 여겨지는 머리뼈 또는 머리뼈 조각은 4개로 불어났다. 상황은 초기 그리스도교의 성물 거래와 비슷했다. 초기 그리스도교에도 성자의 뼈가 도처에서 거래되곤 했다. 장 칼뱅Jean Calvin은 신교도답게 비판적인 어조로, "유럽 도처에 돌아다니는 '진짜 십자가' 조각을 다 합치면 배 한 척의 화물칸을 다 채우고도 남을 것"이라 말하기도 했다.

물론 실제 두개골의 잔해가 돌아다닐 수도 있다. 룬드대학교에 데카르트의 머리뼈 조각이 보관되어 있다는 트롤레-와슈트메이스테르의 정보는 사실이었다. 어쩌면 1860년대에 릴예발크가 두개골의 소유주들을 추적 연구하게 된 것도 그 두개골 조각 때문이었을 것이다. 사실, 그 조각은 아직도 룬드대학교에 있다. 유럽의 많은 역사박물관처럼 룬드대학교의 역사박물관도 오래전에 누군가가 기증한 호기심의 방을 기반으로 설립되었다. 그곳은 산뜻한 표지판과 관람객과의 상호작용활동에서 21세기 박물관학의 영향이 느껴지긴 했지만 그래도 오래된 박물관이라는 느낌을 지울 수 없었다.

1735년 룬드대학교에 소장품을 기증하여 유럽 최초의 고고학 박물관을 창립하는 데 공헌한 사람은 실리언 스토바에우스Kilian Stobaeus라는 과학자였다. 그는 특히 세계 도처 부족들의 공예품에 매혹되어 있었다. 화살, 바구니, 장신구, 자작나무 카누 등, 스웨덴 한복판에 북아메리카 원주민 부족의 공예품이 얼마나 많은지 입이 떡 벌어질 정도다. 내게 역사박물관의 소장품을 안내해준 역사학자 함푸스 신티오Hampus Cinthio는 미국독립혁명보다 수십 년 전에 만들어진 이 유물들에 미국 박물관들이 눈독을 들이고 있다고 자랑했다.

북아메리카 원주민 유물 전시실의 유리전시관 안에는 인간의 두개골 일부가 전시되어 있다. 이름표에는 오래된 손글씨로 'Cartesi döskalla 1691 N. 6.'(데카르트의 머리뼈 1691 N. 6.)이라고 적혀 있다. 그 옆에는 자줏빛 자수 슬리퍼가 한 켤레 놓여 있다. 너무 작아서 인형 발에나 맞을 것 같은 슬리퍼는 한때 크리스티나 여왕이 신었던 것이다. 우연의 일치라고나 할까. 살짝 오므린 손처럼 구부러진 뼛조각이 바로 트롤레-와슈트메이스테르가 언급했던 물건이다. 또한 60년 전 아르쉔홀츠가 고인이 된 "하예르플뤼크트의 호기심의 방에 있다"고 말한 뼛조각이기도 하다. 릴예발크의 조사에 따르면 그 뼛조각에도 나름의 역사가 있는데, 파리에 있는 두개골의 역사와 아주 유사하다. 문제는 이 조각, 즉 정수리 왼쪽 뼈가 파리의 두개골에서 떨어져나간 조각이 아니라는 것이다. 그렇다면 둘 중 하나는 데카르트의 유골이 아니라는 말이 된다.

룬드대학교에 전시 중인 둥그스름한 정수리 뼈는 1983년에 같은 대학교 병리학과 교수인 C. G. 알스트룀C. G. Ahlström의 눈길을 끌었다. 그는 동료 2명과 함께 과학적, 역사적으로 뼛조각을 상세하게 탐구하기 시작했다. 그들은 그 뼛조각의 크기, 색 그리고 시상봉합(좌우 정수리뼈 사이의 봉합이다)의 앞부분에 있는 작은 자국 같은 해부학적 특성들 외에도 이 뼈가 사실상 부서지지 않은 한 조각이라는 사실에 주목했다.[18] 상당히 중요한 발견이었다.

인간의 두개골은 한 덩어리가 아니라 23개의 뼈로 이루어진다. 이 뼈들은 구불구불한 섬유관절, 즉 두개봉합頭蓋縫合으로 연결된다. 룬드대학교의 정수리 뼈는 구불구불한 봉합까지 있는 완전한 하나였다. 그러니까 부서지거나 잘린 것이 아니었다. 알스트룀과 그의 동료들은 전혀 흠이 없는 뼈 구조로 보아 누군가 매우 신중하게 두개골에서 이 뼛조각을 떼어냈음을 알 수 있었다면서 아마 블라스트 메소드Blast Method를 사용한 것 같다고 보고했다.

블라스트 메소드는 텅 빈 두개골에 말린 콩이나 수수를 넣고 물을 채워 부풀리는 방법이다. 그러면 두개골 내부의 압력이 증가하면서 두개골 뼈들이 분리된다. 이 방법은 지금도 여전히 사용되고 있는데 특히 17세기와 18세기에 인간이나 동물의 두개골을 호기심의 방 소장품으로 만들기 위해서 쓰였다.

그렇다면 누군가 두개골의 뼈를 분리시켜 성물을 여러 개로 증식시키는 이상한 장면이 그려진다. 어쩌면 아르쉔홀츠가 손에 넣은 것도 똑같은 두개골에서 나온, 이제는 사라져버린 다른 조각이었는지도 모른다. 그 못지않게 흥미로운 점은 1700년대 중반 하예르플뤼크트부터 시작해서 완전한 두개골을 소유했던 주인들이 하나같이 두개골 조각도 같이 가지고 있었다는 점이다.

룬드대학교의 기록에 따르면 이 정수리 뼈는 1780년에 대학교의 소장품이 되었다. 결혼하기 전의 성이 스티에른만Stiernman이었던 어느 여인이 이 뼈를 기증했다. 스티에른만은 완전한 두개골을 소유했던 사람들 중 한 명의 성이기도 하다. 알고 보니 그 여인은 올로프 셀시우스 주교의 부인이자 스티에른만의 딸이었다. 여기에다 아르쉔홀츠가 알려준 정보, 즉 하예르플뤼크트가 두개골 조각을 갖고 있었다는 정보를 종합해보면 조각이 아닌 완전한 두개골을 가졌던 세 사람(하예르플뤼크트, 스티에른만, 셀시우스)이 분리된 머리뼈 조각도 함께 가지고 있었음을 알 수 있다. 물론 왜 그랬는지는 알 길이 없다.

　아마도 하예르플뤼크트가 진짜 데카르트의 두개골로 생각한 두개골을 얻고 나서 우연히 또 다른 하나를 알게 되었을 것이다. 그래서 재미로 그것을 더 구입했을 수도 있다. 분명히 둘 중 하나는 가짜일 테니까. 어쩌면 그 무렵에는 두개골 2개 모두에 족보가 달려 있었을 테니 분산 투자하는 심정으로 전부 소유했을지도 모른다. 그리하여 호기심의 방을 두 배로 신기하게 만들었을 것이다. 그의 소장품은 데카르트의 두개골 2개와 함께 스티에른만에게 모두 넘어갔고 그다음 셀시우스에게 갔을 것이다. 그리고 어쩌면 이 모든 일에 등골이 오싹했을 셀시우스 부인이 머리뼈 조각을 룬드대학교에 기증했을 것이다. 한편, 완전한 두개골은 노르덴플뤼크트의 연인 피세르스트룀에게 넘어가 독자적인 길을 걸었을 것이다.

　룬드대학교의 1780년 소장품 목록에 정수리 뼈가 처음 기재됐을 때 그 뼈는 당연히 진짜라고 여겨졌다. 하지만 곧 의심이 생겼다. 여러 해 동안 땅 속에 묻혔던 뼈가 왜 탈색되지 않고 진주처럼 하얄까? 어떻게 쉰넷이나 된 남자의 두개골이 이렇게 종이처럼 얇을까? 룬드대학교의 소장품 관리인들은 그 뼈가 데카르트 두개골의 일부라는 주장에 점점 의구심을 품었다. 내게 룬드대학교의 역사박물관 소장품을 안내해준 신티오는 그 뼈가 데카르트의 유골이라는 말에 키득거리며 웃을 정도였다.

　데카르트의 유골 이야기에는 근대의 한 세기 반에 걸쳐 일련의 스웨덴 사람들이 등장한다. 이 모두가 플란스트룀이 저지른 일일까? 아니면 그는 진짜 머리뼈를 빼돌려 부적으로 간직했던 죄밖에 없을까? 룬드대학교의 정수리 뼈는 데카르트 사후 100년이 지나고 나서야 역사에 등장했다. 100년은 너무나 긴 세월이어서 그 두꺼운 장막 뒤에서 무슨 일이 일어났는지 추측하기조차 쉽지 않다.

1821년 파리의 아카데미데시앙스(그 무렵 모든 과학 분야의 정당성 여부를 결정하는 일에 익숙해 있던)는 두개골 하나를 두고 상당히 고심했다. 그러나 과학자들의 의견은 대체로 비슷했던 것 같다. 화학자 베르톨레는 첫 모임 후에 친구인 베르셀리우스에게 편지를 썼다.

> 아카데미데시앙스는 지난 월요일 당신이 보낸 선물을 종교적인 외경심으로 생생하게 관찰했습니다. 우리는 그 두개골을 데카르트의 초상화와 비교했고 둘 사이의 유사성을 확인했습니다. 당신이 보낸 증거와 더불어 보건대 그 두개골이 데카르트의 것이라는 데는 의심의 여지가 없습니다.[19]

베르셀리우스는 상황을 알려주어서 고맙다고 답장을 보냈다. 그러고는 자신이 하고 있던 알칼리성 황 연구와 '알칼리성 황 용액에서 황산이 물을 붓기 전에 형성되는지, 부은 후에 형성되는지'에 대해 장황하게 늘어놓기 시작했다. 베르톨레는 답장에서 아카데미데시앙스의 후속 모임을 언급했다. 들랑브르가 그 두개골이 데카르트의 것임을 인정하지 않으려고 최선을 다했다는 내용이었다.

세계에서 가장 위대한 과학자들의 모임인 아카데미데시앙스는 결국 결론을 내렸다. 그 결론은 근대적 이상인 확실성이 아니라 개연성이라는 현대적 개념을 바탕으로 한 것이었다. 그들은 '의심'이 학문을 발전시키는 도구임을 세상에 선포했던 바로 그 머리를 의심했고 결국 그 머리가 진짜라고 인정했다.

5장

두개학의 발전

1767년 무렵, 독일 바덴Baden 주 티펜브론Tiefenbronn이라는 마을에 한 소년이 살았다. 그 소년은 같은 반 친구들을 관찰하다가 언어 기억력이 좋은 아이일수록, 가령《성경》의 긴 지문을 잘 암기하는 아이일수록 눈이 튀어나오는 경향이 있다는 것을 발견했다. 그 소년이 바로 프란츠 요제프 갈Franz Joseph Gall이다. 그는 집요하기로 유명한 인물이었다.[1] 20년 뒤 그는 빈에서 의사가 되었고 공개 강좌를 시작했다. 그는 공개 강좌에서 강의하는 학문을 '두개학頭蓋學'이라 불렀다. 또한 그는 두뇌를 해부하는 방법을 새로 개발했는데 옛날 과학자들처럼 뇌를 햄 자르듯 삭둑 자르지 않고 각 구조를 부드럽게 떼어내어 분석했다. 이를 바탕으로 뇌의 서로 다른 부위가 서로 다른 정신활동을 통제한다는 생각을 해냈다.

거기에서 멈추었더라면 그는 신경과학의 선구자로 칭송받았을 것이다. 안타깝게도 갈은 거기에서 더 나아갔다. 사실, 신경과학은 뇌 기능의 국재화Localization(특정 정신기능이 뇌의 특정 위치location에 존재한다는 개념이다_옮긴이 주) 개념을 토대로 세워진 학문이다. 그는 두뇌 부위들이 몸의 근육과 같다고 가정했다. 따라서 고도로 진화한 부위일수록 물리적으로도 더 발달하며 불룩 튀어나온다고 생각했다. 그는 두뇌의 다양한 부위를 파악하고 각 부위에 어떤 정신기능이 있는지 이해한다면 두개골의 형상을 '해석'해서 사람의 성향을 파악할 수 있을 것으로 여겼다.

사실, 골상학骨相學(특정 정신기능이 우수할수록 그 기능을 담당하는 부위가 커지므로 두개골의 형태로 사람의 심성과 능력을 알 수 있다는 학문이다_옮긴이 주)이라는 용어를 만들어낸 사람은 갈의 조수 중 하나였다. 갈은 그 용어를 좋아하지 않았고 다른 사람들이 개발한 골상학 원리를 인정하지도 않았다. 그런데도 사람들은 골상학이라는 단어를 들으면 갈의 이름을 떠올렸다. 그가 워낙 공격적으로 자신의 학문을 홍보했던 탓이었다. 빈에서 열린 공개 강좌와 실습은 무척 인기 있었다. 사람들은 일반적인 인간을 이해하기 위해, 그리고 자기 자신을 구체적으로 알기 위해 이 새로운 '현대적 방식'에 매달렸다.

갈의 이론은 구체적이었다. 그의 이론에 따르면 두뇌에는 27개

이상의 부위가 있고 각 부위마다 기만, 용기, 자살성향, 균형감각, 건축적 재능, 유머감각, 자비심, 집요함, (갈이 눈 뒤쪽에 있다고 생각한) 언어능력 같은 기능이 담겨 있다. 160년 전 데카르트는 과학으로 인체의 신비를 풀 수 있다고 주장한 바 있었다. 갈은 자신이 그 일을 해냈다고 선언했다.

데카르트처럼 갈도 오스트리아 최고 권력자들의 반대에 부딪혔다. 그들은 갈이 기존질서를 위협할 철학을 퍼뜨린다고 주장했다. 오스트리아의 황제 프란츠 1세Franz I(1792년에 신성로마제국의 황제 프란츠 2세로 즉위했으나 신성로마제국이 해체된 후 오스트리아제국의 프란츠 1세가 되었다_옮긴이 주)는 갈의 두개학 강의를 금지하는 칙령을 발표했다. 칙령에서 황제는 이렇게 주장했다.

> 요즘 머리와 관련된 이론이 한창 유행이다. 그 이론 때문에 아마 몇몇은 목숨을 잃게 될 것이다. 이 사상은 유물론唯物論으로 이어지므로 도덕과 종교의 제1원칙에 대립된다.[2]

갈의 골상학

이는 1630년대 위트레흐트대학교에서 레기우스가 데카르트주의를 주제로 처음 공개 강연을 했을 때 부딪혔던 비판과 같았다.

'유물론'은 인간을 포함해 세상에 존재하는 모든 것이 물질로 구성되어 있다는 철학이다. 그런 철학에는 신학이 설 자리가 없다. 선과 악이 두뇌에 이미 이식되어 있다면 어떻게 교회가 인간의 행동을 다스릴 수 있겠는가? 유럽 대부분에서 교회와 국가는 서로 긴밀한 관계여서(훗날 프란츠 1세는 프랑스혁명정부를 진압하기 위해 군대를 보내기도 했다) 종교에 대한 위협은 곧 정치권력에 대한 위협을 뜻했다.

대개 자기홍보를 잘하는 사람들이 그렇듯, 갈은 논란을 역이용해 자신의 이론을 널리 알렸다. 그는 동료인 요한 스푸르츠하임Johann Spurzheim과 함께 빈을 떠나 30개 도시를 돌아다니며 순회강연을 하는 바람에 유럽 전역에서 유명해졌다. 갈이 파리에 입성한 1807년 당시 사람들의 반응은 대단했다. 언론은 그의 '뇌 과학'을 묘사한 캐리커처를 실었고 파티에서 젊은이들이 서로의 머리를 눌러대는 유행이 생겼다. 코미디나 다름없었다. 갈은 대중의 관심을 즐겼지만 한편으로는 학문적 정당성을 갈망했다. 그는 두 가지 모두를 원했다. 두개학이 과학적 정당성을 인정받느냐, 못 받느냐는 물론 아카데미데시앙스의 손에 달려 있었다. 1808년 갈은 아카데미데시앙스에 자신의 연구를 개략적으로 정리해 제출했다. 아카데미데시앙스의 첫 반응은 조심스러웠다. 찬반이 뒤섞였다. 위원회는 빽빽하게 적힌 15쪽짜리 보고서에서 갈의 해부학 연구가 인상적이라고 언급했지만 머리뼈의 돌출부위를 해석하는 문제에는 침묵을 지켰다.

같은 파리에 정착했다. 공식적으로 인정받기로 마음먹은 그는 이론을 발전시켰다. 그의 골상학 이론은 뇌 해부와 관련 없었다는 점이 결함이었다. 다행히도 퀴비에의 환심을 살 만한 원칙에 근거하기는 했다. 당시 퀴비에는 아카데미데시앙스의 사무차관으로 연구의 정당성을 승인하는 위치에 있었다. 그는 비교해부학의 창시자 중 하나였는데 비교해부학은 바로 갈이 자신의 이론을 전개한 토대였다. 갈은 빈의 정신병원에서 일했을 때 편집증에 걸린 환자들을 다양하게 접했다. 그가 뇌 기능의 국재화 개념을 생각해낸 것도 바로 그때였다. 그는 특정 문제나 행동유형에 강박적으로 집착하는 증상이 두뇌의 특정 부위와 관련 있다고 여겼다. 나중에 그는 감옥에서 일하면서 수감자들의 머리를 연구했고 많은 수감자에게서 공통적으로 두개골 기형을 발견했다. 그는 귀 바로 위 특정 지점이 범죄성과 반사회적 행동성향을 반영한다고 결론지었다.

갈의 연구는 해부학적 비교를 토대로 삼았어야 했다. 빈에 머물렀을 적에 그는 처형당한 살인자와 죽은 광인의 두개골을 넘겨달라고 경찰과 정신병원에 부탁했다. 갈은 그들의 두개골을 분석하고 비교했다. 또 그는 놀라운 성취를 이룬, 고귀한 사람들의 두개골을 살펴보는 것도 중요하다고 생각했다. 위대한 사상가와 예술가, 정치가의 머리를 얻기란 쉽지 않았지만 갈은 집요했다. 그는 오랜 기간 두개골 300개와 두개골 석고모형을 모았다. 독일 문호 요한 볼프강 폰 괴테Johann Wolfgang von Goethe의 두개골에 얽힌 일화는 갈이 얼마나 교묘하고 집요한 인물인지 잘 보여준다. 갈은 괴테가 죽기 전부터 그 두개골을 수중에 넣고 싶었다. 갈이 어찌나 집요하게 부탁했던지 괴테는 자신의 머리모형을 주조하도록 너그럽게 허락해주었다. 그러나 갈은 거기서 만족하지 않았다. 그는 괴테의 머리모형을 주조한 조각가에게 나중에 혹시 괴테가 죽으면 '친척들에게 뇌물을 주어서라도' 그 머리를 자기에게 넘기도록 설득해달라고 간청했다.

그렇게 공들여 수집한 머리뼈 대부분을 갈은 빈에 두고 와야 했다. 파리에 오자마자 그는 다시 머리뼈를 수집하기 시작했다. 특히 저명인사의 머리뼈를 열성적으로 찾았다. 그리하여 1821년 그는 데카르트의 유골과 기이하게 조우했다. 바로 그해에 유명한 사상가의 머리뼈가 아카데미데시앙스에 도착했던 것이다. 갈은 분명히 그 머리뼈를 수중에 넣고 싶었을 것이다.

당시 갈은 자료를 충분히 수집했고 대단히 심도 있게 연구를 진행했기 때문에 아카데미데시앙스의 과학자들에게 정당성을 승인받을 수 있다고 자신했다. 아쉽게도 그해 갈은 아카데미데시앙스에 인정받겠다는 목표를 이루지 못했다. 아카데미데시앙스 회원들은 거의 일심동체로 골상학과 (두개골을 만져보고 사람의 적성과 결함을 평가하는) 두개학을 무시하기로 한 듯했다. 특히 퀴비에는 갈의 연구가 임상연구보다는 추측에 근거한다고 판단했다. 그는 골상학이 인간 지성, 감정, 성향의 원인을 지나치게 생물학에서 찾는다는 점에서 진화론과 비슷하다고 여겼다. 그것은 과학의 토대, 즉 창조물에 자유의지를 부여한 지적 창조자에 대한 모욕이었다.

갈은 아카데미데시앙스 회원들의 심사에서 딱 한 표를 얻었다. 친구인 박물학자 에티엔 제프루아 생틸레르Etienne Geoffroy Saint-Hilaire의 표였다. 그래도 갈은 계속해서 아카데미데시앙스에 매달렸다. 그는 1821년 10월 15일에 아카데미데시앙스 회원자격 심사의 토대가 될 연구를 제출했다. 들랑브르가 데카르트의 유골 보고서를 최종 발표하고 나서 한 주가 지난 뒤였다. 갈은 아마 베르셀리우스가 보낸 유골이 다섯 달 전에 도착했다는 사실을 알고 있었을 것이다. 그는 두개골의 석고모형을 뜨게 해달라고 요청했다. 퀴비에는 갈의 요청을 승낙했다. 그렇게 해서 데카르트의 머리뼈 모형은 볼테르, 괴테와 더불어 갈의 소장품이 되었다.

갈은 다름 아닌 뇌출혈로 7년 뒤에 죽었다. 그는 본인의 머리뼈를 자신의 두개골 소장품에 추가해달라고 유서에 명시했다. 갈이 죽은 다음 퀴비에는 갈이 수집한 두개골들을 프랑스 자연사박물관의 소장품으로 사들였다. 퀴비에가 갈의 연구를 단호하게 거부했던 전적을 감안한다면 다소 이해할 수 없는 결정이었다. 당시에는 골상학의 특정 주장을 반대하는 사람이라 해도 뇌와 두개골의 비교 연구가 가치 있는 일이며 뇌 과학을 발전시킬 것으로 믿었다. 프랑스 자연사박물관은 아카데미데시앙스 회원들에게 진짜로 판정받은 데카르트의 머리뼈를 보관하기로 한 곳이기도 했다. 그렇게 해서 데카르트의 머리뼈와 그 머리뼈의 석고모형, 갈의 머리뼈는 프랑스 자연사박물관의 영장류와 고인류古人類 유골 소장품 목록에 나란히 오르게 되었다.

뇌 연구 분야 샛별 플루랭스

1821년 퀴비에는 갈의 아카데미데시앙스 회원자격을 심사하는 동시에 다른 젊은 과학자가 제출한 연구도 검토했다. 당시 두뇌연구 분야에서 떠오르는 샛별이라 불리던 그는 마리 장 피에르 플루랭스Marie Jean Pierre Flourens였다. 처음에 그는 갈의 골상학 이론을 따랐지만 곧 단호하게 방향을 바꾸었고 나중에는 갈과 골상학을 끊임없이 비난했다. 갈의 이름이 과학계에서 점점 잊히고 갈의 머리뼈가 뇌 연구 분야의 연구자료로 전락하는 동안, 플루랭스는 주목받는 과학자가 되었다. 플루랭스는 '갈의 오류는 실험을 기초로 하지 않은 이론을 펼친 데 있다'고 지적했다. 갈은 오히려 실험은 환경에 좌지우지되므로 잘못된 결론을 낳을 수 있다고 믿었다. 갈의 연구법은 관찰이었다. 그는 복잡한 두뇌구조를 앉아서 연구했고 두개골을 비교했다. 반면에 플루랭스는 더 적극적인 방법으로 뇌의 비밀을 풀었다. 그는 살아 있는 동물(오리, 비둘기, 개구리, 고양이, 개)의 뇌로 엄청나게 실험을 했고 두뇌의 부위(대뇌, 소뇌, 숨뇌

등)를 체계적으로 정리했다. 특정 부위의 기능을 이해하기 위해서 그 부위를 제거해보거나 특정 부위에 자극을 주면서 동물의 행동이 어떻게 달라지는지 연구했다(이 과정에서 그는 클로로폼chloroform을 마취제로 이용하는 방법을 개척했다).

생체해부 비판만 아니면 그의 방법은 논리적인 과학탐구법으로 보인다. 하지만 당시 플루랭스는 자신의 실험방법론을 힘주어 변론해야 했다. 특히 그는 자신의 연구법을 갈의 방법론과 비교했다. 그는 관찰만으로는 "한계가 있어서 사실을 제대로 알아내기 힘들다"고 말했다. 플루랭스는 실험이 잘못된 결론을 낳을 수도 있다고 인정했다. 그런 단점은 연구자가 확실한 방법으로 실험을 수행하고 후속 연구를 토대로 결론을 수정한다면 해결할 수 있다고 생각했다. 이처럼 플루랭스는 선도적으로 뇌를 연구했고 실험의 중요성을 널리 알렸다.

그것 말고도 주목할 점은 그의 철학적 토대였다. 19세기 과학자들 틈에 낀 플루랭스는 과거에서 온 인물 같았다. 그는 두말할 여지없이 데카르트주의자였는데 자신도 그 사실을 숨기지 않았다. 그는 많은 저서에서 데카르트를 언급했다.

나는 데카르트를 자주 인용한다.[3] 그뿐만 아니라 내 연구를 그에게 헌정하고 싶다. 나는 나쁜 철학에 반대하고 좋은 철학을 되살리는 글을 쓰고 싶다.

플루랭스가 언급했던 나쁜 철학은 갈의 철학이다. 그는 갈이 두 개골 융기에 집착했다는 이유만으로 그의 이론에 불만을 가진 것이 아니었다. 플루랭스는 갈의 골상학에 내포된 철학에도 불만이 있었다. 갈이 주장한 대로 인간의 다양한 행동, 생각, 적성이 뇌의 특정 부위와 상응한다면 뇌는 곧 정신이 되고 만다. 뇌와 정신을 구분해야 하는지, 구분할 필요가 없는지가 뭐 그리 중요하냐고 묻고 싶은 독자도 있겠지만 사실 이 문제는 근대가 고심했던 문제 중 하나이며 오늘날까지도 중요한 문제로 남아 있다.

오스트리아의 황제 프란츠 1세도 두려워했던 것처럼 뇌와 정신을 동일시한다면 인간 행동의 모든 영역을 육체적 차원으로, 즉 뇌 내부의 물질조각으로 환원시킬 수 있다. 그렇다면 인간은 정교한 기계가 되고 만다. 인간의 모든 행동과 기능이 속속들이 설명되고 이해될 수 있게 된다. 이런 관점에서는 영혼의 존재를 부정하고 문화와 문명을 별것 아닌 것으로 경시하거나 다르게 해석할 수밖에 없다. 예술, 종교, 사랑, 결혼, 가족 간의 유대, 정치적·사회적 관계의 의미가 달라진다. 그러니까 문화의 토대가 흔들리는 것이다. 문화란 그저 살아가기 위한 임시방편에 불과해진다. 가령, 개인의 필요에 따라 달라지거나 폐기될 수 있는 것이 되고 만다. 이처럼 사람들은 사회적 토대가 흔들릴지도 모른다는 생각에 불안해했다. 그래서 19세기 사회는 근대 철학이 처음 등장했던 17세기처럼 동요했다.

이 동요를 최초로 야기한 사람이 데카르트라 할 수 있다. 그는 자연의 모든 물질처럼 인체도 분석할 수 있다고 생각했다. 그의 생각은 유물론과 유물론이 뜻할 수 있는 전부를 지칭하는 용어인 '무신론'이라는 비난을 받았다. 하지만 데카르트는 그 비난에 끈질기게 반론을 제기했다. 데카르트는 자신의 철학이 정신과 몸을 엄격하게 구분하고 영혼을 정신의 범주에 포함시키기 때문에 정신과 영혼의 독립적 고결성을 인정해주는 한편, 과학을 물리적 영역에만 한정시킨다고 생각했다. 따라서 영혼을 부정하고 문화와 문명을 경시하는 것과는 거리가 멀다고 주장했다.

플루랭스는 데카르트의 의견에 따라 뇌와 정신을 동일시하는 데 반대했다. 뇌를 해부학적으로 연구하는 사람이라면 뇌는 곧 정신이라고 생각하는 것이 당연할 것 같은데 그는 달랐다. 그의 논리는 다소 이상했다. 이쪽 신경을 건드리면 저쪽 근육이 수축하고, 다른 부위를 건드리면 말이나 옳고 그름의 판단에 영향을 미친다고 생각해보라. 그러면 머리뼈 안에 들어 있는 물질 덩어리로 정신의 모든 특성을 이해할 수 있지 않을까? 그러나 플루랭스는 뇌를 해부학적으로 연구하면서도 정신은 '어쨌든' 뇌와 다르다고 생각했다.

또한 플루랭스는 갈의 골상학 강좌가 관객을 홀리는 오락에 불과하다고 주장했다. 그는 갈이 강연에서 머리 이곳저곳을 손가락으로 누르며 이곳의 기능은 어떻고 저곳의 기능은 어떻다고 하는 모습이 사람들의 이목을 끌려 한다고 여겼다. 플루랭스는 갈이 기능, 즉 능력이라고 부르는 것은 실제로 물리적으로 확실하게 존재하지 않는다고 지적했다. 그는 "'능력'이란 그냥 '말'일 뿐이다"[4]라고 멋지게 조롱했다.

그럼에도 갈의 이론은 대단히 대중적인 관심을 끌었고 플루랭스도 그 점을 잘 알았다. 그는 골상학을 나쁜 과학으로 여겼고 골상학이 퍼지는 것을 막겠다고 결심했다.

"각 시대에는 그 시대만의 철학이 있다. 17세기에는 데카르트 철학이었고 18세기에는 로크와 콩디야크의 철학이었다. 그렇다면 19세기에는 갈의 철학에 월계관을 씌워줘야 할까?"[5]

다른 글에서는 데카르트는 스웨덴 땅에서 죽었는데 갈은 프랑스 땅을 호령한다[6]면서 그 둘을 인상적으로 비교했다.

플루랭스는 정신이 여러 기능의 집합이 아니라 하나의 완전한, 쪼갤 수 없는 전체라고 주장했다. 그 또한 데카르트의 생각을 따른 것이었다. 데카르트에 의하면 정신과 몸의 주요 차이는 '몸은 본성상 항상 나눌 수 있지만 마음은 절대 나눌 수 없다'는 것이다. 데카르트는 자신을 관찰한 후에 다음과 같은 결론에 이르렀다.

나 자신을 성찰하고 나 자신을 생각하는 물체로 간주했을 때 나는 어떤 부분으로도 쪼갤 수 없는 존재임을 알게 된다. 나는 절대적으로 완전한 하나의 존재임이 분명하다.

당시는 심리학이 등장하기 전이다. 현대 심리학에서는 자아나 정신, 개인을 여러 부분으로 구성된 존재로 여긴다. 에고ego와 이드id, 내면의 어린이, 아버지 상, 어머니 대지의 여신, 오이디푸스 콤플렉스 등 자아의 부분을 부르는 명칭은 세대에 따라 다르다. 그 점에서 보자면 골상학이 아무리 바보 같아도 전혀 일리가 없지는 않았다. 어떤 면에서는 갈이 플루랭스보다 더 현대적이라고 할 수도 있다. 그의 골상학은 심리학적 체계였다. 지그문트 프로이트 Sigmund Freud보다 거의 한 세기 전에 개인을 과학적으로 분석하려 했던 시도였으니 말이다.

하지만 플루랭스는 다른 과학자들과 마찬가지로 갈이 가리키는 방향으로 발을 내디딜 마음이 없었다. 그 이유는 과학적인 동시에 비과학적이었다. 과학사가인 로버트 M. 영Robert M. Young은 플루랭스가 과학과 개인적 철학 사이에서 분열된 입장을 보였다고 지적했다.

> 플루랭스는 생리학적 실험을 옹호했지만 과학적 방법으로 정신현 상을 연구하는 일은 완강히 거부했다.[7]

플루랭스는 두뇌의 물리적 작용을 과학적으로 연구했음에도 인간의 특성인 정신 또는 정신의 기관을 분석할 준비는 되어 있지 않았다. 그는 인간의 존엄성과 자유의지를 믿었고 따라서 인간의 정신은 부분으로 나누어 분석할 수 있는 것이 아니라고 생각했다. 플루랭스는 두뇌를 조각으로 자르는 일에는 열심이었으나 정신을 조각내지는 않았다. 정신을 조각조각으로 분석하는 일은 문명의 파멸을 낳을 것이라 믿었다.

정신과 뇌를 동일시했을 때 정치적·사회적·종교적 위기가 일어난다면 그 둘을 분리했을 때는 훨씬 더 근본적인 문제가 발생하고 만다. 데카르트도 정신과 뇌를 따로 생각하라고, 육체와 정신은 별개의 실체라고 했다. 그런데 육체와 정신이 서로 다른 세계에 속한다면 그 둘이 어떻게 상호작용을 할까? 위가 느끼는 허기가 어떻게 정신으로 전달되어, 정신이 다리에 냉장고로 가라고, 손에 문을 열라고, 눈에 그 안을 살펴보라고, 손가락에 먹다 남긴 피자를 집으라고 명령할 수 있을까? 간단히 말해, 우리는 어떻게 무엇인가를 할 수 있을까? 이처럼 아주 기본적인 질문만으로도 '정신-육체 이원론'이 삐걱댄다면 그 이론에는 심각한 결함이 있는 것이 아닐까?

해부연구를 바탕으로 한 데카르트는 뇌 가운데, 솔방울샘(내분비기관으로 송과선이라 불리기도 한다_옮긴이 주)이라는 작은 열매 모양의 기관에서 정신과 육체가 만난다고 설명했다. 그는 솔방울샘을 '영혼의 주요 자리이며 우리의 생각이 형성되는 곳'이라고 했다. 그의 추론은 대칭개념에 바탕을 두는데 정말 어이없을 정도로 단순하다.

이곳 말고는 두뇌에서 쌍을 이루지 않는 부위를 찾을 수 없기 때문이다. 우리는 2개의 눈으로 하나의 사물을 보고 2개의 귀로 하나의 목소리를 듣는다. 즉 한 번에 한 가지 생각밖에 하지 못한다. 그러므로 2개의 눈과 2개의 귀로 들어오는 인상은 영혼에 이르기 전에 인체의 어디에선가 하나로 합쳐질 것이다. 머리 전체에서 솔방울샘 말고는 그럴 만한 장소를 찾을 수가 없다. 게다가 이 샘은 그 목적에 가장 적절한 장소인, 모든 영역의 가운데에 있다. 또한 이 샘은 영혼을 뇌로 전달해주는 작은 경동맥 지류들에 둘러싸여 있다.[8]

데카르트가 그와 같은 생각을 발표하자마자 비판이 몰아쳤다.[9] '정신과 육체가 진짜 별개라면 어떻게 육체의 샘이 정신에너지의 전달체가 될 수 있는가?'라는 것이었다. 사실, 이 이론은 정신과 육체를 연결하려는 데카르트의 노력이 얼마나 불합리한지를 보여준다. 그 자신도 이 난제를 풀었노라고 단언하지는 않았다. 사실, 데카르트는 스웨덴으로 떠나기 훨씬 전에 이 문제가 인간의 정신으로 이해하기에는 너무 광대할지 모른다고 인정했다.

인간 지성으로는 영혼과 신체의 구분이나 둘의 결합이라는, 서로 다른 개념을 이해할 수 없는 것 같다. 왜냐하면 그것을 이해하려면 육체와 정신을 하나의 대상으로 인식하는 동시에 별개의 대상으로 인식해야 하기 때문이다. 하지만 그것은 말이 되지 않는다.[10]

데카르트답지 않게 겸손한 고백이다. 데카르트는 근대적 형태의 이원론을 탄생시켰고 그 개념을 끝까지 고수했다. 데카르트 이후 서양철학과 서양적 사고, 즉 근대성은 정신과 육체의 이원론 문제를 말 그대로 DNA에 간직했다. 그 문제는 아주 근원적이면서 광범위하기까지 해서 현재도 컴퓨터과학부터 신경과학, 심리학과 등 많은 학문과 관련되어 있다. 많은 서양 사람은 정신과 물질 이원론에서 물질을 비하함으로써 그 문제를 해결하려 했다. 프란츠 황제도 그러했고 위트레흐트대학교에서 데카르트를 비난했던 신학자 푸티위스도 마찬가지였다.

반면에 육체적·물질적 세상이 진정한 세상이며 물리적 세상 외부에는 아무것도 존재하지 않는다는 관점을 현대 용어로는 물리주의Physicalism라 부른다. 물리주의자로 분류되는 과학자와 철학자는 많다. 스스로 무신론자라 선언하고 과학, 물리적 세상, 지금 여기의 세상을 믿는다고 말하는 사람들은 물리주의적 입장에 서 있는 자들이다.

플루랭스의 후원자

플루랭스는 이미 오래전에 힘을 잃은 데카르트주의를 19세기의 최신 과학인 양 끌어들여 물리주의에 반대했다. 그의 반대는 자기기만에 가깝다. 자신의 세계관과 어긋나는 주장을 보지 않으려고 눈을 감는 것과 같다. 어찌 보면 현명한 시도이기도 했다. 많은 현대 사상가가 지적했듯이 물리주의자의 관점에는 근본적인 문제가 있다. 간단히 말하자면 물리주의자들은 '나'를 빼놓았다. 현재 뉴욕대학교New York University 철학교수인 토머스 나겔Thomas Nagel은 이렇게 표현했다.

> 많은 철학자에게 현실이란 물리학이 설명한 세계이다. 그러나 물리학은 세상을 바라보는 인간 고유의 관점과 가장 거리가 멀다. 물리학으로는 주관적일 수밖에 없는 정신과정의 특성을 설명할 수 없다. 정신과정은 뇌의 물리적 작용과 아무리 긴밀하게 연관된다 해도 주관적일 수밖에 없다. 의식의 주관성은 부정할 수 없는 현실이다. 의식의 주관성이 없다면 우리는 물리학도 그 무엇도 할 수 없다. 따라서 물질, 에너지, 공간, 시간, 수 같은 개념에 못지않게 의식의 주관성은 우리가 의존할 만한, 세계관의 토대임에 틀림없다.[11]

인간의 의식은 우리에게 가장 소중한 것들을 끌어올리는 우물과 같다. 따라서 의식을 중요하게 여기지 않는 이론은 모두 결함이 있다. 가령, 죽은 자를 애도하고 새끼 고양이를 쓰다듬고 메카를 향해 절하며 빛바랜 연애편지를 소중히 간직하고 다른 사람을 위해 자기 목숨을 걸며 무의식적으로 어머니를 증오하거나 의식적으로 상사를 싫어하는 등의 의식활동을 고려하지 않는 이론 말이다.

오늘날 과거의 낡은 체계, 특히 종교를 거부하고 그 대신 훌륭하고, 확고하며 '과학적인' 학문을 세워 복잡한 현대문제를 풀려는 사람들이 부딪히는 문제가 바로 그것이다. 과학의 대표적 관점은 객관성이다. 하지만 나겔이 지적한 것처럼 객관성과 현실이 아무리 연관되어 있어도 좀더 객관적으로 본다고 해서 모든 현실을 더 잘 이해할 수 있지는 않다.[12] 우리 자신, 즉 우리 개인의 의식을 현실의 일부로 인정해야 한다. 온갖 상념과 고통, 욕망의 폭풍 속에서도 현실을 객관적으로 인식하려는 개인의 정신 또한 현실의 일부임을 말이다.

데카르트가 정신과 육체를 분리한 뒤부터 그 누구도 정신과 육체를 연결할, 만족스러운 해답을 생각해내지 못했다. 1646년 데카르트는 그런 해답을 찾기란 불가능할지도 모른다고 선언했다. 1998년에 나겔은 "정신과 육체를 연결하는 문제에 아무도 그럴 듯한 대답을 찾지 못했다"고 단호하게 말했다. 1808년 퀴비에도 같이 아카데미데시앙스의 승인을 받기 위해 제출한 연구를 검토하면서 이와 거의 비슷한 이야기를 남겼다. 퀴비에를 비롯해 아카데미데시앙스의 학자들은 갈의 이론을 비판하면서 어쨌든 뇌는 인체의 나머지 부분과는 근본적으로 다른 것 같다고 상당히 우아하게 지적했다.

따라서 다른 기관의 활동을 설명하는 원리와 비슷하게 두뇌활동을 설명하는 생리학 이론으로는 뇌를 제대로 설명할 수 없다. 다른 기관에서 원인과 결과는 같은 형태를 지닌다. 예를 들어 심장이 혈액을 순환시키면 그것이 원인이 되어 다른 신체활동이 일어난다. (……) 반면에 두뇌는 완전히 다른 체계로 기능한다. 두뇌의 기능은 신경을 통해 감각의 인상을 받고 그것을 즉각 정신으로 전달하며 그 인상의 흔적을 간직했다가 정신이 필요로 할 때 (……) 재생하는 데 있다. 〔그리고〕 마지막으로 근육에 명령을 전달하는 것도 두뇌의 기능이다. 이 모든 기능이 신경을 통해, 의지의 욕망으로 이루어진다. 그러나 이 모든 기능은 분석 가능한 물질과 분석 불가능한 자아 사이의 이해할 수 없는 상호작용을 전제로 한다. 그것은 우리 사고체계의 메울 수 없는 틈새이자 우리 철학의 영원한 장애물이다.[13]

당시에도 지금처럼 정신과 육체의 연결 문제를 풀려는 시도에 따라 소위 진보와 보수로 나뉘었다. 이원론은 소수 학자들만 고심하는 문제로 보이지만 사실 신문과 TV 토크쇼를 수놓는 현실 세계의 투쟁과도 연결된다. 좌파라는 사람들은 정신과 두뇌를 동일시했을 때 일어날 결과에 수긍하는 경향이 있다. 그러니까 사회의 기본특징들, 즉 자아, 종교, 결혼, 도덕 등을 새로운 의미로 재구성할 수 있음을 받아들이려 한다. 사회의 가치를 재구성한 사례로는 여성과 소수자의 동등한 권리 보장, 낙태 합법화, 동성결혼과 입양지지, 다른 문화와 종교 존중 등을 들 수 있다. 이와 같은 사회문제를 이야기할 때 정신과 두뇌를 같다고 보는 사람들이 그 변화를 찬성하는지, 반대하는지는 중요하지 않다. 중요한 것은 정신과 두뇌를 동일시하는 관점을 지지했을 때 다양한 도덕적 성찰이 가능해진다는 점이다.

반면에 '보수적' 입장은 데카르트의 이원론을 토대로 '정신'과 '육체'를 분리하려 애쓴다. 종교의 문제에서든, 가족이나 자아의 문제에서든 체제 유지적 입장을 고수한다. 즉 영원하며 불변하는 가치 토대가 있다고 주장한다. 데카르트의 아이러니는 근대 학문의 전령이며 모든 우상의 파괴자였던 그의 철학이 19세기에는 보수주의자들의 논증에 사용되었다는 것이다. 19세기의 데카르트는 영원불변한 진리 둘레에 장벽을 짓고 근대의 침투를 저지하는 파수병이 되고 말았다.

19세기의 문화전쟁은 과학의 여러 전선에서 일어났다. 우선, 현미경이 거듭 정교해지면서 세포이론이 발달했다. 세포이론은 모든 생물이 세포라는 기본단위로 구성되며 세포는 스스로 분열하여 새 세포를 형성한다는 것이다. 세포의 등장으로 유물론적 성향의 과학자와 철학자 들은 형이상학에 의존할 필요가 없어졌다. 세포이론에 따르면 생명은 일련의 복잡하고 물리적인 상호작용의 결과였다. 19세기 문화전쟁이 벌어진 두 번째 대중전선은 다윈의 진화론이었다. 인간이 원숭이에서 진화했다는 생각은 특히나 악명 높았다.

세포이론과 진화론 못지않게 근본적이며 논쟁적인 분야가 바로 뇌 연구다. 프랑스 아카데미데시앙스의 사무차관으로 과학과 기존 질서의 수호자 역할을 하며 부분적으로는 종교적 토대 위에서 진화론에 반론을 펼쳤던 퀴비에에게 플루랭스는 신이 보낸 선물 같았다. 플루랭스는 영리하고 예리한 과학자인 동시에 정신의 고결함을 보존하고 기존 사회체제를 유지하는 데 깊은 신념을 지니고 있었다. 퀴비에는 플루랭스의 후원자를 자처했고 그를 후계자로 키우기 시작했다. 1832년 그는 병상에 누워 있을 때 플루랭스를 아카데미데시앙스의 차기 사무차관으로 뽑도록 동료들을 재촉했다. 결국 그의 뜻대로 이루어졌다.

퀴비에는 그해 5월 13일에 죽었다. 3일 후, 그의 소망대로 플루랭스는 오늘날이었다면 상당히 주목을 받았을, 하지만 당시로서는 그다지 충격적이지 않은 행사를 감독했다. 그는 아카데미데시앙스 동료들과 함께 퀴비에의 시신을 부검했다. 19세기 초반에는 과학자가 생전에 동료 과학자들을 지목해 사후 검시를 맡기는 것이 유행이었다. 그들은 죽은 뒤에도 과학지식의 발전에 기여하고 싶어했다. 이 유행은 1875년에 최고조에 달해, 파리에는 '상호검시협회Society of Mutual Autopsy'라는 모임이 생겨날 정도였다. 퀴비에의 친구들은 적절한 절차에 따라 그의 가슴과 복부를 열었고 주요 기관들을 관찰했다. 그다음에 그들은 가장 관심을 끄는 부위를 개봉했다. 〈주르날 데 데바Journal des débats〉 신문은 5월 16일자 1면 기사에 이렇게 보도했다.

> 두개골을 열었을 때 발달한 뇌의 모습에 모두 깜짝 놀랐다. 그 거대한 뇌의 표면에는 실로 엄청나게 주름이 많았다.

데카르트 머리뼈의 진위를 가려내는 등 과학발전에 두드러진 역할을 했던 퀴비에의 뇌는 뇌 과학 분야의 다음 논쟁에 휘말려들 운명이었다. 비교해부학의 창시자라 불리던 퀴비에의 뇌가 이제는 비교대상이 되었다.

인류학의 탄생

1857년 가을, 다윈이 런던에서 《종의 기원》을 집필하는 데 몰두하는 동안 피에르-폴 브로카라는 사람이 프랑스 서부의 앙굴렘 Angoulême이라는 마을을 방문했다. 그는 그곳에서 다윈이 불러일으킨 충격보다는 작지만 진화론처럼 세계관의 충돌을 불러올 이론을 발표했다.

그는 루Roux라는 이름의 농부를 만나러 그곳에 갔다. 사실, 농부 루보다는 그가 키우는 가축을 만나러 갔다는 편이 더 정확했다. 루는 산토끼와 집토끼를 이종교배異種交配하여 동네 푸줏간에 팔고 있었다. 사실 서로 다른 두 종을 교배시키기는 힘들었다. 수컷 산토끼는 알고 보니 매우 민감한 동물이어서 전희를 길게 즐겼다. 이는 단도직입적이고 멋대가리 없는 교미에 익숙했던 암컷 집토끼를 어리둥절하게 했다. 결국 농부 루가 두 종의 차이를 극복할 방법을 찾아내고 나자 좋은 결과를 얻었다. 두 종의 이종교배로 태어난 토끼의 고기는 지역사람들의 입맛에 잘 맞았다.

브로카가 찾아갔을 때 농부는 이미 6,7세대까지 토끼를 재생산하고 있었다. 이종교배로 태어난 토끼들은 집토끼와 산토끼의 특성을 조금씩 가지고 있을 뿐 아니라 자신들만의 고유 특성도 있었다. 그리고 그 형질은 재생산되었다. 브로카는 산토끼와 집토끼의 이종교배로 태어난 토끼는 분명히 새로운 종이며 따라서 과학자들은 '종의 불변성을 주장한 고전 학설이 완전히 잘못되었음을 인정해야 한다'고 주장했다. 브로카는 그 주장을 담은 논문을 파리의 생물학협회Société de Biologie에 제출했다. 생물학협회는 그의 논문에 어색한 침묵으로 답변했다.

다윈의 책, 그리고 거의 동시에 발표된 앨프리드 러셀 월리스 Alfred Russel Wallace(영국의 박물학자로 다윈의 진화론과 거의 유사한 〈변종이 본래의 형에서 무한히 멀어져가는 경향에 대하여On the Tendency of Varieties to Depart Indefinitely from the Original Type〉라는 논문을 썼다_옮긴이 주)의 글은 수천 년에 걸친 진화를 통해 수없이 많은 종의 생물이 지상에 탄생했다는 주장으로 논란을 일으켰다. 브로카의 이론도 그에 못지않게 혁명적이었다. 더군다나 그는 당장 몇 달 만에도 새로운 종이 생길 수 있다고 주장했다. 사실 농부들은 수 세기에 걸쳐 가축을 기르면서 선택적으로 번식시켜왔다. 브로카는 고전 학설, 즉 퀴비에의 '종 불변설'이 헛소리나 다름없다고 과학적으로 선언한 셈이었다.

생물학협회를 이끌던 학자들은 그에게 주장을 단념하라며 압력을 행사했다. 성과 성행위를 노골적으로 다룬 것 또한 그의 주장이 지지를 얻지 못하는 데 한몫했다. 그러자 그는 몇몇 지식인들과 더불어 새로운 과학접근법을, 과학을 새롭게 적용하는 방법을 모색했다. 그들은 다양한 학문을 한데 모아 인간과 사회를 연구할 생각이었다. 그들의 방침은 다른 동물종과 마찬가지로 인간을 냉정하게 개인으로서, 집단으로서, 환경 속에서 연구하는 것이었다. 브로카는 의학을 전공했지만 믿을 수 없을 만큼 에너지와 호기심이 넘치는 사람이어서 다양한 분야를 거의 동시에 연구했다. 그는 외과의인 동시에 해부학자, 두뇌연구자, 암 연구자, 진화론 지지자였다. 또 화석과 척수손상도 연구했으며 수혈방법의 선구자이자 언어 기제의 이론가이기도 했다. 집토끼-산토끼의 교배 연구 후, 그는 새로운 학회 그리고 그 학회가 연구할 학문분야를 새로 설립할 계획을 세웠다. 그 분야는 되도록 다양한 분야를 결합하는 연구가 되어야 했다. 그리하여 인간을 다면적으로 연구하는 방법을 일컫는 용어로 '인류학Anthropologie'이 탄생했다.

브로카의 인류학학회Société de Anthropologie는 즉각 문제에 부딪혔다. 학회를 창립하려면 정부의 승인이 필요했다. 하지만 사람을 동물처럼 연구하겠다니, 정부관계자들에게는 놀랄 만큼 저속하게 들렸다. 브로카는 지칠 줄 모르는 노력으로 다양한 정부부처를 공략했고 결국 정부는 마지못해 인류학학회에 모임을 가져도 좋다고 승낙했다. 그러면서 그들이 체제전복적인 연구를 진행하지 않을까 염려한 당국은 경찰관 입회하에 모임을 열도록 했다(경찰관은 2년 동안 이 학회의 불가사의한 모임에 참석해 꾸벅꾸벅 졸았다가, 어느 날부터 아무 말 없이 나오지 않았다).

정부의 승인을 얻은 브로카는 엄청나게 다양한 주제를(대체로 그의 마음대로) 다루는 모임을 일관성 있게 이끌었다. 산토끼와 집토끼의 문제도 그들의 모임과 관계 없다고는 할 수 없었다. 브로카는 인간의 상호작용을 정말 철저하게 그리고 냉정하게, 교미와 재생산의 문제까지 연구했다. 몇몇 동료 학자들은 그와 같은 연구에 분개했다. 브로카는 퀴비에나 플루랭스와는 달리 정치적으로나 기질적으로 현 체제에 반항아였다. 그는 절대적인 기존 질서를 싫어했고 새로운 학문분과를 개척했을 뿐 아니라 종교와 미신에도 저항해, 후대 과학자들에게 영웅이 되었다.

그는 그다지 영웅적이지 않은 방면에서도 선구자가 되었다. 인류학이라는, 인간집단과 그 차이를 연구하는 학문에 발을 깊이 담그다 보니 인종주의人種主義(인종의 생물학적·생리학적 특징에 따라 인종 사이의 불평등한 억압을 합리화하는 사고방식이다_옮긴이 주)를 과학적으로 승인하는 것과 비슷한 결과를 낳았던 것이다.

인류학학회가 다루었던 연구는 대부분 오늘날 인류학과에서 하는 것과 매우 유사하다. 인류학학회는 1861년 '뉴칼레도니아의 필루-필루Pilou-Pilou 축제가면' 연구로 시작되었다. 이 가면은 그 모양이 매우 독특한 데다 고대 그리스의 가면과 닮아서 사람들의 관심을 끌었다. 또한 오하이오의 근친결혼을 분석한 보고서도 발표되었다. 당시는 오하이오에서 사촌 간 결혼을 금지하는 법이 통과된 지 얼마 되지 않았을 때였다. 프랑스의 인류학자들이 '상당히 흥미롭다'고 표현했던 이 자료는 오하이오 주에서 사촌끼리 결혼을 했다고 알려진 873쌍이 3,900명의 자손을 낳았으며 그중 2,400명이 '심각한 기형이나 정신박약' 증세가 있음을 보여주었다. 일반적으로 근친상간은 관습과 도덕에 의해 금지되었다. 인류학학회는 이와 같은 금지의 기저에 깔린 유전적 이유를 찾고 싶었을 것이다.

1861년 인류학학회에서는 뉴칼레도니아 부족 남자의 두개골과 뉴헤브리디스New Hebrides 제도 원주민의 두개골을 포함해 다양한 부족의 두개골을 비교한 목록과 《다양한 인종의 두상The Forms of the Head in the Various Races》이라는 프랑스 번역 원고가 발표되었다.

이 새로운 학문의 주요 관심사로 보건대, 문화의 차이를 비교하는 것은 당연히 연구의 일부였다.

사실 그 비교에는 대단히 중대한 의미가 부여되었다. 민족의 기원과 민족적·문화적 정체성에 대한 토론은 특정 민족이 우월하다고 믿고 싶은 욕망을 드러냈다. 즉 19세기 과학은 민족의 오랜 자아상을 확인해주어야 했다. 프랑스의 경우, 너무나도 궁금한 질문은 이런 것이었다. '초기 프랑스인들은 누구인가?', '그들은 어떤 면에서 다른 민족과 달랐는가?' 브로카의 인류학학회 회원들은 고대 갈리아인(지금의 프랑스, 벨기에, 이탈리아 북부에 살던 고대 부족으로, 기원전 2000년부터 유럽 대부분의 지역에 거주해온 켈트족의 일파이다_옮긴이 주)을, 그리고 갈리아인과 켈트족의 관계를 연구했다. 그들은 카이사르가 쓴《갈리아 원정기》에서 갈리아 부족을 묘사한 부분을 읽으면서 프랑스인 고유의 특징을 찾아내려고 애썼다. 그와 같은 과정에서 제1세대 인류학자들은 각각 다양한 범주로 구성된 인종 지형도를 무수히 내놓았다. 인류를 백인, 황인, 홍인, 갈인, 흑인 이렇게 5개의 인종범주로 나누는 학자가 있는가 하면 15종으로 분류한 학자도 있었다.

참으로 이상한 일이었다. 인류학은 원래 객관성을 헌신적으로 쫓는 과학정신을 가장 뚜렷하게 표명하며 출발한 학문이었다. 인류학자는 과학의 특징인 사심 없는 탐구로 인간과 인간 공동체를 이해하겠다고 맹세한 사람이다. 즉 데카르트의 방법론을 철저히 적용하고 전통을 과감히 버리며 대대로 전수받은 사회와 민족, 계급에 얽힌 지식에 연연하지 않겠다고 선언한 사람이다. 그러나 그들은 인간의 유형을 분류하는 문제를 복잡하게 파고들다가 말 그대로 인종주의자가 되고 말았다.

물론 인류학자들이 유럽 백인의 우월성을 설명하기 위해 다른 인종을 깎아내리지는 않았다. 사실 그들은 '어느 인종이 우월할까?'라는 질문을 던지지도, 그 물음을 풀려고 애쓰지도 않았다. 백인이 우월하다는 가정을 세우고서 그 가정을 증명하기 위해 노력하지도 않았다. 백인의 우월성은 너무도 자명한 사실이어서 증명할 필요조차 없다는 것이 그들의 생각이었다. 과학이 할 일은 백인이 우월한 이유를 찾아내는 것이었다. 물론, 19세기에는 거의 모든 문화에 인종주의가 내재해 있었다. 인류학을 옹호하기 위해 한마디 덧붙이자면, 인류학은 19세기에 다양한 방면에서 표현된 백인의 우월감을 연구하다가 인종평등이라는 완전히 새로운 개념을 본의 아니게 끌어내기도 했다.

19세기 과학자들은 백인의 우월성을 탐구할 때 언어나 역사 같은 문화적 특성보다는 머리색, 피부색, 치아의 크기와 모양, 콧구멍의 넓이, 입술의 두께, 턱선, 가슴털, 가슴의 크기, 남근의 길이, 성욕 등 신체적 특성에 중점을 두었다. 그들은 불쾌하리만치 생생하게 인체를 백과사전식으로 연구했다. 연구대상이 되었던 신체부위 중에서 얼굴과 머리가 가장 중요했다. 스위스 시인인 요한

라바터Johann Lavater가 발전시켰으며 19세기 많은 학자의 손으로 다듬어진 인상학Physiognomy은 각 인종의 머리와 얼굴형이 지능과 성향을 보여준다는 생각이 중심이다. 인상학을 다듬고 과학적으로 승인한 사람은 다름 아닌 퀴비에였다.

퀴비에의 비교해부학 연구 중에는 오늘날 읽기에 민망한 것도 있다. 《비교해부학 강의Leçons d'Anatomie Comparée》라는 교재에서 그는 다양한 원숭이와 다양한 인종의 안면각을 측정했다.[14] 안면각은 이마부터 치아 앞면까지의 각을 일컫는다. 짧은꼬리원숭이의 안면각은 45도로 이마에서 입술까지 경사가 심하다. 원숭이들은 안면각이 보통 60도 정도이다. 오랑우탄은 67도이다. 퀴비에는 이 67도라는 각도가 '니그로'의 안면각인 70도와 대단히 비슷한 반면, 유럽인의 안면각인 80도와는 상당히 멀다고 지적했다. 퀴비에는 이마뼈가 납작할수록 전두엽이 작다고 생각했다. 더 나아가 그는 안면각이 기울어질수록 지능이 낮으며 '동물적' 본능에 이끌린다고 추론했다. 퀴비에는 안면각 분석을 그 밖의 비교해부학 자료에 덧붙여 다음처럼 짧게 정리했다.

> 니그로 인종은 남반구에 갇혀 있다. 그들은 피부색이 검고 머리는 부스스하며 두개골이 작고 코는 납작하다. 돌출된 입 부위와 커다란 입술로 보아 분명히 원숭이와 가깝다. 니그로에 속하는 부족들은 항상 야만스러웠다.[15]

인류학의 연구는 이와 같은 자료와 주장을 토대로 출발했다. 브로카가 인류학학회를 창립할 당시, 한창 전성기를 누렸던 또 다른 비교해부학 개념은 바로 두개용량Cranial Capacity이다. 아카데미데시앙스가 갈의 연구 중에서 비교적 두말없이 인정한 것 중 하나가 두뇌의 크기가 지능과 상관관계가 있다는 연구였다. 그러니까 두뇌가 클수록 더 영리하다는 생각인 것이다.

골상학의 화려한 변신과 두개용량 이론

프랑스 아카데미데시앙스는 골상학을 과학으로 인정하지 않았지만 골상학은 대중적 의식 속에 성장해 19세기 내내 영국과 미국에서 인기를 누렸다. 특히 미국의 개인주의와 계층상승욕구와 잘 맞아떨어졌다. 두뇌의 특정 부위가 특정한 정신 기능을 담당한다는 갈의 이론에 따르면 어떤 사람은 다른 사람보다 사랑하는 능력이나 지능, 지혜의 능력을 더 많이 가지고 태어난다. 그렇다면 사회적 신분이 그다지 중요하지 않다는 뜻이기 때문에 충격적이기도 했다. 골상학은 19세기 부모와 의사, 교육자 들 사이에서 자기계발 프로그램으로 진화했다. 이 자기계발 프로그램은 우리 모두 장점과 약점을 지니고 태어났으며 노력으로 약점을 개선할 수 있다고 부르짖었다.

한편 독일의 골상학은 같이 빈에서 만들어낸 이론을 따라가면서도 꽤 다른 사회적 경로로 진화했다. 독일에서 골상학은 군주제를 반대하는 진영의 사상이 되었다. 19세기 초반의 독일은 반半봉건국가들로 구성된, 복잡한 연합체였다. 1840년대에 이르자 거추장스러운 군주제를 벗어던지고 민주주의를 받아들여 새로운 연방독일로 통일하자는 운동이 여러 계층에서 불붙었다. 골상학은 실제로 이 운동의 지도자였던 구스타프 폰 슈트루베Gustav von Struve(독일혁명 당시 헌법으로 통치되는 민족국가를 부르짖으며 바덴에서 봉기를 이끈 주역 중 하나이다_옮긴이 주)가 내건 정견의 강령이 되었으며 1848년 독일혁명을 일으키는 데 기여했다. 슈트루베를 비롯한 독일인들도 미국인들처럼 골상학에서 인간의 두뇌, 즉 인간의 정신은 무수히 많은 개별적 차이가 있긴 하지만 근본적으로 비슷하므로 모든 사람은 똑같은 지위와 대접을 받을 자격이 있다는 생각을 끌어냈다.

혁명은 정치적으로 혼란스러운 상황을 낳았다. 전통주의자들이 보기에 과학과 유물론은 혼란을 더욱 가중시킬 뿐이었다. 19세기 중반 독일의 과학자들은 공공연하게 무신론을 신조로 내걸었다. 이는 1854년부터 시작되었는데 결국 저명한 두 독일 과학자, 즉 생리학자 루돌프 바그너Rudolf Wagner(생리학자이자 해부학자로 천재 수학자 카를 프리드리히 가우스Karl Friedrich Gauss의 뇌를 연구하기도 했다_옮긴이 주)와 동물학자 카를 포크트Karl Vogt(자연과학적 유물론자로 1848

년 독일혁명에 참가했다_옮긴이 주)의 결전으로 이어졌다.

두 사람은 과학의 여러 분과에서 제시하는 자료들이 생명의 기원에 대한《성경》의 입장과 모순되는지 여부를 놓고 공개 토론을 벌였다. 바그너는 확고하게 보수주의 편이었다. 그는 모든 과학적 사실이 창조설과 일치한다고 믿었다. 더 나아가 사회의 토대는 종교와 종교적 도덕성이며 과학연구는 교리가 허락하는 범위에서만 이루어져야 한다고 믿었다. 그는 유물론적 철학을 키운다면 과학은 사회질서의 도덕적 토대를 파괴한다는 의혹을 살 것이라고 경고했다. 바그너는 유물론의 뿌리가 뇌 과학에 있다고 보았다.[16] 그래서 그는 독일의 과학자들에게 정신과 뇌를 분리해서 생각해야 한다고, 그것이 과학자들의 '민족적' 의무라고 주장하기까지 했다.

저항적 기질의 유물론자였던 포크트는 그와 같은 생각을 조롱했다. 그는 뇌가 생각의 기관임이 명백하다고 선언했으며 정신과 뇌가 같다는 것을 무척 생생한 비유로 설명했다.

위가 위액을 분비하고, 간이 담즙을, 신장이 오줌을 분비하는 것처럼 두뇌는 생각을 분비한다.

훗날 포크트는 물질이 아닌 영혼과 정신을 같은 것으로 본 데카르트를 맹비난했다. 그는 이렇게 단언했다.

"영혼의 활동은 뇌의 기능일 뿐이다. 독립적인 영혼 같은 것은 없다."

바그너는 포크트의 생각이 위험한 헛소리라고 주장했다. 흥미롭게도 그는 포크트의 주장에 반론을 펴기 위해 말년을 두개용량 이론을 연구하는 데 바쳤다. 그는 유물론의 기초개념인 두개용량 이론을 역으로 활용해 유물론이 틀렸음을 증명할 생각이었다. 만약 물질적인 두뇌와 물질적이지 않은 생각이 서로 분명하게 연결되어 있다면, 곧 뇌가 정신이라면 위대한 정신의 소유자는 반드시 두뇌도 커야 했다. 따라서 그는 당시로서는 가장 빈틈없이 저명한 사상가들의 두개골과 뇌 연구를 진행했고 그들의 뇌와 두개골을 평범한 사람들의 것과 비교했다.

바그너는 상당히 기이한 방법으로 연구를 시작했다. 그가 위대한 사람들의 뇌를 연구해야겠다고 마음먹었을 때, 마침 역사상 가장 위대한 수학자이자 자신처럼 괴팅겐대학교Georg-August-Universität zu Göttingen에서 강의를 하던 동료교수 가우스(독일의 수학자이자 천문학자로 정수의 성질을 연구하는 학문인 현대 정수론整數論의 기초를 닦았다_옮긴이 주)가 병상에서 죽어가고 있었다. 두 사람은 서로 잘 모르는 사이였는데 갑자기 바그너가 나타나 가우스의 침상을 지켰다. 가우스가 죽은 뒤 가족은 가우스의 시신을 과학적 목적으로 부검하는 데 동의했다. 바그너가 가우스의 뇌를 얻었다.

바그너는 뒤이어 다른 유명 학자들의 두뇌와 두개골도 수집했다(그 무렵 괴팅겐대학교의 나이든 사상가가 많이 죽었는데 바그너는 다양한 방법으로 그들의 머리를 얻어내는 데 성공했다). 또한 평범한 사람들과 살인자, 강간범, 정신이상자 들의 머리도 수집하여 무게와 형태를 비교했다. 그렇게 해서 얻은 연구결과, 바그너는 천재들의 뇌 표면에는 주름이 더 많다고 인정할 수밖에 없었다. 그런데 수집한 두뇌와 그 무게를 목록으로 정리하고 나자 그는 뇌의 크기는 사실상 중요하지 않다고 주장했다. 그가 수집한 964개의 뇌 가운데 가우스의 뇌는 1,492그램으로 125위를 차지했다. 목록에서 무거운 뇌 중에는 평범한 노동자와 정박아의 것도 있었다.

바그너의 뇌 무게 연구는 1861년 2월 파리에 상세히 알려졌고 그 즉시 브로카의 인류학학회에서 주요 토론주제가 되었다. 브로카 자신은 이미 두개골과 뇌를 재는 방법을 개발한 적이 있었고 두뇌의 크기와 지능 사이에 상관관계가 있다고 믿고 있었다. 브로카는 바그너의 논문을 읽고 그 믿음을 버리기는커녕 그의 논문이 자신의 이론을 증명한 셈이나 다름없다고 생각했다. 그는 동료들에게 "인류학학회에서 지금껏 토론했던 주제들 중에서 이번 주제만큼 흥미롭고 중요한 것은 없었습니다"라고 말했다. 그는 두개용량의 문제는 유물론 논쟁뿐 아니라 인종의 서열을 정하려는 시도와도 관련 있다고 했다.

"인류학자들이 두개학Craniology을 몹시 중요하게 여기는 바람에 두개골 연구에 몰두하느라 인류학의 다른 영역들을 소홀히 했습니다. 물론 이런 편향에는 나름의 이유가 있습니다. 두개골 연구가 해부학적으로 중요할 뿐 아니라 여러 인종의 지적 능력을 평가하는 일과도 관련 있기 때문입니다."[17]

브로카는 같은 해 3월부터 몇 달에 걸쳐 인류학학회의 동료 학자들 앞에 바그너와 자신이 모은 자료를 늘어놓았다. 우선 브로카는 바그너가 이루어낸, 전례 없는 연구의 가치를 인정했다. 그러나 방법론적 오류 때문에 바그너의 결론은 전혀 신뢰할 가치가 없다고 지적했다.

"바그너 선생은 이질적인 관찰을 허둥지둥 한데 모았을 뿐입니다. 그는 여성과 남성 그리고 모든 연령대의 뇌, 백치와 간질환자, 정신이상자와 뇌수종 환자(머리에 물이 든 사람), 뇌졸중 환자와 미친 중풍환자와 미치지 않은 중풍환자의 뇌를 무게에 따라 나열했습니다. 그가 이렇게 잡다한 요소를 한데 뒤섞었다는 것이 놀라울 따름입니다."

여자의 뇌가 남자의 뇌보다 대체로 작다는 것은 잘 알려져 있었다. 물론 아이의 뇌는 어른의 뇌보다 작다는 것도 말이다. 그리고 브로카가 언급했던 여러 질병에 걸린 사람들의 뇌는 매우 작거나 매우 크다는 것도 알려져 있었다. 따라서 브로카는 바그너의 자료에서 건강한 성인 남성의 뇌만 골라내어 다시 정리했다. 새롭게 정리한 자료에서 뇌의 수는 964개에서 347개로 줄었다. 또한 브로카는 바그너의 방법을 따라 역사적 기록들도 조사해서 자료를 보충했다.

물론 역사적 기록 중에는 정황상 추론에 불과한 것도 있었다. 파스칼의 기록에는 사후 부검을 할 때 의사들이 '뇌 성분이 엄청나게 풍부했다'고 평가했다는 언급이 있었다. 브로카는 영국의 청교도혁명을 이끈 올리버 크롬웰Oliver Cromwell의 부검기록에 따르면, 호국경護國卿 크롬웰의 뇌는 6.25파운드(약 2,830그램)에 달한다. 브로카는 6.25파운드는 이제까지 알려진 뇌의 무게보다 터무니없이 크다며 그 수치를 신뢰하지 않았다. 그런데 그는 영국의 옛 측량법에서는 1파운드가 12온스에 해당하므로 다시 계산해보면 크롬웰의 뇌는 75온스(약 2,120그램)로, 크롬웰의 두뇌가 진짜 거대하긴 하지만 있을 수 없는 무게는 아니라고 말했다. 그는 다른 분야의 천재들도 조사했다. 영국의 시인 조지 고든 바이런George Gordon Byron 경의 뇌 무게는 1,807그램으로 평균 성인 남성의 뇌 무게보다 400그램이 더 많았다.

그렇다면 프랑스의 천재들은 어떠한가? 브로카는 매우 훌륭한 증거가 코앞에 있다고 언급했다. 바로 위대한 퀴비에의 뇌 말이다.

"퀴비에의 부검을 도왔던 저명한 해부학자들이 그처럼 복잡하고 깊게 주름이 덮인 뇌는 본 적이 없다고 발표했습니다."

다행히도 그 과학자들은 퀴비에의 뇌를 꺼내 무게를 달았고 브로카는 그 결과를 흡족하게 인용했다. 1,830그램. 퀴비에가 뇌 무게 목록에서 1위를 차지했다.

그러니까 브로카는 바그너의 표에 자료를 첨가하고 수정하여 머리 크기와 지능 사이에 상관관계가 있음을 보여주는, 설득력 있는 증거를 만들어냈다. 브로카는 간략히 결론을 요약했다.

> 일반적으로 남자의 뇌가 여자의 뇌보다 크고, 걸출한 사람들의 뇌가 평범한 사람들의 뇌보다, 우월한 인종의 뇌가 열등한 인종의 뇌보다 큽니다. 다른 조건이 동일하다면 지능의 발전과 뇌의 부피는 주목할 만한 관계가 있습니다.[18]

퀴비에가 살아 있었다면 분명히 심경이 복잡했을 것이다. 사후 자신의 뇌가 과학연구에 사용되었다는 점은 기뻐했겠지만 브로카의 유물론적 논지에는 동의하기 힘들었을 테니 말이다. 그리고 그 유물론적인 논지를 증명하기 위해 자신의 뇌가 쓰였다는 점은 더더군다나 못마땅했을 것이다.

그라티올레의 반박

공교롭게도 인류학학회 회원 중 어느 누구도 브로카의 주장에 동의하지 않았다. 루이 피에르 그라티올레Louis Pierre Gratiolet는 과학자로서나 해부학자로서 브로카에 못지않았다. 그는 두뇌의 두 반구가 각각 반대쪽 신체의 움직임을 통제한다는 것을 처음으로 알아낸 사람이다. 그라티올레는 또한 두뇌의 네 두엽(후두엽, 측두엽, 두정엽, 전두엽)을 찾아내 이름을 붙였다. 섬엽도 발견했다. 섬엽은 두뇌의 중앙에 위치하는데 다섯 번째 두엽으로 여겨지기도 한다.

공교롭게도 그라티올레는 브로카와 같은 마을 출신이었다(생트 포이 라 그랑드Ste. Foy La Grande라는 작은 마을에는 오늘날 브로카라 불리는 지명과 그라티올레라 불리는 도로가 있다). 두 사람은 일찍부터 서로를 알고 지냈다. 사실 그 때문에 그라티올레는 힘들어했다. 브로카가 불같은 성질에 반항적인 기질을 지닌 반면, 그라티올레는 조용하지만 포기를 모르는 성격이었다. 브로카는 사람들의 관심을 끄는 인물이지만 그라티올레는 음울한 성격 때문에 주목을 받지 못했다. 그라티올레는 높은 사회적 지위에 오를 것이라는 기대 속에서 자랐지만 그의 가족은 항상 가난했다. 그는 수준 높은 교육을 받았고 두드러지게 학문적 성취를 이루었음에도 그에 걸맞은 사회적 지위에 오르지는 못했다. 그래서 그는 평생 가난했다.

하지만 그라티올레는 그 누구보다 뇌에 대해 잘 알았다(그의 지식은 대표작《인간과 영장류의 뇌 주름Mémoire sur les plis cérébraux de l'homme et des primates》이라는 제목뿐 아니라 내용에서도 여실히 드러난다). 그라티올레는 바그너의 연구를 세세히 검토해본 결과 브로카가 수정한 결과를 신뢰할 수 없다고 결론지었다. 그는 뇌 무게나 두개골 크기와 지능의 상관관계를 찾을 수가 없었다. 바그너의 연구에 오류가 있다면, 즉 이질적인 뇌들을 한 도표에 넣어서 고의적으로 결과를 얼버무렸다면 브로카 또한 자신의 이론에 자료를 짜 맞추었다. 그라티올레는 브로카가 퀴비에의 뇌를 무척 강조했으므로 그 뇌를 찾아 프랑스 자연사박물관을 뒤졌다. 이상하게도 퀴비에의 뇌는 보존되어 있지 않았고 그의 두개골도 찾을 수 없었다.

그라티올레는 6월 6일 이런저런 정보로 무장한 채 인류학학회에 나타났다. 그는 동료들에게 바그너의 수치를 꼼꼼히 제시했다. 그리고 가우스가 당대 가장 위대한 천재임이 틀림없지만 자료에 따르면 분명히 그의 뇌는 거대하지 않고 무게 면에서도 특출하지 않다고 결론지었다. 그는 바그너가 괴팅겐에서 수집했던 뇌 가운데 광물학자 요한 하우스만Johann Hausmann의 뇌를 예로 들었다. 브로카는 바그너의 표에서 하우스만의 뇌 무게 등수가 높지 않은 탓에 그를 중요하지 않은 지식인으로 깎아내렸다. 그것은 정당한 처사가 아니었다. 하우스만의 연구를 아는 독일인들은 그를 대단히 걸출한 과학자로 인정했다. 프랑스 과학자들도 마찬가지였다. 그라티올레는 이렇게 평했다.

> 그는 절대 평범한 지성이 아니라고 단언할 수 있습니다. 그러나 다시 말하건대 그의 뇌는 작습니다.[19]

자, 이제 그라티올레의 고국, 프랑스의 천재를 언급할 시간이다. 그라티올레는 브로카가 퀴비에의 뇌 크기에 내놓은 의견에 의문을 제기했다.

브로카의 표현을 문자 그대로 이해한다면 퀴비에의 뇌 무게는 있을 수 없는 무게라고 할 수는 없지만 거의 초자연적이라 할 만합니다.[20]

문제는 1,830그램이라는 수치가 진짜인지 여부를 입증할 방법이 없다는 것이었다. 물론 틀렸음을 입증할 수도 없었다. 그럼에도 그라티올레는 특유의 집념으로 새로운 방법을 시도했다. 뇌의무게를 재는 것은 흔한 일이 아니지만 머리 크기는 쉽게 잴 수가있다. 퀴비에의 머리를 재본 사람이 모자 만드는 사람 말고 또 누가 있겠는가?

그는 퀴비에의 친구들에게 의뢰를 해 루소Rousseau라는 이름의의사를 찾아냈다. 마침 루소는 퀴비에의 모자를 하나 간직하고 있었다. 그라티올레는 그 모자를 파리에서 가장 유명한 모자제조자에게 들고 갔다. 모자제조자는 모자의 크기가 가장 큰 치수이긴하지만 절대 거대하지는 않다고 말했다. 그라티올레는 거기서 이야기를 끝내지 않았다. 그는 동료 과학자들에게 '퀴비에는 머리숱이 지극히 많고' 무성했다고 언급했다. 따라서 모자의 크기는 실제 두개골의 크기보다 컸을 것이다.

"퀴비에의 두개골은 분명히 상당히 크긴 하지만 이례적일 정도는 아니었습니다."

그라티올레의 발표, 즉 두개용량 이론을 무장 해제하려는 시도는 그것이 끝이 아니었다. 두개용량 이론에 따르자면 위대한 지성일수록 큰 뇌와 두개골을 지닌다. 최고 지성의 뇌와 두개골은 초대형이어야 한다. 그러나 거대한 지적 성취를 이룬 가우스의 뇌는 다소 평범한 크기다. 좋다, 예외라고 치자. 그렇다면 그와 비슷하거나 혹은 훨씬 위대하거나 영향력 있는 천재의 뇌나 두개골을 찾을 수 있을까? 그라티올레는 마침 프랑스 자연사박물관의 소장품들을 잘 알았는데 거기서 적합한 소장품을 끄집어냈다. 두개용량 이론을 지지하는 사람들이 가우스의 평범한 뇌 크기에 어리둥절해하고 또 그렇게 크지 않은 퀴비에의 뇌 때문에 할 말을 잃었다면, 데카르트의 머리를 보고 무엇이라 말할까?

데카르트는 오랫동안 근대의 아버지일 뿐 아니라 프랑스의 지적 아버지로 여겨졌다. 그의 정신에서(브로카와 그 동료들의 주장대로 그의 '두뇌'에서) 심장박동, 무지개 색, 일몰 그리고 정신의 본성에 대한 설명이나 가설의 틀이 탄생했다. 하지만 지난 190년간 그 두개골을 다루었던 사람들이 한눈에 주목했듯, 데카르트의 두개골은 작았고 다소 연약했다.

'파르불라 칼바리아Parvula calvaria'(작은 두개골).

데카르트의 정수리에 쓰인 라틴어 시도 분명히 그렇게 표현하지 않았는가. 그라티올레는 "우리는 프랑스 자연사박물관에 데카르트의 것으로 추정되는 두개골을 소장하고 있습니다"라는 말로 이야기를 시작했다.

"스웨덴의 데카르트주의자들이 경건하게 모시던 그의 두개골은 결국 무식한 사람들의 손으로 넘어가 어느 날 공개 경매에서 변변찮은 액수에 팔렸습니다. 다행히도 경매장에 참석했던 베르셀리우스가 그 소중한 유물을 사서 급히 프랑스로 돌려보냈습니다."

그라티올레는 두개골의 여정을 조금 잘못 알고 있었다. 어쨌거나 그의 요지는 데카르트의 두개골이 자연사박물관에 있다는 것이었다. 그 두개골은 데카르트의 초상화와 비교되었고 두개골에 새겨진 글귀도 확인되었다. 무엇보다 아카데미데시앙스가 조사했고 두개골은 진짜로 판정받았다.

"만약 천재성이 뇌의 부피에 달려 있다면 이 두개골은 눈에 띄게 커야 합니다. 보시다시피 이 두개골은 꽤 작습니다."

그라티올레는 흥미로운 사실을 하나 발견했다고 말했다. 그는 이 두개골이 감탄할 만큼 훌륭한 형태라는 사실에 주목했다.

"이 두개골은 우리가 관찰할 수 있는 백인의 두개골 중에서 가장 아름다운 형태입니다. 따라서 저는 뇌의 품격을 결정하는 것은 부피가 아니라 형태라고 말하고 싶습니다."[21]

즉각 반응이 있었다. 브로카의 가까운 지인이자 해부학자인 에르네스트 오베르탱Ernest Aubertin이 답변으로 '그럴 수도 있고 아닐 수도 있다'는 투의 주장을 펼쳤다.

"제가 정확히 이해했다면, 그라티올레 씨는 (……) 개인적으로든, 인종적으로든 뇌의 부피와 무게가 거의 의미 없으며 지능의 발달과 뇌의 크기 사이에는 아무 관계도 없다고 했습니다. 제가 보기에 그 의견은 잘못되었습니다. 저는 지능이 오로지 뇌의 부피에 좌우되지는 않더라도 상당부분 좌우된다고 주장합니다. 그라티올레 씨가 언급한 데카르트의 예에 저는 많은 반례를 들 수 있습니다. 우리는 그동안 많은 천재가 거대한 두뇌를 지녔음을 보지 않았습니까?"22

'큰 뇌' 논쟁은 몇 달간 이어지면서 인류학학회의 관심사가 되었다. 데카르트의 머리뼈가 이 논쟁의 시금석이 되었다. 인류학학회 회원들은 데카르트의 머리뼈를 거듭 언급했다. 뇌와 정신이 같은 것이라면 그토록 위대한 정신이 그토록 작은 용기에 담길 수는 없었다. 그라티올레가 데카르트의 머리뼈를 입 밖에 꺼낸 지 한 달 뒤 브로카가 자신의 생각을 발표했다.

"우리의 동료 그라티올레 씨는 그 유명한 두뇌들의 역사를 잘 알고 있습니다. 그럼에도 그는 몇몇 천재의 두뇌가 평범한 크기이기 때문에 뇌의 무게와 지성의 발달에는 아무 관계가 없다고 주장합니다. 이를 뒷받침하기 위해 그는 우선 데카르트의 머리뼈를 언급했습니다. 그리고 바그너 씨의 뇌 무게 연구도 언급했지요. (……) 데카르트의 머리뼈는 분명히 존경할 만한 유물입니다. 그것이 진짜라는 확신이 있다면 더욱 더 존경스럽겠지요. (……)

마지막으로 머리뼈를 아무리 완벽하게 연구했다고 해도 머리뼈만으로는 뇌의 부피 그리고 무엇보다도 뇌의 무게를 어림짐작할 수밖에 없다는 사실을 잊지 맙시다. 데카르트의 뇌는 연구된 적이 없으며 그 가치를 어떻게 평가해야 할지 아무도 알지 못합니다. 따라서 데카르트의 머리뼈는 사례로서 가치가 없습니다."[23]

브로카는 뇌가 없는 머리뼈는 결정적 증거가 될 수 없는, 텅 빈 껍데기일 뿐이라고 주장한 셈이었다. 그런데도 여전히 브로카와 그의 참모들은 데카르트의 두개골에서 헤어 나오지 못하는 듯했다. 1862년 4월 4일에 또 다른 회원인 페리에Monsieur Perier 씨가 그라티올레의 주장, 즉 데카르트의 두개골 사례를 공격했다. '정신은 곧 뇌'라고 주장하는 브로카의 진영이 그동안 그 문제를 두고 고심했음을 알 수 있다. 그는 "그라티올레 씨는 데카르트를 언급했습니다"라고 서두를 시작했다.

"하지만 데카르트의 것으로 여겨지는, 보통 크기의 그 머리뼈를 실제로 데카르트의 것이라고 단언할 수는 없습니다. 유명한 사람들의 유물은 의심의 여지가 많습니다. 저는 비콩트 드 튀렌Vicomte de Turenne(프랑스의 장군으로 영웅시되었다)을 죽이는 데 쓰였다고 전해지는 대포알이 2개 있다고 들었습니다. 하나는 사스바흐Sasbach에, 또 하나는 앵발리드Les Invalides의 군사박물관Musée de l'Armée에 있다고 합니다. 또한 스위스를 여행해본 사람이면 누구나 빌헬름 텔Wilhelm Tell이 게슬러Gessler 총독을 쓰러뜨릴 때 사용했다는 진짜 석

궁이 셀 수 없이 많다는 것을 잘 알 것입니다."

그런 다음 페리에는 스톡홀름 궁정에서 데카르트의 죽음을 둘러싼 정황을 이야기하면서 크리스티나 여왕이 데카르트를 스웨덴 왕실 조상들이 묻혀 있는 위대한 전당에 묻으려 했다고 했다. 그는 여왕의 지대한 관심을 고려하건대 '누군가 이 유명한 철학자의 유골에서 가장 소중한 부분을 잘라내지는 못했을 것'이라고 지적했다. 따라서 머리는 분명히 데카르트의 유골을 파리로 옮기는, 여덟 달 이상 걸린 그 길고 험난한 여행길에 사라진 것이 틀림없다고 덧붙였다.[24]

그뿐만 아니라 페리에는 데카르트를 가장 잘 묘사했다고 여겨지는 초상화와 데카르트의 것이라 추정되는 그 머리뼈를 비교했다. 그는 네덜란드 화가 프란스 할스Frans Hals가 그린 초상화를 보면 데카르트의 '커다란 머리와 튀어나온 넓은 이마'가 한눈에 들어온다고 지적했다. 그러고는 17세기 데카르트의 전기작가 바이예가 데카르트를 묘사한 대목을 큰 소리로 읽었다.

"그는 몸집에 비해 다소 머리가 컸고 이마가 넓었다."

데카르트의 초상화와 전기에 묘사된 머리 크기는 서로 맞아 떨어지지만 자연사박물관에 보관된 데카르트의 머리뼈는 그런 기록과 맞지 않는다.

반면에 초상화와 전기에서 그려진 데카르트의 역사적 이미지는 그 자리에 모인 학자들이 믿는 사실과 일치한다. 바로 위대한 성취를 이룬 지성과 위인들의 뇌는 남다르게 발달했기 때문에 훨씬 크고 무겁다는 것이다. 그런 다음 페리에는 지난 인류학학회에서 그라티올레가 던진 농담을 고스란히 그에게 되돌려주었다.

"특출한 사람들은 투구와 모자뿐 아니라 헤어스타일도 평범하지 않겠지요."

단념을 모르는 그라티올레는 그해 4월 18일 인류학학회에서 바로 반박했다. 그는 집요하면서도 회유적인 논조로, 지능이 반드시 뇌의 크기와 비례하지 않는다고 주장했던 일을 언급하며 다음과 같이 말했다.

"제가 최근 인류학학회에서 이 의견을 표했을 때 동료학자들은 제 의견을 수용하지 않았습니다. 그들은 열정적으로, 대단히 탁월한 솜씨로 제 의견을 비판했습니다. 그토록 훌륭한 반론을 제시한 분들께 감사의 뜻을 전하는 것이 예의일 것 같습니다. 상대가 그토록 자비로우니 제가 지난번에 내린 결론을 포기해도 괜찮겠지요. 그러나 안타깝게도 그들의 반론은 저를 설득하지 못했습니다. 저는 여전히 제 생각을 고수하며 그것이 진실이라 믿습니다. 저는 그 생각을 변론하고 정당화하기 위해 애쓸 것입니다."[25]

그는 두개용량 이론의 결함을 끈기 있게 다시 진술했다. 그리고 데카르트 머리뼈의 문제로 되돌아갔다. 그라티올레는 페리에가 바이예의 글을 잘못 해석했다고 지적했다. 바이예는 데카르트의 머리가 몸집에 비해 다소 컸다고 했는데 데카르트의 몸집이 평균보다 작다고도 썼다. 결국 데카르트의 머리가 자그맣다는 것이다. 할스가 그린 초상화는 물론 훌륭하다. 초상화 속 데카르트의 머리는 몸집에 비해 다소 크긴 했다. 문제는 다른 사람의 머리 크기와 비교할 방법이 없었다. 마지막으로 그라티올레는 데카르트 머리뼈의 진위를 알 수 없다는 상대편의 주장을 콕 찍어 이렇게 덧붙였다.

"이것이 데카르트의 머리가 아니라면 그의 무식한 형제의 머리겠지요."

좋은 과학과 나쁜 과학

그라티올레가 인류학학회의 동료들 앞에서 두개용량 이론을 비판했던 그 주에 미국 사우스캐롤라이나의 포병대가 바로 자국 내 섬터 요새Fort Sumter를 향해 발포를 시작했다. 식민시대부터 노예제도와 인종주의는 미국 사회의 근간을 이루었지만 동시에 인종평등주의라는 현대적 사고도 성장했다. 인종주의와 인종평등주의 사이의 긴장은 미국 남북전쟁의 시작을 알린 섬터 요새 공격에서 클라이맥스에 이르렀다.

인종주의는 미국 사회의 일부일 뿐 아니라 유럽의 지성사와 과학에도 깊이 뿌리를 내리고 있었다. 그러나 근대성에는 분명히 인종주의의 어둠을 헤쳐 나갈 잠재력이 있었다. 특히 17세기에 처음으로 이성적 사고와 사회적 평등이 밀접하게 연결된다고 주장했던 '급진 계몽주의자'들을 생각하면 더욱 그러했다.

참고로 오늘날 주류 과학은 인종과 지능, 뇌 크기와 지능 사이에 주목할 만한 상관관계가 없다고 본다. 그뿐만 아니라 인종이라는 개념 자체도 유전적으로 거의 근거가 없다고 결론을 내렸다. 진화연대표에서 보자면 인류의 분산과 인종집단의 다양한 분화는 아주 최근에 일어났다. 따라서 인종 차이란 고작해야 피부색 차이에 지나지 않는다. 눈에 보이는 그 이상의 변이가 일어나려면, 예를 들어 지적 능력이 차이 나려면 유전자가 많이 변화해야 한다. 그리고 유전자 변이가 많이 생기려면 훨씬 긴 시간이 필요하다.

유전학자이자 휴먼게놈프로젝트Human Genome Project(1990년에 미국을 중심으로 여러 국가가 참여해 인간 DNA를 구성하는 염기서열, 즉 유전 정보를 밝히는 것을 목표로 진행된 공적 연구이다. 2003년 인간 게놈의 염기서열을 99% 이상 밝혀내, 그 결과를 공개했다_옮긴이 주)와 필적할 셀레라 지노믹스Celera Genomics(미국의 생명공학 벤처로 상업적 휴먼게놈프로젝트를 이끌었으며 연구결과를 휴먼게놈프로젝트와 공유하여 연구에 기여했다_옮긴이 주)를 이끄는 J. 크레이그 벤터J. Craig Venter는 〈뉴욕 타임스New York Times〉에서 이렇게 확언했다.

'인종은 과학적 개념이 아니라 사회적 개념이다.'[26]

그럼에도 여전히 두개용량과 안면각을 비롯해, 인종차별적인 개념을 노골적으로 주장하고픈 욕망이 남아 있다. 1994년에 베스트셀러였던《종형 곡선The Bell Curve》은 지능과 경제적 지위와의 관계를 검토하면서 지능과 인종 사이에 상관관계가 있을지도 모른다는 가능성을 파고들었다. 이 책의 인기로 미루어보건대 그 주장에 동조하는 사람이 상당히 많았다는 것을 알 수 있다. 심리학자 J. 필리프 러시튼J. Philippe Rushton은 인종과 지능이 관련 있다는 주장을 자신의 웹사이트에 발표했다.

> 세계의 문헌을 검토하고 새롭게 연구하는 동안 나는 동아시아인과 그 후손들이 유럽인과 그 후손들보다 평균적으로 뇌 크기가 더 크고, 지능이 더 좋으며, 성 충동 자제능력이 더 높고 성숙도가 더 느리며, 준법정신과 사회적 조직력이 더 좋다는 것을 발견했다. 유럽인들과 그 후손들은 이런 측면에서 아프리카인들과 그 후손들보다 점수가 더 높다.[27]

러시튼을 주류 과학자라 할 수는 없지만 DNA 이중나선구조를 발견해 노벨상을 받은 제임스 듀이 왓슨James Dewey Watson은 분명히 주류 과학자이다. 2007년에 왓슨은 인종에 따른 지능의 차이가 분명히 존재하지만 사람들이 정치적 파장을 두려워해 그 사실을 인정하려 하지 않는다고 언급했다. 그는 '아프리카의 전망은 본질적으로 어둡다'[28]고 밝혔다. 그 이유는 모든 검사결과에 따르면 아프리카인들의 지능이 결코 우리만 못한데도 모든 사회정책

은 그들의 지능이 우리와 같다는 것을 전제로 만들어지기 때문이
다. 그는 또한 '진화과정에서 지리적으로 분리된 종족들의 지적
능력이 똑같이 진화했다고 할 만한 근거가 없다. 우리는 이성이라
는 동등한 능력을 인류 공통의 유산으로 가지기를 소망하지만 현
실은 우리가 원하는 대로 되는 것이 아니다'라고 덧붙였다.

　과학계의 다른 학자들은 일흔아홉의 왓슨을 비난하거나 조롱
하는 것으로 그 의견에 반응했다. 어느 과학자는 왓슨의 논지가
사회정치적으로는 물론이거니와 과학적으로도 터무니없다고 지
적했다. 사회학자 제임스 플린James Flynn은 저서《지능은 무엇인
가?What Is Intelligence?》에서 지능검사를 분석한 다음, 서로 다른 인
종과 민족이 치른 지능검사의 점수 차이는 그 사회가 추상적 개념
에 얼마나 익숙한지와 관계있다고 밝혔다(예를 들어, 아프리카인들이
서유럽인들보다 점수가 낮다). 즉 그런 검사들은 순수한 지능이 아니
라 현대적 지능을 측정한다. 그러니까 상품라벨과 정치연설을 비
판적으로 분석하는 능력을 잰다는 것이다. 아마 지능검사 점수를
비판적으로 분석하는 능력도 포함될 것이다.

　지난 한 세기 동안 인종과 지능을 연결하려는 이론들은 꾸준히
도마 위에 올랐으나 무언가 부족한 점이 발견되었다. 이런 과정은
브로카의 의견에 반기를 든 그라티올레에게서 시작되었다고 할
수 있다. 그리고 데카르트의 머리뼈는 나쁜 과학의 허점을 밝히는
데 미약하나마 도움을 주었다.

브로카와 그라티올레의 논쟁은 양쪽 모두 자신이 옳다고 믿으면서 확실한 결론 없이 끝났다. 그런데 논쟁의 과정에서, 정확히 말하자면 그라티올레가 페리에의 비판에 반박하던 그 학회에서 브로카가 새로운 이야기를 꺼냈다.

그는 일주일 전에 병원을 돌다가 목격한 어느 환자에 정신이 팔려 있었다. 그 후 곧 사망한 그 남자는 쉰하나로 지난 21년간 말을 할 수 없었다. 알고 보니 매독에 감염된 결과였다. 브로카는 즉시 그 사례를 연구하는 데 몰두했다. 그는 언어는 인간의 근본적인 정신기능이어서 그 사내처럼 언어능력을 완전히 잃어버린 경우에는 분명히 뇌에 흔적이 남았을 것이라 판단했다. 그는 그 사내를 부검해서 뇌를 꺼냈고 좌측 전두엽의 하전두회(하전두이랑)the inferior frontal gyrus라 불리는 주름에서 병변(병으로 기능 및 조직에 변화가 생기는 것이다_옮긴이 주)을 찾아냈다. 그는 그 부분이 언어를 통제한다고 즉각 결론지었다.

후대의 연구가 증명한 바에 따르면 브로카는 기본적으로 옳았다. '탕Tan'의 사례연구(브로카가 환자에 붙인 가명으로 환자가 발화할 수 있던 유일한 음절인 '탕'에서 따왔다)는 과학사의 시금석이 되었다. 브로카가 찾아낸 두뇌 부위는 이제 브로카 영역Broca's area이라 불리며 신경과학과 언어장애 연구의 초점이 되었다.

뒤돌아보면 문제에 유용하게 접근하는 법과 파괴적으로 접근하는 법(좋은 과학과 나쁜 과학)이 항상 동시에 등장했다는 것을 쉽게 알 수 있다. 19세기만 해도 그렇다. 갈은 뇌의 특정 부위에 특정 정신기능이 있다는 이론을 제시한 동시에 머리의 돌출부위로 사람의 운명을 읽어낼 수 있다고 장담했다. 퀴비에는 현대생물학의 토대를 놓은 동시에 흑인들이 오랑우탄의 사촌임을 증명하기 위해 끔찍한 연구를 진행했다. 브로카는 다행스럽게도 뇌 크기와 지능이 관계있다는 주장보다는 언어기능을 전담하는 브로카 영역을 발견한 것으로 유명해졌다. 게다가 브로카 영역의 발견은 뇌의 기능이 부위별로 분담되었음을 최초로 보여준 증거였다. 그 덕택에 갈의 정당성이 부분적으로나마 입증되었고 과학이 진보했으며 유물론자들의 점수판에 1점이 더 추가되었다. 물론 경기의 규칙은 끊임없이 변화했다.

1880년에 브로카가 죽자, 이번에는 그의 시신이 집단 부검되었다. 사려 깊은 한 동료가 그의 이름을 브로카의 뇌에 새기자는 아이디어를 냈다. 그러니까 하전두회, 즉 브로카 '영역에 그의 이름을 새기자는 생각이었다. 그런 다음 브로카의 뇌는 브로카 자신이 수집한 소장품 사이에 보관되었다. 훗날 그의 소장품들은 프랑스 인류박물관의 유골 소장품으로 들어갔고 그곳에서 브로카의 뇌는 데카르트의 머리뼈와 함께 보관되었다.

6장

풀리지 않는 의문

Descartes' Bones

파리는 과거와 미래가 공존하는 도시다. 두 세대 전에 조르주 외젠 오스만 남작Georges Eugène Haussmann(나폴레옹 3세의 명으로 파리 재개발 계획을 수행했던 행정관이다_옮긴이 주)이 닦아놓은 넓은 대로 大路 덕택에 도시는 탁 트인, 현대적 느낌이다. 지하철, 가로등, 엘리베이터가 있었고 지하 배수로는 아주 현대적이고 효율적이어서 사람들이 그 안에서 보트관광을 즐길 수 있을 정도였다.

무엇보다 파리의 주요 교차로마다 근대성의 상징인 시계가 서 있었다. 커다란 얼굴의 시계가 화려하게 장식된 연철 기둥 높이 매달려 있었다. 시계 위에는 가로등이 달려 있어 밤에도 시간을 알 수 있었다. 19세기 후반과 20세기 초반을 살았던 사람들에게 정확한 시간은 18세기 후반과 19세기 초반의 표준측량단위 또는 20세기 후반의 컴퓨터와 맞먹었다. 사람들은 생 슐피스St. Sulpice 광장의 시계가 정오를 가리키면 트로카데로Trocadéro나 방돔Vendôme 광장, 시테 섬Ile de la Cité에 있는 시계도 똑같이 정오를 가리킨다는 것을 알았다.

사람들의 삶은 규격화되었고 더욱 체계적이 되었다. 시계는 현대의 기적이나 다름없었다. 이 기적의 힘은 공기였다. 모母 시계는 공기를 압축하는 기계와 연결되어 있었다. 모 시계의 분침이 한 번 움직일 때마다 파열된 공기가 관을 통해 떨어져 있는 각 시계로 전달되었다. 그러면 압력의 힘으로 각 시계의 분침이 따라서 움직였다.

그런데 1910년 1월 21일 아침 11시가 되기 조금 전, 파리의 시계가 전부 멈추었다. 몇 주 전부터 폭우가 퍼붓더니 밤사이 센 강이 범람했다. 거리와 지하실이 침수되었고 중앙 시계실도 물에 잠겼다. 그 바람에 거의 동시에 모든 시계가 멈추었고 가로등이 꺼졌으며 지하철의 기차가 움직이지 않았다. 그래도 비는 계속 퍼부었다. 동부의 가난한 동네들은 물바다가 되었고 건물 수백 채가 수압 때문에 무너졌으며 도로가 함몰되었다. 생 라자르St. Lazare 역에서는 지하철 터널에 가득 들어찬 물이 도로를 밀어 올리며 터져 나오는 바람에 행인들이 날아갔다. 이재민이 총 1백만 명 생겼다. 병원은 환자들을 대피시켰다. 파리 최고재판소와 경찰청도 물에 잠겨서 공공기관 수재 대응이 지체되었다. 빗물은 루브르박물관 지하로 밀려들었고 큐레이터들은 허둥댔다.

그 후 파리는 2년 넘게 피해복구에 힘썼다. 최신식 증기펌프가 주요 장소마다 설치되었고 미래에 있을지 모를 홍수에 대비하기 위해 배수관이 정비되었다. 그러나 파리의 여러 곳이 여전히 1910년 대홍수의 피해에서 헤어 나오지 못한 채 1912년 1월, 폭우가 더 쏟아졌다. 새 배수관이 파괴되었고 도시 곳곳이 다시 물에 잠겼다. 데카르트의 표현대로 근대성이 자연을 극복하는 데 몰두했다면 1910년과 1912년의 홍수는 자연의 단호한 반격 같았다.

1910년 대홍수 당시 센 강 남쪽 강물이 오스트렐리츠Austerlitz 둑을 집어삼키고 뷔퐁Buffon 거리를 휩쓸면서 프랑스 자연사박물관의 인류학 전시실에 1.5미터 높이까지 들어찼다. 강물은 퀴비에, 브로카, 갈 같은 학자들의 소장품 사이를 흘러갔고 유골의 두개골, 넙다리뼈, 갈비뼈 들이 혼탁한 물살에 휩쓸렸다. 다른 곳과 마찬가지로 자연사박물관도 복구되는 데 오랜 시간이 걸렸다. 1912년 가을, 자연사박물관의 전시실과 창고는 개조공사가 끝나지 않은 상태였다. 공예품과 소장품이 마구잡이로 산더미같이 쌓여 있었다.

그러는 동안 평소처럼 일상이 흘러갔다. 1912년 9월 23일 아카데미데시앙스 모임도 평소와 다를 바 없었다. 아프리카 동부 탕가니카Tanganyika 호수에 사는 담수 새우종에 대한 보고와 고생물학

연구 발표가 있었으며 별들의 위치를 알아내는 데 도움을 줄 천문
학 장비 관련 설명이 있었다.[1] 그중에서도 지난 2년간의 강우와 범
람을 분석한 연구가 가장 주목받을 만한 의제였다.

그런데 아카데미데시앙스의 과학자들뿐 아니라 언론과 파
리 도처의 사람들이 최근 스웨덴에서 출판되어 바로 그날 아
카데미데시앙스에 공식적으로 보고된 책 한 권에 이목을 집중
했다. 비교적 잘 알려지지 않은 이 책의 제목은 《베르셀리우스
와 베르톨레의 서한집(1810-1822)Brewäxling mellan Berzelius och C. L.
Berthollet(1810-1822)》이었다. 아카데미데시앙스 회원 하나가 한 세
기 전에 두 화학자가 주고받은 편지들을 살펴보다가 아주 주목할
만한 내용을 발견했다. 그러니까 베르셀리우스가 스웨덴에서 데
카르트의 머리뼈를 발견해 프랑스 아카데미데시앙스로 보냈다는
것이었다.

홍수 속에서 발견된 머리뼈

'지난 9월 23일 아카데미데시앙스에서 일어난 엄청난 소동!'[2]

프랑스 자연사박물관 소속 인류학자 르네 베르누René Verneau가
쓴 보고서의 첫 구절이다. 그는 보고서에서 과거 데카르트의 유골
과 관련해 일어났던 사건이 알려진 후 벌어진 소동을 묘사했다.

퀴비에가 데카르트의 머리뼈를 동료 과학자들에게 보여주었던 일은 시간이 흐름과 더불어 아카데미데시앙스 회원들의 기억에서 희미해진 듯했다. 아카데미데시앙스 회원들은 궁금했다. 위대한 데카르트의 머리뼈가 한때 아카데미데시앙스에 맡겨졌다는 것이 사실인가? 그렇다면 그 뼈는 지금 어디에 있는가?

이런저런 명령과 지시가 한바탕 내려졌고 아카데미데시앙스 소속 기관들을 며칠간 조사했다. 그러고 나자 반가운 소식이 들려왔다. 퀴비에가 데카르트의 머리뼈를 자연사박물관에 위탁했음을 보여주는 서류가 발견되었던 것이다. 자연사박물관은 사실을 마지못해 인정했지만 당장 그 소장품을 찾아낼 상황이 아니었다.

이 문제는 곧 기삿거리가 되었다. 자연사박물관을 방문한 기자들은 대홍수 이후 분류표도 붙어 있지 않은 뼈들이 산더미처럼 쌓여 있는 광경을 목격했다. 기자들은 프랑스 국민의 지적 아버지, 데카르트의 두개골이 무자비한 물살에 휩쓸렸을 것이라는 추측 기사를 써댔다. 자연사박물관 당국이 그 소장품이 사라진 것조차 몰랐다는 점은 사태를 더욱 악화시켰다.

〈주르날 데 데바 폴리티케 에 리테레르Journal des débats politiques et littéraires〉는 '이 사건은 사람들을 분명히 자극했다'[3]고 보도했다. 프랑스 일간지 〈가제트 드 프랑스Gazette de France〉는 역사적 사실까지 거론하면서 열변을 토했다.

그 위대한 철학자가 1650년 스톡홀름에서 죽었고 그의 유골이 파리로 옮겨져 재매장되었다는 것은 누구나 아는 이야기이다. 하지만 그의 유골에 머리가 없었다는 사실을 아는 사람은 많지 않다. 왜 그랬는지는 알 수 없지만 스웨덴의 한 장교가 데카르트의 머리를 갖고 있었던 것 같다. 소유주의 이름이 적힌 데카르트의 머리뼈는 장교의 후손들에게 전해졌다가 나중에 스웨덴 왕립과학아카데미의 수중에 들어갔다. 스웨덴 왕립과학아카데미는 이 머리뼈를 프랑스 아카데미데시앙스로 보냈다. 그런데 오늘날 이 유물을 찾아낸 사람이 있는가? 데카르트의 머리뼈는 프랑스 자연사박물관에서 보관하고 있는 것으로 알려졌지만 정확한 정보를 찾을 수 없다.[4]

베르누는 뉴스기사가 나가자 부담을 느꼈다. 그는 나중에 "기사는 어떤 가설이든 만들어낼 수 있었다. 많은 기자가 자극적이고 온갖 기막힌 주장을 담은 기사들을 성급히 발표했다"[5]라고 말하면서 불편한 심기를 드러냈다. 곧 프랑스 자연사박물관 직원들이 소장품을 샅샅이 조사했다.

베르누는 데카르트의 두개골 관련 서류 일체를 한데 모았고 들랑브르의 보고서를 비롯해 1821년의 사건과 관련된 서류들도 모두 읽었다. 그제야 그와 자연사박물관 직원들은 수백 개의 머리뼈 중에서 데카르트의 것을 골라낼 준비가 되었다. 마침내 옛 보고서와 일치해 보이는 두개골을 발견했다. 같이 기증한 소장품을 포함해 오래된 인간 유골들 속에서 아래턱이 없고 희미한 글씨로 덮인 두개골이 나왔다.

데카르트의 머리뼈가 자연사박물관에 있었다는 뉴스가 나가고 나서 일주일 뒤, 데카르트의 머리뼈로 보이는 유골이 자연사박물관 관장 에드몽 페리에Edmond Perrier의 책상에 놓였다. 그날 페리에는 그 유골을 아카데미데시앙스로 들고 갔고 아카데미데시앙스 회원들은 9월 30일 학회에서 그 머리뼈를 직접 볼 수 있었다. 훗날 베르누는 그 유골이 1821년 이래 최초로 자연사박물관을 떠났다고 회상했다. 그리고 유골을 제대로 보관하지 못했다는 비난을 들을까봐 두려웠는지 이렇게 덧붙였다.

"그리고 두 시간 후에 제자리로 돌아왔다."

퀴비에가 아카데미데시앙스 과학자들 앞에서 데카르트의 두개골을 공개한 지 91년 후, 페리에가 그때와 똑같은 학회실에서 다시 두개골을 공개했다. 그는 자리에 모인 과학자들에게 '소중한 성물을 존경하는 마음으로'6 유골의 역사를 간략히 발표했다. 프랑스 자연사박물관은 몇 년간 데카르트의 두개골을 대중에게 공개했지만 이제 더는 공개 전시실에 전시하지 않는다고 했다. 생존 가족이 있는 유골을 전시하는 것이 부적절하다는 생각 때문이다. 페리에는 두개골을 잠깐 잃어버렸다가 유골 무더기 속에서 찾아낸 사건을 언급하면서 홍수 이후에 소장품을 보관할 공간이 없다고 불평했다.

두개골의 두 번째 아카데미데시앙스 출석도 첫 번째 못지않은 소동을 낳았다. 사실, 두개골의 두 번째 등장으로 질문이 완전히 새로 시작되었다. 그 질문들은 파리 전체를 집어삼키며 카페와 거실에서 화제가 되었다.

'사람들은 온통 그 얘기였다. (……) 파리에서, 지방에서, 세계 도처에서. 24시간 동안 그 이야기만 했다.'[7]

의사이자 역사가인 오귀스탱 카바네Auguistin Cabanè가 선정성과는 거리가 먼 잡지 〈가제트 메디칼 드 파리Gazette medicale de Paris〉에 이렇게 썼다.

> 머리뼈 하나를 두고 (……) 대체 왜 이렇게 흥분하고 소란을 피우는 걸까? 하지만 절대 평범한 머리뼈가 아니라 가장 유명한 철학자의 머리뼈 (……) 다름 아닌《방법서설》의 저자 데카르트의 머리뼈이다.

이번에도 문제는 머리뼈의 진위 여부였다. 전문가들은 한 세기 전 선배 과학자들의 연구방법과 결론에 의구심을 표했다. 평범한 파리 사람들 또한 그 문제를 심각하게 여겼다. 만약 그 머리뼈가 진짜 데카르트의 것이라면 '소중한 성물로'(권위 있는 일간지 〈르 탕 Le Temps〉의 표현을 따르면) 간직할 가치가 있다. 그러나 누가 그것을 확신할 수 있겠는가? 식자층을 위한 잡지 〈에스쿨라프Æsculape〉의 편집자가 물었다.

"세월의 때로 거무튀튀해진 그 머리뼈에 최고의 사상이 담겨 있었는지, 아니면 어느 미천한 양조업자의 천박한 뇌가 담겨 있었는지 누가 알겠는가?"

이 문제를 판단할 전문가 집단이 필요했다. 역사학부터 법의학에 이르기까지 다양한 분야의 인재들이 말이다.

사실 전문가는 폴 리쉐Paul Richer 한 사람이면 충분했다.[8] 그는 신경병리학자 장 마르탱 샤르코Jean Martin Charcot 밑에서 연구하면서 샤르코가 히스테리 이론을 발전시키도록 도운 의학자였다. 그는 해부학자이자 프랑스 국립의학아카데미Académie Nationale de Médecine 회원일 뿐 아니라 대단히 재능 있는 조각가이며 화가였다. 게다가 예술사학자로 특히 르네상스 예술에서 해부학적 정확성 같은 문제에 전문지식이 있었다. 그는 미켈란젤로 부오나로티 Michelangelo Buonarroti의 프레스코화 「최후의 심판」에서 묘사된 인물들의 근육과 라파엘로 산치오Raffaello Sanzio가 그린 통통한 성모 마리아의 근육이 어떻게 움직이는지에 정통했다.

리쉐는 당시 프랑스 국립미술학교 전속 예술가였다. 프랑스 국립미술학교는 센 강변의 옛 수도원 건물을 사용했다. 흥미롭게도 그곳은 한 세기도 더 전에 르누아르가 프랑스유물박물관을 세운 곳이었다.

리쉐의 해법

당시 아카데미데시앙스의 사무차관이자 수학자인 장 가스통 다르부Jean Gaston Darboux가 리쉐에게 이 특이한 문제를 해결해달라고 도움을 청했다. 리쉐는 예술과 과학 두 분야의 지식에 도통해 가장 적합한 인물이었다.

리쉐는 문제의 머리뼈가 진짜라는 가정 하에 일을 시작하기로 했다. 머리뼈가 진짜라면 과거에 대가가 그린 데카르트와 일치해야 하지 않을까? 위대한 초상화가로 널리 알려진 할스가 데카르트를 그렸다는 것은 잘 알려진 사실이었다. 그 초상화는 루브르박물관에 걸려 있었다(오늘날에도 그곳에 있다). 초상화 속 데카르트는 음울한 이미지에 다소 멋을 부린 모습이다. 마치 산전수전을 다 겪은 남자 같은, 철학자 같기도 하고 건달처럼 보이기도 하다. 리쉐는 그 초상화를 데카르트의 초상화 중 가장 정확한 그림이라 평했다. 그는 이 네덜란드 대가가 그린 초상화는 데카르트의 것으로 추정되는 머리뼈와 몇 가지 특징에서 정확히 일치한다고 결론을 내렸다.

리쉐는 펜화 그리는 사람을 고용해 분석하기 시작했다. 펜화가는 데카르트의 머리뼈를 한 번도 본 적이 없는 사람이었다. 리쉐는 화가에게 할스가 그린 데카르트의 초상화에서 피부를 벗겨내는 작업을 맡겼다. 화가는 할스의 초상화를 찍은 대형사진과 카메라 루시다camera lucida(거울을 이용해 캔버스나 종이에 이미지를 중첩시키는 장치이다)로 초상화 속 남자의 머리뼈를 극도로 정교하게 그렸다. 광대뼈의 높이, 이마의 넓이, 턱 모양까지 말이다. 리쉐 자신은 데카르트의 머리뼈를 앞에 놓고 그림을 그렸다. 루브르박물관에 소장된 초상화 속 데카르트는 화가를 향해 살짝 몸을 돌려 오른쪽을 보고 있다. 리쉐는 초상화 속 데카르트와 똑같은 포즈로, 그리고 펜화가의 그림과 같은 크기로 그렸다.

아카데미데시앙스 회원들과 기자들이 리쉐의 발표를 듣기 위해 모였다. 평소와 달리 흥분된 분위기였다. 리쉐는 자신이 그린 그림과 펜화가가 그린 그림을 들고 나가 두 그림을 겹쳐놓았다. 그는 하나하나 세세하게 설명했다.

"이마가 살짝 들어갔고 안구 주위 뼈가 약간 나와 있는 데다 눈썹 활도 똑같이 돌출되어 있습니다. (……) 안면의 너비하며 (……) 오뚝한 코도 비슷하지요. 코끝이 뚝 떨어지는 것은 코뼈 경사가 가팔랐음을 보여줍니다. (……) 마지막으로 코와 윗입술 사이 뼈가 짧은 것도 윗입술이 얇은 것과 일치하지요."

두 그림은 거의 똑같았다. 리쉐는 비교효과를 극대화하기 위해 정체불명의 다른 머리뼈들도 그려왔다. 그 머리뼈들도 데카르트의 초상화와 같은 포즈로 그렸다. 한눈에 보기에도 그 그림들은 처음 두 그림과 맞아떨어지지 않았다. 사실 확연하게 달랐다. 리쉐는 격앙된 음성으로 이렇게 요약했다.

"자연사박물관에 소장된 두개골은 할스가 그린 초상화 속 인물의 머리와 더할 나위 없이 유사합니다."

기이하면서도 상징적인 소장품이 소실된 줄 알았다가 다시 나타났다는 뉴스가 겨울 내내 인구에 회자되었다. 파리를 덮친 재난 덕분에 새롭게 프랑스의 과거에 관심이 이는 듯했다. 아카데미데시앙스는 리쉐의 발표에 이목을 집중했다. 리쉐의 발표는 아주 정교하고 설득력 있고 완벽해서 세계적인 뉴스거리가 되었다.

〈뉴욕 타임스〉는 '그림으로 데카르트의 머리뼈를 확인하다'라는 제목으로 1면 기사를 실었다.[9] 〈르 피가로Le Figaro〉 지는 '데카르트의 머리뼈는 진짜'라고 하면서 요란스레 보도했다.[10] 그리고 '현명한 해부학자가 사용한 방법은 과학적 논리 면에서 놀라웠다'고 덧붙였다. 또

SKETCH IDENTIFIES SKULL OF DESCARTES

Drawing Made from Franz Hals's Portrait Removes Doubt of Relic's Authenticity.

CURIOUS HISTORY OF SKULL

Kept by a Swedish Officer, It Changed Hands Nine Times Before Reaching a Paris Museum.

Special Cable to THE NEW YORK TIMES.

PARIS, Jan. 25.—Whether a skull can be identified from a portrait is the interesting question raised by what is regarded as the final solution of the mystery of Descartes's skull. Prof. Paul Richer of the Academy of Fine Arts, to whom was intrusted the task of inquiring whether the skull in the possession of the Museum of Natural History was really that of Descartes, has compared it with Franz Hals's portrait of the great philosopher and now gives an affirmative answer.

1913년 1월 26일자 〈뉴욕 타임스〉 지에는 리쉐가 데카르트의 머리뼈 진위 여부를 분석해냈다는 기사가 실렸다.

한 '결과는 확실하다. 자연사박물관이 소장한 것은 진짜 데카르트의 머리뼈였다. 아카데미데시앙스 회원들 앞에 제시된 문서와 그림은 의심의 여지를 남기지 않았다'고 썼다. 〈르 피가로〉지는 리쉐의 발표가 개인적인 성공을 의미할 뿐 아니라 훗날 모든 인류학적 복원작업에 쓰이게 될 방법을 개발했다는 데 의의가 있다고 평했다.

〈뉴욕 타임스〉는 '리쉐 교수의 연구로 이 흥미로운 역사적 문제는 완전히 해결되었다'고 하면서 '이제 그 머리뼈를 생제르맹 데프레 성당에 있는 나머지 유골과 함께 모시자는 운동이 시작되었다'고 전했다. 〈르 피가로〉의 보도는 달랐다. '이 위대한 사상가의 머리뼈가 의심의 여지없이 진짜임을 증명하는 문서와 함께 머리뼈를 전시할 진열함이 만들어질 것'이라고 했다.

도처에서 리쉐의 해법에 찬사를 보냈다. 문제가 풀렸고 이제 사건은 끝이 났다. 어떤 식으로든 데카르트나 철학 혹은 프랑스 역사나 머리뼈에 관심을 가졌던 사람은 모두 만족한 듯했다. 리쉐의 발표를 칭송한 기사들 중에 흥미로운 사실을 지적한 기사들이 있었다. 바로 리쉐의 연구가 어떤 면에서 데카르트의 연구를 반영한다는 것이었다.

덥수룩한 턱수염에 다정하게 반짝이는 눈빛을 지닌 리쉐가 일하는 국립미술학교 작업실에는 과학기구와 점토모형, 스케치가 가득했다. 예순세 살의 그는 평생 동안 정확성과 근본적인 연구

방법을 갈구한 사람이었다. 그의 의학 연구와 예술사 연구 그리고 예술을 관통하는 동기는 피부라는 표면 아래에 무엇이 있는지를 알고 싶어하는 욕망이었다. 리쉐는 데카르트처럼 인체 내부의 기능을 이해하고 싶었다. 그리고 데카르트처럼 의심에 미친 사람이었다.

아카데미데시앙스에서의 발표가 대대적으로 성공을 거둔 후 몇 주가 흘렀다. 리쉐는 자신이 내린 결론이 틀렸다고는 생각하지 않았다. 그런데 뭔가 석연치 않은 느낌이 그를 괴롭혔다. 그 점 또한 데카르트와 비슷했다. 데카르트의 방법론은 막연한 의심이 아닌 기존 학문에 대한 의구심에서 비롯되었다. 그것은 생각하는 사람이 확실하지 않다고 생각하는 모든 것을 의심하는 방법이었다.

곳곳에서 그의 성공을 축하했지만 리쉐의 마음에는 데카르트적 의심이 파고들었다. 그는 아카데미데시앙스에서의 발표에서 가장 실물에 가까운 데카르트 초상화는 당연히 루브르박물관에 소장된 할스의 초상화라고 말했다. 그것을 어떻게 확신할 수 있을까? 예술사학자였던 리쉐는 수세기 전 작품을 진짜로 누가 그렸는지는 변덕스러운 바다를 항해하는 것만큼 알 수 없는 문제라는 것을 잘 알고 있었다. 그렇다면 할스가 정말 데카르트를 앞에 놓고 초상화를 그렸다는 증거가 어디에 있는가?

공교롭게도 리쉐의 의심은 어떤 점에서 정당했다. 데카르트의 전기에서는 할스를 언급하지 않았고 할스의 전기에는 데카르트가 한 번도 등장하지 않았다. 두 사람이 만났다는 기록도 없었다. 그뿐만 아니라 루브르박물관에 있는 초상화의 출처도 사실 확실하지 않았다. 1785년 루이 16세가 왕비 마리 앙투아네트를 위해 파리 서부의 성을 한 채 살 때 일괄 구입한 것이 그 초상화였다. 초상화의 전 주인은 그 성의 소유주였던 오를레앙Orleans 공작이었다. 그 이전 기록은 흐릿했다. 다만 초상화는 1649년에 그려진 것으로 추정되었다. 그러니까 데카르트가 죽기 1년 전에 할스가 그 초상화를 그렸다는 것이다. 하지만 리쉐는 그것도 그저 추정일 뿐이라 생각했다.

훗날 예술사가들은 리쉐의 의심을 깊이 파고들었다. 20세기 위대한 예술 전문가이자 할스 연구의 권위 있는 전문가인 시무어 슬리브Seymour Slive가 1960년대에 이 문제를 다룬 바 있다. 그는 많은 데카르트의 초상화가 같은 시기에 그려졌다고 평했다. 그중 몇몇은 서로 무척 비슷했다. 슬리브는 '당시 데카르트의 죽음은 세계적으로 애도의 대상이었다. 그래서 그가 죽은 직후 초상화가 많이 만들어졌다. 그 후 수십 년간 제작된 초상화의 수로 보건대 그 수요가 줄어들기는커녕 점점 늘어난 것 같다'고 했다.[11] 그는 루브르박물관에 소장된 데카르트의 초상화에는 할스 특유의 활기찬 화법과 깊이 있는 인물묘사가 결여되었다고 지적했다.

그렇다면 할스와 데카르트는 서로 만난 적이 없는 것일까? 루브르박물관에 있는 데카르트의 초상화는 할스가 아닌 다른 사람이 그린 것일까? 어쩌면 나중에, 데카르트가 죽은 뒤에 그려진 것일까? 아니, 데카르트의 초상화가 맞기는 할까? 리쉐는 확실한 대답을 얻지 못했다. 그 문제에는 확실하다고 할 수 있는 예술사적 증거가 거의 없었다.

다행히도 이 문제를 다른 각도에서 보게 해줄 증거를 다른 분야에서 찾을 수 있었다. 바이예가 17세기에 쓴 데카르트의 전기에 따르면 데카르트는 네덜란드에서 스웨덴으로 생애 마지막 항해를 떠나기 전에 블뤄마르트Bloemaert라는 네덜란드 신부의 초대를 받았다. 블뤄마르트 신부는 네덜란드 서부의 하를렘Haarlem에 살았다. 데카르트가 하를렘을 방문했을 당시 신부는 그에게 초상화를 그리자고 간청했다. 할스는 거의 평생을 하를렘에서 살았고 데카르트가 그곳을 방문했을 당시 유명한 화가였다.

슬리브가 보기에 현존하는 데카르트 초상화 중 할스의 화풍처럼 강렬한 느낌을 주는 것은 현재 덴마크의 코펜하겐국립미술관 Statens Museum for Kunst에 걸려 있는 그림이다. 그런데 문제는 이 그림이 매우 대충 그려진 데다 완성작과는 거리가 멀다는 점이다. 사실, 이 그림은 짧은 시간에 그린 유화 스케치에 불과하다. 게다가 다소 뿌옇고 흐릿하다. 유명하고 역사적인 인물에 맞게 뚜렷하고 상징적인 이미지를 기대한다면 실망할 만한 그림이다.

하지만 슬리브를 비롯해 후대 전문가들의 평가에 따르면, 이 그림에는 할스 특유의 정열적인 화법이 있고 루브르박물관의 초상

할스가 그렸다고 여겨지는
데카르트 초상화이다.
코펜하겐국립미술관에 소장되어 있다.

루브르박물관에 있는
데카르트의 초상화이다.
오랫동안 할스가
그렸다고 여겨졌다.

1913년 리쉐가 제작한
데카르트 흉상이다.

화보다 인물묘사가 더 생생하다. 그 작은 초상화 속의 남자는 화가 앞에서 포즈를 취하고 있지만 움직이는 듯 보인다. 마치 계속 눈을 휙휙 돌리다가 무언가 흥미로운 것을 발견한 듯 우리의 눈을 빤히 들여다보는 느낌이랄까? 또한 현실적이면서 단정하지 못해 보인다. 얼굴은 좀 푸석하고 머리는 지저분해 보인다. 그리고 슬퍼 보인다.

루브르박물관에 걸린 초상화는 여전히 할스의 것으로 알려져 있다. 미술교재에도 할스의 작품이라고 소개된다. 그런데 루브르박물관은 이제 그 초상화에 '할스의 화풍을 따른'이라고 라벨을 붙였다. 반면에 코펜하겐국립미술관은 그곳에 소장된 데카르트의 초상화를 할스의 작품으로 여긴다.

이처럼 그림의 출처가 재정리된 것은 리쉐의 시대 이후이다. 그렇다면 이것이 리쉐의 두개골 조사에 무슨 의미가 있을까? 슬리브와 다른 전문가들의 의견이 옳다면 할스는 실제로 데카르트의 초상화를 그렸다. 자신의 철학이 종교적으로 무엇을 뜻하는지를 놓고 벌어진, 신학자를 비롯한 사람들과의 싸움으로 지칠 대로 지친 데카르트가 크리스티나 여왕을 만나기 위해, 또한 죽음을 접하기 위해 '바위와 얼음덩이 사이에서 곰들이 사는 땅'으로 떠나기 전에 하를렘에서 말이다.

그리고 그들이 옳다면 데카르트의 실물을 그린 초상화는 루브르박물관이 아니라(리쉐가 비교했던 그 초상화가 아니라) 코펜하겐에 있다. 루브르박물관에 있는 초상화를 비롯해 다른 초상화들은 코펜하겐국립미술관에 있는 작은 유화스케치나 데카르트를 그린 몇몇 초상화들 중 하나를 토대로 그려진 것으로 보인다. 데카르트를 그린 초상화는 전부 출처가 확실하지 않다. 물론 그것들 중에는 생전의 데카르트를 직접 그린 그림도 있을 것이다. 어쩌면 모두 그런 그림일 수도 있다.

어느 초상화가 실물을 그렸는지 판단하기 위해 리쉐는 데카르트의 다른 초상화들에도 똑같은 방법을 적용했다. 즉 펜화가를 고용해 초상화 속 인물의 머리뼈를 그리도록 했다. 그의 평가에 따르면 모든 초상화가 데카르트 머리뼈의 특징과 일치했다. 따라서 리쉐는 그 초상화들 중 몇몇이 복사본일지라도 데카르트의 얼굴뼈 구조를 정확히 반영하고 있으며, 그 뼈 구조가 유골의 구조와 일치한다고 결론을 내렸다. 그렇게 해서 리쉐는 자신의 연구결과를 재확인했고 그 문제를 내려놓을 수 있었다.

그런데 시간이 흐르면서 데카르트의 머리뼈 자체가 리쉐의 관심을 사로잡았다. 그는 또 다른 프로젝트를 생각해냈다. 데카르트가 죽은 직후, 그의 친구 샤뉘는 데카르트의 데스마스크를 만들도록 명령했다. 아쉽게도 그 데스마스크는 곧 사라졌다. 데스마스크가 사라지기 전, 크리스티나 여왕은 왕실 초상화가 다비트 벡David Beck에게 데스마스크로 사후 초상화를 만들도록 주문했다. 그 결과로 탄생한 그림은 실물과 그다지 같지 않았다. 하지만 리쉐는 그 그림을 사용하기로 마음먹었다. 리쉐의 프로젝트는 진정한 의미의 집착이었다. 그는 세상 그 누구도 관심을 두지 않는 일에 몰두했다.

당시는 제1차 세계대전이 코앞에 닥쳤고 중대한 문제가 곳곳에서 벌어지고 있었다. 사람들이 데카르트의 머리뼈에 관심을 두지 않는 것이 지극히 당연했다. 게다가 사람들은 리쉐가 이미 데카르트의 머리뼈가 진짜임을 증명했다고 믿었다. 리쉐는 상당히 솜씨 있는 조각가였다. 그는 실물 크기의 데카르트 흉상을 직접 만들었다. 리쉐는 벡의 초상화에서 출발했는데, 외부에서 내부를, 피부에서 피부 아래 뼈를 재구성했다. 동시에 리쉐는 데카르트 머리뼈의 석고모형을 만든 다음 그 모형에 근육과 조직을 붙여 얼굴을 완성했다. 한 가지 더 특이한 사실은 완성된 조각품에서 얼굴을 떼어낼 수 있다는 점이었다. 얼굴을 떼어내면 유령처럼 미소 짓는 석고모형이 나온다.

리쉐가 직접 만든 흉상은 프랑스 국립미술학교에 소장되어 있다. 사실, 이 흉상은 철학이나 예술, 인체를 상징한다기보다는 끈질긴 근대적 집착, 즉 불확실한 세상에서 확실성을 찾으려는 집착을 상징한다. 조금 부정적으로 표현한다면, 리쉐가 만든 이 유령 같은 데카르트 흉상은 근대적 의심 자체를 생생하게 표현하는 상징이다.

풀리지 않는 의문

정신-물질 이원론이 정신을 편애한다고 지적하는 비판자들이 더러 있다. 우리 자신을 생각해보자. 우리의 몸(몸이 느끼는 고통과 욕구)은 당연히 우리가 '나'라고 부르는 것의 일부다. 그러나 자아상의 더 큰 부분을 차지하는 것은 다른 층위다. 꿈과 희망, 죄책감, 기억, 만들어진 기억, 관계, 지식, 치졸한 술수, 편집증, 우리가 보낸 이메일과 우리가 봤던 영화, 벌여야 할 싸움과 곱씹어야 할 후회 등이 자아상의 더 큰 부분을 차지한다. 생각을 담당하는 실체인 정신이 우리 삶에서 주도적인 역할을 하기 때문이다.

기묘하게도 정신과 육체의 불균형이 데카르트의 유골을 둘러싼 이야기에도 존재한다. 많은 사람이 유골의 다른 부위보다 '정신'의 물질적 표현인 머리뼈에 더 관심을 두었고 에너지를 쏟아 부었다. 데카르트의 머리뼈는 역사상 위대한 과학자들이 등장인물로 나오는 탐정소설 같은 이야기를 낳았으며, 과학적 · 예술적으로 분석되었다. 반면에 데카르트의 '몸'은 잊혔다. 프랑스혁명이 절정에 달했을 때 데카르트의 유골을 세속주의의 위대한 전당, 팡테옹에 안치하라는 칙령이 발표되기는 했다. 아쉽게도 공포정치와 공포정치가 낳은 피바다 속에 그 칙령은 거의 잊히고 말았다.

그러나 다행스럽게도 완전히 잊히지는 않았다. 1927년 파리는 재즈시대Jazz Age(1920년대 제1차 세계대전 이후 대공황 전까지 물질적 번

영 속에서 춤, 재즈 등 향락과 사치에 빠졌던 시대를 일컫는다_옮긴이 주)의 당김음 리듬과 로스트제너레이션Lost Generation(제1차 세계대전 후 기존 가치관을 상실하고 환멸에 빠졌던 세대를 말한다_옮긴이 주)의 영향에 심취해 있었다. 파리와 세상이 어니스트 밀러 헤밍웨이Ernest Miller Hemingway, F. 스콧 키 피츠제럴드Francis Scott Key Fitzgerald, 파블로 피카소Pablo Picasso, 이고르 페도로비치 스트라빈스키Igor Fyodorovich Stravinsky와 더불어 '근대'를 새롭게 이해하던 그 시절, 정부관리 2명이 데카르트의 유골을 팡테옹에 안치하라는 칙령이 집행되지 않았음을 발견했다.

두 사람은 그 문제를 시행정관에 알렸다. 조사가 시작되었고 사람들의 이목이 집중되었다. 바로 그때 문제가 발견되었다. 이제 277년 된 유골이 다시 국제적 뉴스에 올랐다. 〈뉴욕 헤럴드New York Herald〉 지의 기사는 다음과 같이 시작했다.

17세기 철학자 데카르트의 유골을 팡테옹으로 이전하자는 제안이 제기되었다. 두 사람의 평의원, 로베르 보스Robert Bos와 앙드레 가요André Gayot가 내놓은 그 제안은 많은 반대에 부딪혔다. 프랑스 언론에 따르면 반대하는 이유가 유골이 현재 정확히 어디에 묻혀 있는지 몰라서라고 한다.[12]

'데카르트의 유골은 어디에 있는가?'[13] 〈르 탕〉 지는 물었다.

어제 시작된 논쟁은 (……) 데카르트의 이론에 관한 것이 아니라 그의 유골이 묻힌 장소와 상태 그리고 유골의 진위에 대한 것이다.

덤덤한 어조로 쓰인 기사는 이렇게 덧붙였다.

생제르맹 데 프레 성당에 붙여진 명패에 따르면 데카르트의 유골은 그곳에 묻혀 있다. 물론 명패가 확실한 증거는 아니다.

정부관리들은 유골에 얽힌 역사적 사건과 인물들의 매듭을 하나하나 풀어보기 시작했다. 샤뉘와 크리스티나 여왕부터 리쉐와 그의 기이한 흉상까지 말이다. 그리고 그들은 어딘가 석연치 못한 데가 있다는 결론에 도달했다. 세 번째 매장의식에서 데카르트의 관을 열었을 때 왜 대부분 뼛조각과 가루만 있었을까? 그것은 유골다운 유골이 아니었다. 관을 다시 파내도 해답이 될 만한 실마리가 더 나올 것 같지 않았다. 1819년 재매장 의식에 참가했던 들랑브르를 비롯한 사람들의 보고에는 의심의 여지가 없었다. 문제는 분명히 그전에 일어났을 것이다. 여섯 나라를 거치고 300년이 흐르고 매장을 세 번씩이나 하는 동안 어디에서 무엇인가가 잘못되었을 것이다. 정부관리들은 그 점을 깨닫고 나자 문제를 그만 파헤치기로 했다.[14] 아무도 몇 줌 안 되는 유골가루를 확인하기 위해 오래된 성당을 파헤치는 수고와 비용을 들이고 싶어하지 않았다. 그 후 지금까지 그 문제는 거의 잊혔다.

물론 그리 중요한 문제도 아니다. 내가 이 글을 쓰는 지금도 지상에서는 많은 전쟁이 벌어지고 있다.[15] 그뿐만 아니라 돌이킬 수 없는 환경위기가 임박했다. 아니, 이미 일어났다. 또 국경을 초월해 종교와 경제, 정치제도와 관련된 거대 갈등이 끓어오르고 있다. 상황이 이렇다 보니 파리의 오래된 성당 바닥 밑에 놓여 있는 뼛조각쯤이야 중요하게 생각될 리 없다. 그 뼛조각들이 진짜 데카르트의 것인지 아닌지도 마찬가지다.

나는 데카르트 유골의 여정이 근대를 은유적으로 표현한다는 생각으로 유골의 발자취를 뒤쫓았다. 묘하게도 유골의 여정은 근대성의 척추를 이루는 것처럼 보인다. 데카르트가 죽고 16년이 흐른 뒤, 탈롱은 데카르트를 자연의 본질을 꿰뚫어본 사람으로 생각했다. 그래서 그는 데카르트의 손가락뼈를 종교적 성물로 간직했다. 그에게 데카르트의 손가락뼈는 물질과 영원을 연결하는 다리와도 같았다.

프랑스혁명 무렵 콩도르세와 그의 동지들은 데카르트의 유골을 정반대의 의미로 해석했다. 그들에게 그것은 세속주의의 성물이었다. 또한 사람과 사회에 새로운 방향을 제시한 힘을 상징했다. 내세가 아니라 지금 여기의 세상에 주목하도록 하고 개인의 자유와 평등, 민주주의의 원칙을 탄생시킨 힘 말이다. 한편 베르셀리우스와 퀴비에를 비롯한 19세기 과학자들에게 데카르트의 유골은 과학을 수호하는 부적 같은 것이었다. 우리는 데카르트의 유골, 정확히 말하자면 사람들이 그 유골에 부여한 의미를 통해 과거에 우리가 누구였는지, 그리고 지금 우리가 누구인지 알 수 있다. 우리를 분열시키는 확신과 혼란, 갈등이 무엇인지도 말이다.

나의 탐구과정도 어떤 의미에서 데카르트적이다. 데카르트의 방법은 과학연구뿐 아니라 현대적 탐구의 기저에도 깔려 있다. 우리는 조사하고 분석하는 문화 속에 살고 있다. 물론 거기에는 대가가 있다. 미국의 철학자 존 듀이John Dewey는 데카르트 이후 근대정신은 확실성을 위한 탐구에 가망 없이 매달렸다고 묘사했다. 가망이 없는 이유는 확실성이란 현실세계에 존재하지 않기 때문이다. 데카르트의 정신과 물질 이원론에 붙들린 우리는 대상으로 이루어진 고정된 세상이 '우리 밖'에 있고 정신은 '우리 안'에 있다고 가정한다. 그리고 '앎'이란 정신이 대상을 향해 손을 내밀었을 때 일어난다고 생각한다. 듀이는 이처럼 인식하는 사람과 인식대상을 분리하는 이원론적 지식론을 방관자적 지식론Spectator Theory of Knowledge이라 부르며 비판했다.

우리는 볼 수 있고 잡을 수 있는 대상, 특정 시공간에 존재하는 대상, 역사 속에서 일어났던 일을 실재라고 생각한다. 그러나 현대의 철학과 과학에 따르면 현실은 그렇게 작동하지 않는다. 명료하고 확실하고 엄연한 것으로 보이는 것들이 사실은 개연성蓋然性의 바다 위에 떠 있다. 핵물리학이든, 도덕이든, 우리의 개인적 관계이든 현실을 지배하는 것은 우연성偶然性이다. 요정을 믿기에는 훌쩍 커버린 아이처럼 우리는 확실성 같은 것은 애초에 없다는 것을 깨달아야 한다.

그래도 우리는 확실성을 원한다. 우리는 세상과 과거에 캐묻는다. 미국의 건국시조들은 영웅인가, 노예 고용주들인가? 예수는 누구인가? 지적인 기독교인들은 지식과 예수의 기적을 어떻게 조화시켜야 할까? 그리고 우리는 결말을 갈망한다. 데카르트의 유골이라는 '물질'에 실제로 무슨 일이 일어났는지는 미스터리이다. 하지만 우리가 미스터리를 즐기는 이유는 해답이 있기 때문이다. 자, 여기 나의 해답이 있다.

데카르트의 유골을 잃어버린 자

나는 지금 파리에서 가장 높은 곳에 위치한 팡테옹 광장에 서 있다. 내 앞에는 성당이 한 채 서 있다. 그러나 내가 보고 있는 성당은 두 채다. 내 손에는 400년 전 이곳을 그린 잉크화가 인쇄된 엽서가 들려 있다. 내 앞에 있는 성당은 엽서 속의 모습과 거의 똑같다. 고딕과 르네상스 건축이 뒤섞인, 복잡하고 어두운 건물 정면은 거의 변함이 없다. 엽서에는 그 성당 바로 옆에, 사실상 벽을 맞대고 벽돌로 지어진 고딕풍의 성당이 서 있지만 지금 그 자리는 비어 있다. 옛 성당이 서 있던 자리로 팡테옹 광장과 그 뒷길(다름 아니라 데카르트의 길) 그리고 센 강으로 이어지는 르 카르티에라탱 (라틴구)을 연결하는 좁은 길이 지나간다. 나는 눈을 가늘게 뜨고 남아 있는 성당 옆, 사라진 성당 자리에 반으로 접은 엽서를 갖다 대본다.

지금은 사라진 오른편 성당이 생트 주네비에브 성당이다. 1667 년 초여름 저녁, 데카르트의 추종자와 친구들이 스톡홀름에서 이 송된 그의 유골을 파리의 수호성인 주네비에브 성녀 옆에 뉘였던 곳이다. 데카르트의 유골은 그곳에서 100년 이상 묻혀 있었다.

1792년 반-가톨릭 폭도들이 성당을 약탈할 조짐을 보이자 생 트 주네비에브 수도원장이 혁명정부의 문화재 관리인에게 유물을 구해달라고 요청했다. 음산한 매력을 지닌 문화재 구조자, 르누아 르가 책임을 맡고 작업에 착수했다. 그는 조각상, 기둥, 명판, 표지 물, 감실, 관과 석관, 유골 들을 들어냈다. 그러나 그는 데카르트의 유골을 빼놓았다. 당시는 혼란과 폭력의 시기였다. 폭도들이 무리 지어 다녔고 임시 바리케이드가 널려 있었으며 건물들이 불타올 랐다. 르누아르는 정신없이 바빴다. 그는 유물들을 구해오기 위해 파리 도처에 조수들을 보내고 있었다. 르누아르는 데카르트의 유 골을 구했다고 여겼던, 그 특별한 순간을 4년 뒤 이렇게 남겼다.

'당시의 정황은 내게 그다지 만족스럽지 않다.'[16]

르누아르는 화가로 교육을 받았지만 그의 재능은 예술에 있지 않았다. 그는 스스로 건축학자로 착각했지만 건물과 건물의 특징을 묘사할 때는 실수를 저질렀다. 그래도 르누아르의 전기작가가 꼽은 것처럼 르누아르는 기록을 남기는 능력이 뛰어났다. 그의 소장품 기록은 비할 데 없이 꼼꼼했고 프랑스 예술과 건축에 중요한 자료가 되었다. 그는 생트 주네비에브 성당의 묘지도 빈틈없이 기록했다. 그러나 그는 데카르트의 유골을 가져왔다는 기록은 남기지 않았다.

몇 십 년 후 르누아르가 애착을 가졌던 프랑스유물박물관이 문을 닫은 뒤의 일이다. 베르셀리우스가 스톡홀름의 카지노 운영자 소장품에서 데카르트의 것으로 추정되는 두개골을 발견한 뒤, 퀴비에가 데카르트의 유골을 둘러싼 문제를 풀기 위해 르누아르의 자택으로 편지를 보낸 적이 있었다. 당시 두 사람은 처지가 상당히 달랐다. 그 무렵 르누아르는 평범한 시민으로 돌아가 있었고 아카데미데시앙스의 사무차관인 퀴비에는 프랑스의 위대한 인물로 여겨지던 시절이었다. 아카데미데시앙스의 직인이 찍힌 편지는 꽤 권위 있는 느낌을 주었을 것이다.

선생님께 부탁드리오니, 최근 스웨덴에서 프랑스 아카데미데시앙스로 배달된 머리뼈가 스웨덴 사람들이 생각하는 것처럼 진짜 데카르트의 유골인지 아닌지 판단하는 데 도움이 될 만한 사실을 알려주셨으면 합니다. 다름 아니라 이 철학자의 유골이 프티-오귀스탱(르누아르가 프랑스유물박물관으로 개조한 수도원이다)으로 운반 되었을 때 머리뼈나 머리뼈의 일부가 있었는지 궁금합니다. 그 유 골을 생제르맹 데 프레에 매장할 당시 베르셀리우스 씨가 파리에 있었는데 매장의식에 참가했던 사람에게서 유골의 머리뼈가 없었 다는 이야기를 들었다고 합니다. 또한 이 유골을 조사했던 들랑브 르 씨도 머리뼈 조각으로 보이는 것이 없었다고 분명히 말합니다. 그러나 1666년에 스웨덴 주재 프랑스 대사로 그 유골의 프랑스 송 환을 맡았던 탈롱 경은 유골이 온전한 상태로 도착하도록 대단히 주의를 기울였을 것입니다. 물론 유골을 포장했던 사람에게 속았 을 수도 있겠지요.[17]

퀴비에의 관심사는 머리뼈였다. 그의 편지는 공손했지만 분명 히 탈롱이 스웨덴에서 유골을 포장했던 시점과 들랑브르를 비롯 한 사람들이 그 유골을 보았던 시점 사이 어디쯤에서 유골이 잘못 다루어진 것은 아닌지를 묻고 있었다. 그리고 그 시기에 유골과 가장 밀접하게 관련 있던 사람은 르누아르였다. 그가 생트 주네비 에브 성당에서 유골을 가져다가 27년간 자신의 박물관에 보관했 으니 말이다.

르누아르는 즉시 답장을 썼다. 그는 편지지를 새로 꺼내지도 않 고 퀴비에의 편지 뒷장에 휘갈겨 썼다.

1821년 5월 16일, 파리

퀴비에 남작님께

퀴비에 경,

영광스럽게도 경께서 제게 보낸 편지에 서둘러 답장을 보냅니다.
(……) 생 레제르St.-Léger 수도원장과 르 블롱Le Blond 그리고 제가
데카르트의 유골을 찾기 위해 생트 주네비에브 성당으로 갔습니
다. 우리는 입구 오른편 기둥 주변 아래 땅을 파헤쳤습니다. 그곳에
는 데카르트의 무덤임을 알리는 글귀가 새겨진 흰색 대리석이 있
었지요. 땅을 조금 파헤치자 헤진 목관과 실망스러울 정도로 조금
밖에 남아 있지 않은 뼛조각들이 나왔습니다. 정강이뼈와 대퇴골
일부, 요골과 팔꿈치뼈 조각들이었습니다.

유골이 다 남아 있었다면 그 두 배 정도 되는 뼛조각들이 있었을
것입니다. 하지만 거기에는 그 뼛조각들밖에 없었습니다. 나머지
유골 부분들은 이미 사라졌습니다.[18]

르누아르는 머리뼈 조각이었을 것으로 보이는 작은 뼛조각을
하나 발견했노라고 덧붙였다. 그는 그 뼛조각을 동그랗게 잘라 반
지를 만들어 친구들에게 나누어주었다고 했다.

사실 르누아르는 퀴비에의 편지를 받기 2년 전에도 데카르트
의 유골과 관련된 질문을 받은 적이 있었다. 그런데 그 당시의 대
답은 달랐다. 생제르맹 데 프레 성당에 데카르트 유골이 재매장된

직후, 파리의 공공 유물관리인이 그에게 데카르트의 유골을 파냈을 당시의 기록을 보여주길 원했다. 아마 들랑브르의 요청 때문이었던 것 같다. 르누아르는 이렇게 알렸다.

"박물관 문서보관소에서는 데카르트의 유골 발굴 기록을 찾지 못할 것입니다. 왜냐하면 기록된 것이 하나도 없으니까요."

그는 그 이유를 다음과 같이 말했다.

"그 작업이 혁명 통에 이루어졌기 때문입니다."

그러면서 '생 레제르 수도원장과 르 블롱의 요청에 따라', '해당 지구의 경찰국장 입회하에' 유골을 옮겼다고 했다. 생 레제르 수도원장과 르 블롱, 두 사람 모두 유물관리위원회 위원이었다. 르누아르는 두 사람 모두 죽었다고 언급한 뒤 수고비를 지불한 위원 한 명이 유골을 프티 오귀스탱으로 옮겼다고 덧붙였다.

'유골이 박물관에 도착하자 저는 오래된 석관에 유골을 넣었습니다'라는 구절을 보면 르누아르는 유골을 파낼 때 그 자리에 없었던 듯도 하다. 다른 사람들이 생트 주네비에브 성당에서 유골을 파내 박물관으로 옮겨왔고 그는 유골을 받아서 고대 석관에 넣었다는 이야기처럼 들린다. 그의 이야기를 확증해줄 사람이 없다는 점을 강조하기 위해 생 레제르 수도원장과 르 블롱이 죽었다는 말을 쓸데없이 덧붙인 것 같다. 곤란하거나 부끄러운 사실을 뒤늦게 감추기 위한 것처럼 들린다.

내가 보기에 르누아르가 감추고 싶었던 사실은 그가 데카르트의 유골을 구하지 못했다는 점인 것 같다. 당시는 혁명으로 혼란스러운 시기였다. 그는 현장에 사람들을 보냈다. 사실 그는 자주 그렇게 했다. 르누아르는 자신 또는 조수들이 찾아낸 것은 헤진 목관과 얼마 안 되는 뼛조각이었다고 말했다.

그러나 데카르트의 유골을 생트 주네비에브 성당에 매장할 때 목관 같은 것은 없었다. 1667년의 매장의식은 웅장한 행사였다. 당시 데카르트주의자들은 모든 수단을 동원해 이 위대한 영웅의 이장을 대중행사로 만들려고 노력했다. 그리고 탈롱이 데카르트의 유골을 넣었던 구리함과 함께 구리검이 묻혔다. 구리검에는 데카르트의 저작을 편집한 클레르슬리에가 이장에 참여한 사람들의 이름을 새겨 넣었다. 바이예의 표현에 따르면 이 모든 작업은 '친구들 앞에서' 이루어졌다. 그렇다면 구리함은 어디에 있는가? 구리검은? 게다가 르누아르는 큰 뼛조각 중 하나를 머리뼈 조각이라 믿고 그것으로 반지도 만들었다. 사실, 머리뼈 조각이야말로 그곳에 있어서는 안 되는 물건이었다.

가장 결정적인 증거는 르누아르가 퀴비에에게 보낸 편지에 있다. 그는 자신과 다른 두 명이 '데카르트의 유골을 찾기 위해 생트 주네비에브 성당으로 갔습니다. 우리는 입구 오른편 기둥 주변 아래 땅을 파헤쳤습니다. 그곳에는 데카르트의 무덤임을 알리는 글귀가 새겨진 흰색 대리석이 있었지요'라고 썼다. 데카르트를 기리는 현판이 성당 입구 왼쪽 기둥에 있었을 수도 있다. 그렇다고 그

곳이 데카르트의 무덤은 아니다. 생트 주네비에브 성당의 매장의
식에 참가했던 사람들의 기록에 따르면, 기도와 노래가 끝났을 때
관은 '신도석 남쪽 끝으로 운반되어 두 고해실 사이의 큰 벽, 데카
르트를 위해 만들어진 납골당에 넣어졌다. 그 납골당은 생트 주네
비에브와 생 프랑수아 기도실 사이에'[19] 있었다. 따라서 데카르트
가 묻힌 장소는 르누아르와 조수들 혹은 르누아르를 제외한 조수
들이 파헤친 성당 바닥이 아니라 남쪽 벽의 납골당이었다.

이 모든 정황으로 보건대 데카르트의 유골을 잃어버린 사람은
르누아르이다. 처음에 그는 분명히 데카르트의 진짜 유골을 가져
왔다고 생각했을 것이다. 그는 위인들의 유골을 세속적인 성물로
간직했던 사람이라서 데카르트의 유골로 여긴 그것을 깎아 반지
까지 만들었다. 시간이 흐른 후 그는 사태의 전말을 깨닫고는 변
명하기 시작했다. 진짜 데카르트의 유골, 아마 머리뼈가 없는 유
골은 혁명시절 약탈자들의 손에 넘어갔을 것이다. 약탈자들이 그
유골에 손대지 않았더라면 1807년 폐허가 된 성당을 무너뜨리고
도로를 닦을 때 나왔을 테니 말이다.

정신의 상징인 데카르트의 머리뼈는 거듭 과학적 조사의 대상
이 되었다. 조사방법은 점점 복잡해졌다. 결국 진짜로 판정받은
머리뼈는 파리 인류박물관에 모셔졌다. 인류박물관은 오래된 인
류학 소장품들을 모아 1937년에 세워졌다. 데카르트의 머리뼈는
인류박물관이 주최한 「인간을 보다Man Exposed」라는 제목의 전시

에 크로마뇽인의 머리뼈와 나란히 전시되어 있다. 수천 년에 걸친 인간의 사상과 성취를 보여주려는 전시에서 데카르트의 두개골은 역시나 '근대'를 상징한다. 데카르트의 나머지 유골, 즉 그의 몸 이야기는 갑자기 중단되었고 망각 속으로 사라졌다. 그것이 몸의 운명일 것이다.

데카르트의 연인들

근대를 탄생시켰다는 공로와 근대의 온갖 문제를 낳았다는 비난을 동시에 한 사람에게 돌릴 수 있다면 바로 데카르트가 0순위일 것이다. 미국의 철학자이자 전기작가인 리처드 왓슨은 데카르트를 모든 것의 시초로 본다.

데카르트는 이성이 과학과 인간사를 지배하는 토대를 놓았다. 그는 자연을 탈신성화시키고 개인을 교회와 국가보다 우위에 두었다. 데카르트의 개인주의가 없었다면 민주주의도 없었을 것이다. 물질세계를 기본요소까지 분석해가는 데카르트의 방법이 없었다면 우리는 결코 원자폭탄을 개발하지 못했을 것이다. 17세기 근대 과학의 등장, 18세기 계몽주의, 19세기 산업혁명, 20세기 컴퓨터와 21세기 뇌 과학. 이 모든 것이 데카르트에서 비롯되었다. 현대세계는 뼛속까지 데카르트적이다.[1]

2000년 2월 11일 추운 겨울밤, 데카르트가 스톡홀름에서 숨을 거둔 지 꼭 350년이 흐른 날이었다. 이날 생제르맹 데 프레 성당의 차가운 냉기 속으로 남녀 20여 명이 모여들었다. 데카르트의 영면을 기원하는 미사에 참석하기 위해서였다. 미사를 집전한 사제는 장-로베르 아르뮤가트Jean-Robert Armogathe 신부였다. 파리 인류박물관 보존국장 메네시에는 데카르트의 유골에 관심 둘 만큼 데카르트에 애정을 지닌 사람들을 '데카르트의 연인들'이라 불렀는데, 내가 데카르트의 연인들 중에서 맨 마지막에 만나려고 미루어둔 사람이 바로 아르뮤가트 신부였다.

그 이유는 아르뮤가트 신부가 이 책의 결말을 장식하는 데 적합해서가 아니라 그냥 그를 만나기가 두려웠기 때문이었다. 아르뮤가트는 한때 노트르담 대성당의 신부였으며 파리교구의 고위 성직자인 동시에 세계적으로 저명한 데카르트 학자이자 소르본대학교Université de Sorbonne 고등연구원Ecole Pratique des Hautes Etudes 근대 유럽의 종교와 과학사상사 학과장이기도 했다. 그는 데카르트 철학,《성경》, 17세기 학문의 관계에 대한 글도 썼고 데카르트 철학의 난제인 이원론의 중심에 놓인 문제, 곧 로마가톨릭교회의 화체설을 다룬 글도 썼다.

내 연구에 도움을 준 (그들 역시 저명한 학자였던) 사람들에게 아르뮤가트에 대해 물어보면 그를 꼭 만나야 할 인물로 꼽았다. 그런데 그가 상당히 험악한 분위기를 풍긴다고 경고했다.

"그가 답신하지 않더라도 놀라지 마세요."

미국 최고의 데카르트 학자라 불릴 만한 왓슨의 말이다. 마침내 나는 이 프랑스 철학자이자 사제에게 이메일을 보내 내 책을 설명하고 파리를 방문할 예정인데 혹시 만날 수 있는지 물었다. 놀랍게도 아르가뮤트 신부는 즉시 답장을 보내 기꺼이 만나겠다고 했다.

몇 주 뒤 나는 파리 뤽상부르 공원Jardin du Luxembourg 맞은편에 서 있는 1970년대식 무미건조한 가톨릭 기숙학교 앞에 도착했다. 그곳은 아르뮤가트가 학장으로 있는 보쉬에 학원Institut Bossuet이었다. 나는 1층에 있는 그의 사무실로 안내받았다. 사무실 창문 너머로 뤽상부르 공원 대문이 보였다. 꼭대기에 금창살이 장식된 공원 대문 틈새로 벤치에 앉아 있는 연인 한 쌍과 도화지 묶음을 들고 바로크풍 동상 주변에 모여 있는 미술학도들이 보였다.

나는 아르가뮤트 신부가 오기를 기다리면서 사무실을 훑어보았다. 책상에는 서류더미가 쌓여 있었다. 벽에 걸린 액자들에는 데카르트와 그의 전기작가 바이예의 초상화가 있었다. 책장에 꽂힌 라틴어판 갈릴레오 전집 앞에는 아르뮤가트가 전 교황 요한 바오로 2세Johannes Paulus II와 함께 찍은 사진들이 있었다.

사진 속의 그가 불쑥 사무실로 들어왔다. 키가 작고 약간 살이 찐, 다부진 체형에다 머리는 백발이었다. 진지한 학자답지 않다고 느껴질 정도로 활기 넘치는 사람이었다. 그는 빠른 몸짓으로 끊임 없이 움직였다. 그에게 지난 삶을 물어보자 그는 《다 빈치 코드》에 나옴직한 이야기를 들려주었다.

"1980년대 노트르담 대성당의 신부였을 때 실제로 그곳에서 살 았죠. 성당에서 말입니다. 19세기 사람들은 성당관리 신부가 거주 할 수 있도록 성당 높은 곳에다 다락같은 숙소를 지었습니다. 중 세풍의 나선형 계단을 올라가야 닿을 수 있는 곳이었어요. 그렇게 멋진 곳은 상상하기 힘들 겁니다. 널찍한 식당도 있었는데 삼면 에서 센 강을 내려다볼 수 있었죠. 남쪽을 향해 나 있는 부엌 창을 열면 테라스도 있었어요. 이제는 철거되었지만 저는 그곳에서 5년 을 살았답니다. 정말 좋았죠."

아르뮤가트는 그 테라스에서 바비큐 파티를 열기도 했다. 1980 년대 파리에서는 노트르담 대성당 신부의 파티에 초대받는 것이 화젯거리였다고 한다.

그는 화제를 돌려 자신의 연구에 대해 말하기 시작했다. 그는 17세기부터 현대까지의 시각vision과 광학 연구를 5년간 파고들었 다. 그에 따르면 과학의 시각 개념은 중세와 르네상스 가톨릭의 영적 비전과 내적인 빛inner light(사람의 마음속에 내재하며 사람을 이끄 는 그리스도의 목소리, 그리스도의 빛을 일컫는 표현이다_옮긴이 주)에서 착안했다고 한다. 그는 과학의 시각 개념이 종교적 은유를 중심으로 만들어졌다고 주장했다.

"저는 르네상스와 근대가 뚜렷하게 구분된다는 생각에 반대합니다. 저는 근대적 사고의 틀이 신학을 흉내 내서 만들어졌다고 봅니다.《성경》의 개념들을 바탕으로 과학이 성장할 수 있었던 것이지요."

영면 기원 미사

1996년부터 2000년까지 아르뮤가트는 생제르맹 데 프레 성당의 사제였다. 그곳은 알다시피 데카르트가 마지막으로 묻힌 곳이었다. 그가 생제르맹 데 프레 성당의 사제로 있을 때 데카르트 서거 350주년이 다가오자 특별미사를 열어야겠다고 생각했다. 그는 무엇 때문에 특별미사를 열기로 결심했을까? 나는 그 특별미사도 자세히 알고 싶었지만 그보다 더 깊은 문제에 관심 있었다. 아르뮤가트는 신부인 동시에 데카르트 철학의 권위자였다. 그야말로 근대가 탄생하던 시절과 현대 과학과 종교의 여러 관심사가 어떻게 연결되는지, 이른바 근대의 아버지라는 데카르트와 어떻게 연결되는지 답해줄 수 있는 사람이었다. 아르뮤가트는 다음과 같이 말했다.

"가톨릭에서는 고인의 영혼만을 위해 기도하지 않습니다. 저희는 육신도 부활한다고 믿지요. 가톨릭교도들에게 육신은 중요합니다. 성당묘지는 도시의 폐기물 보관소가 아니라 죽은 자들이 잠을 자며 기다리는 곳이지요. 봄이 오기를 기다리는 씨앗이 땅 속에 있다고 생각하면 됩니다."

성물이 한창 유행했던 중세시대처럼 로마가톨릭교회는 여전히 유골에 특별한 가치를 둔다. 가톨릭 신앙(혹은 다른 종교 또한)이 육체와 정신의 문제에 만족스러운 해답을 찾은 것은 결코 놀라운 일이 아니다. 신앙은 어떤 식으로든 이원론을 해결하고 육체와 영혼을 결합한다.

하지만 신학적 해답은 만족스럽지 않다. 나는 문제를 다른 식으로 제기해보았다. 이번에는 현재까지 이어지는 육체-정신 이원론 문제를 낳은, 아버지로서의 데카르트를 어떻게 생각하는지 물었다. 17세기 후반 데카르트의 유골을 스톡홀름에서 파리로 운반해온 제1세대 데카르트주의자들처럼 아르뮤가트는 스승을 변론할 준비가 되어 있었다. 그는 데카르트가 이원론을 창시했다는 주장에 이의를 제기했다. 그의 주장에 따르면 정신과 육체가 다른 영역에 속한다는 생각은 고대 그리스인들까지 거슬러 올라간다.

좋은 지적이다. 우리는 한걸음 나아가 이렇게 주장해볼 수도 있다. 이원론 같은 단어는 추상적인 수수께끼처럼 들리지만 사실 일상에 기초한다. 우리는 모두 철학자다. 우리의 삶은 우리에게 철학자가 되라고 요구한다. 우리는 거의 무한에 가까운 사상과 생각의 우주 속에서 매순간을 산다. 동시에 냄새나고 역겨운 육신과 그 미천한 조건에 붙들려 산다. 마찬가지로 우리의 정신은 신처럼 시공간을 초월할 수 있는 능력으로 빛나지만 우리의 몸은 죽음에 매여 있다. 그래서 우리는 삶의 의미를 찾는 일에 매달린다. 바로 그렇기 때문에 철학교수의 괴벽스러운 '정신-육체 문제'가 우리 모두에게 의미심장해진다. 추상적으로 들리는 '정신-육체 수수께끼'가 우리의 눈물과 웃음과 뒤엉킨 문제가 된다.

어떻게 보면 이원론은 보편적인 문제, 그러니까 철학자들이 항상 골똘히 생각했던 문제이다. 서구세계에 역사적 갈등을 일으키고 그 후 우리 세대까지 영향을 미치는 것 또한 데카르트의 이원론이 아닐까?

새로운 해답

내 질문에 아르뮤가트는 새로운 방향을 제시했다. 그것은 어쩌면 정신과 육체의 수수께끼에 가장 의미 있는 '해답'을 찾을 수 있는 방향이었다. 아르뮤가트에 따르면 데카르트는 말년에 정신과 육체의 분리 문제를 다루려 했다고 한다.

"데카르트는 마지막 책에서 사실상 제3의 실체가 있다고 언급했지요. 그 제3의 실체는 세 번째 실체라기보다는 정신과 육체의 결합을 일컫습니다. 저는 그것을 하나의 부호code라 여기지요. 그러니까 정신이 육체에, 육체가 정신에 반응할 수 있도록 하는 부호화encoding입니다."

학자들은 데카르트가 어린 딸 프랑신느의 죽음 이후에 딸의 어머니인 헬레나 얀스와 헤어졌다고 생각했다. 데카르트가 여자로서 유일하게 친밀한 관계를 맺었던 얀스는 아이의 어머니로서 의미가 있었기 때문에 아이가 죽은 뒤에는 그녀를 멀리했을 것이라 여겼던 것이다. 그런데 몇 년 전에 네덜란드의 역사가 제론 반 드 벤Jeroen van de Ven이 했던 문헌연구에 따르면 사실은 그렇지 않았다.[2] 데카르트는 네덜란드에서 적어도 스무 번 넘게 이사를 다녔는데 프랑신느가 죽고 나서 얼마 후 에흐몬트-비넨Egmond-Binnen이라는 해안지방으로 옮겨갔다. 그곳은 매서운 바람과 모래언덕으로 유명한 곳이었다. 반 드 벤은 레이덴 시의 공증인 기록에서 결혼계약서 하나를 발견했다. 프랑신느가 죽은 지 4년 후에 작성된 것으로, 얀스와 얀 얀츠 반 벨Jan Jansz van Wel이라는 남자의 결혼계약서였다. 벨은 에흐몬트 출신이었다. 그렇다면 이 계약서의 얀스는 바로 데카르트의 그녀와 동일인인 것일까?

그 둘의 결혼에는 일종의 지참금(1,000길더guilder로 상당한 액수이다. 길더는 네덜란드의 옛 금화이다)이 필요했는데 또 다른 기록에서 반 드 벤은 지참금을 제공한 사람이 바로 데카르트라는 사실을 발견했다. 데카르트와 얀스는 딸이 죽은 지 4년이 지난 뒤에도 분명히 가깝게 지냈던 것 같다. 데카르트가 그녀와 함께하기를 원했다 해도 사회적 지위 때문에 그럴 수 없었을 것이다. 그럼에도 데카르트는 그녀에게 모종의 책임감을 느꼈음에 틀림없었을 테고 그녀의 장래를 위한 길을 열어주었을 것이다.

당시는 데카르트가 네덜란드 신학자들에게 무자비하게 비난받을 때였다. 네덜란드 신학자들은 그의 연구가 불러일으킬 영향을 걱정하며 격분했다. 결국, 그도 지쳤다. 그는 '나는 평화롭게 지내기를 희망하며 이곳에 왔지만 앞으로는 이곳에서도 내가 원하는 평화를 얻지 못할 것 같다'라고 썼다.

> 스콜라 철학의 추종자 한 무리가 동맹이라도 결성한 것처럼 합심하여 나를 중상中傷하며 파멸시키려 한다.[3]

그는 곧 크리스티나 여왕의 청을 받아들여 스웨덴으로 떠났다. 그는 마침내 자신의 연구가 불러일으킨 온갖 소란뿐 아니라 자신의 아이를 낳았던 여인마저 떠나야 했다.

동시에 그는 생애 마지막 연구가 될 작업을 시작했다. 우연인지 필연인지 모르겠지만 그는 《정념론》(데카르트가 사망하기 1년 전에 발표한 논문으로, 다양한 감정을 체계적으로 다룬 최초의 연구로 여겨진다_옮긴이 주)을 쓰기 시작했다. 데카르트는 정신과 육체를 분리하는 세계관에 문제가 있다는 것을 오래전부터 깨닫고 있었다. 정신과 육체라는 두 실체가 어떻게 상호작용하는지 알아내야 했다. 데카르트는 그 혼란스러운 문제를 연구하기 시작했다.

그는 영혼과 육체를 연결하는 조직이 있다고 결론 내렸다. 아르뮤가트의 표현을 따르면 '부호화'였다. 그리고 '부호화'의 17세기 용어가 '정념passion'이었다. 어쩌면 가슴이라고 부를 수도 있을 것이다. 바로 그것이 데카르트가 마지막으로 연구했던 주제였다. 데카르트는 심장이 정신과 육체의 접점이라고 결론 내렸다.

사랑. 기쁨. 고뇌. 후회. 우리는 이 모든 정념을 육체와 정신에서 동시에 경험한다. 어쨌든 데카르트는 그 정념이 정신과 육체라는 우리의 두 자아를 연결해준다고 보았다. 그는 정서 상태가 육체적 건강과 연결되며, 그의 표현대로 '영혼'과 연결된다고 결론 내렸다. 그렇게 해서 그는 또 하나의 현대 학문, 심리학을 예견했다고 할 수 있다.

그러나 그의 결론은 순수하게 철학으로만 끝나야 했다. 그는 아이를 잃었다. 그리고 그의 아이를 낳을 정도로 친밀했던 여자를 다른 남자와 결혼시켰다. 그는 자신의 '정념'을 이미 단념했을 것이다. 그의 앞에는 춥고 얼어붙은 땅과 죽음밖에 없었다.

데카르트는 죽음을 향해 떠나는 순간에도 얀스에게 미래를 선사했다. 에흐몬트라는 작은 마을의 기록을 찾아보면 그가 스웨덴으로 떠난 뒤 이곳에서 펼쳐진 그녀의 삶을 생생히 그려볼 수 있다. 그녀와 남편은 남편의 가족이 운영하는 여관에서 살았다. 나중에 남편이 죽자 그녀가 여관을 물려받았다. 그녀는 재혼했고 새 남편과의 사이에 아들 셋을 두었다. 그 시간을 가득 채웠을 온갖 사건들에 대한 기록은 없지만 그 빽빽한 일상 속에(여관의 시끌벅적한 소음과 큰 독일 맥주잔이 덜거덕대는 소리, 담배연기, 음흉한 미소와 눈물, 노래와 고통) 데카르트의 수수께끼에 대한 해답이 놓여 있을 것이다. 운이 좋다면 우리 모두 그 해결책을 찾게 될 것이다.

1장 그 남자의 죽음

1 Adam and Tannery, 《Oeuvres》, vol. 5, pp. 477–78. 제인 앨리슨Jane Alison이 번역했다.

2 Descartes, 《Discourse》, p. 96.

3 Descartes, 《Philosophical Writings》, vol. 3, p. 275.

4 Clark, 《A Farewell to Alms》 5장에 제시된 자료이다.

5 Molière, 《The Imaginary Invalid》.

6 시동의 답변은 이런 관습을 조롱하는 것 같다. "나리, 의사 선생님 말씀이 건강한 오줌이라고 했습니다. 하지만 그 오줌의 주인은 생각보다 질병이 더 많을 수 있다고 하시더이다."

7 Sym, 《Lifes Preservative Against Self-Killing》, Andrew Wear의 〈Puritan Perceptions of Illness in Seventeenth-Century England〉, Porter의 《Patients and Practitioners》, p. 80에서 재인용했다.

8 Masquelet, 〈Rembrandt's Anatomy Lesson〉.

9 Roth, 《Descartes' Discourse on Method》, p. 14.

10 Descartes, 《Discourse》, p. 5.

11 Descartes, 《Discourse》, p. 8.

12 Descartes, 《Discourse》, p. 59.

13 영국의 철학자 A. C. 그레일링A. C. Grayling은 2005년에 쓴 《데카르트 평전Descartes》에서 데카르트가 예수회의 스파이였을 것이라 추정한다. 그래서 데카르트가 그렇게 많은 군사적·정치적 요지에 있을 수 있었다는 것이다. 하지만 그레일링은 실제 증거는 없다고 인정했다.

14 Adam and Tannery, 《Oeuvres》. vol. 10, p. 158. Gaukroger, 《Soft Underbelly of Reason》, p. 93에서 재인용했다.

15 Schouls, 《Descartes and the Possibility of Science》, p. 3.

16 Roth, 《Descartes' Discourse on Method》, p. 3.

17 Adam and Tannery, 《Oeuvres》, vol. 9B, p. 18. Schouls, 《Descartes and the Possibility of Science》, p. 9에서 재인용했다.

18 Descartes, 《Discourse》, discourse 6.

19 Descartes, 《Discourse》, p. 49.

20 같은 책, p. 119.

21 코기토는 여러 세대에 걸쳐 변형을 낳았다. '나는 생각한다, 고로 나는 스팸 글을 쓴다'(블로거 아미타이 기버츠Amitai Givertz). '나는 깜박인다, 고로 나는 존재한다'(매사추세츠/애머스트 대학the University of Massachusetts/Amherst의 데카르트 반사작용 연구팀Cartesian Reflex Project의 슬로건이다. 이 연구는 데카르트가 1649년에 발표했던 무의식적 깜박임을 연구한다). '나는 생각한다, 고로 데카르트는 존재한다'(미국의 만화가 솔 스타인버그Saul Steinberg). '나는 존재한다, 왜냐하면 내 작은 개가 나를 아니까'(미국의 소설가 거트루드 스타인Gertrude Stein). '나는 생각한다, 고로 나는 쩝쩝댄다'(인터넷 낙서). '코이토 에르고 쿰Coito, ergo cum나는 성교한다, 고로 나는 교미한다'(시인 구스타보 페레스 피르마트Gustavo Pérez Firmat). '나는 냄새난다, 고로 나는 존재한다'(이곳저곳에 떠도는 말). 마지막으로 내가 좋아하는 코기토의 변형은 '나는 생각한다, 고로 나는 존재한다, 고 나는 생각한다'(코미디언 조지 칼린George Carlin)이다.

22 Verbeek, 《Descartes and the Dutch》, p. 39.

23 이 편지는 Adam and Tannery, 《Oeuvres》, vol. 2, p. 305. Bos, 《Correspondence》, pp. 3-9의 주석을 참고했다.

24 Regius, in Bos, 《Correspondence》, p. 3.

25 Heereboord, in Verbeek, 《Descartes and the Dutch》, p. 40. 다음 인용은 Anton Aemilius, in Bos, p. 18, 방법에 대한 인용은 Regius, in Bos, p. 3이다.

26 Bos, 《Correspondence》, pp. 214-20.

27 Gaukroger, 《Descartes》, p. 359.

28 Verbeek, 《Descartes and the Dutch》, p. 18.

29 Verbeek, 《Descartes and the Dutch》, p. 83에서 재인용했다.

30 같은 책, p. 49.

31 이 편지는 Marin Mersenne, in Descartes, 《Philosophical Writings》, vol. 3, p. 134
    을 참고했다.

32 이 편지는 Mersenne, in Adam and Tannery, 《Oeuvres》, vol. 1, p. 263,
    Gaukroger, 《Descartes》, p. 228에서 재인용했다.

33 Descartes, 《Discourse》, p. 46.

34 데카르트가 얼마나 의학에 희망찬 믿음을 지녔는지와 의학적 지식 때문에 그가 얼마나 존경
    받았는지는 주로 Shapin, 〈Descartes the Doctor: Rationalism and Its Therapies〉
    를 참고했다.

35 Adam and Tannery, 《Oeuvres》, vol. 1, p. 434.

36 헬레나 얀스와 프랑신느에 대한 정보는 Baillet, 《La vie de Monsieur Des-Cartes》, vol.
    2, pp. 89–91; Adam and Tannery, 《Oeuvres》, vol. 1, pp. 299, 393–94; Rodis-
    Lewis, 《Descartes》, pp. 137–41; Gaukroger, 《Descartes》, pp. 294–95; Van der
    Ven, 〈Quelques données〉.

37 Masson, 《Queen Christina》, p. 144에서 재인용했다.

38 Buckley, 《Christina》, p. 141.

39 Adam and Tannery, 《Oeuvres》, vol. 5, p. 430.

40 같은 책, p. 467.

41 같은 책, p. 478.

42 Baillet, 《La vie de Monsieur Des-Cartes》, vol. 2, p. 420.

43 Adam and Tannery, 《Oeuvres》, vol. 5, pp. 477–78. 제인 앨리슨이 번역했다.

44 이 문단에 인용된 편지는 모두 Adam and Tannery, 《Oeuvres》, vol. 5, pp. 470–78에
    있다.

45 Baillet, 《La vie de Monsieur Des-Cartes》, vol. 2, p. 452을 Shapin, 〈Descartes
    the Doctor〉 p. 141에서 재인용했다.

2장 유골 이송 작전

1 《논리철학 논고Tractatus Logico-Philosophicus》의 전체 문단은 다음과 같다.
   죽음은 삶의 사건이 아니다. 우리는 삶에서 죽음을 경험하지 않는다. 영원을 무한히 지속되는 시간이 아니라 무시간성으로 이해한다면, 영생은 현재에 사는 사람들의 것이다. 우리의 시야가 끝이 없듯 우리의 삶도 끝이 없다.

2 탈롱의 자료는 《Mémoires du Chevalier de Terlon》; 《Nordisk familjebok》 그리고 가계 계보학자인 도미니크 탈롱Dominique Terlon을 참고했다.

3 안 도트리슈의 자료는 Kleinman, 《Anne of Austria》를 참고했다.

4 스웨덴 스톡홀름에서 데카르트의 유골을 파내 파리로 이송하는 과정에 대한 주요 자료는 Baillet, 《La vie de Monsieur Des-Cartes》; Adam and Tannery, 《Oeuvres》; 〈Documentation concernant le crâne de Descartes〉를 참고했다.

5 Baillet, 《La vie de Monsieur Des-Cartes》, vol. 2, p. 598.

6 같은 책, p. 597.

7 Lindborg, 《Descartes i Uppsala》, p. 339.

8 Adam and Tannery, 《Oeuvres》, vol. 12, p. 599.

9 Clair, 《Jacques Rohault》, pp. 51-52.

10 내 설명은 개략적일 뿐이다. 사실, 스콜라 철학이 지식과 지각에 갖는 입장에는 다양한 변이가 있다.

11 루호의 자연철학에 대한 사례는 Watson, 《Breakdown of Cartesian Metaphysics》, p. 87을 참고했다.

12 Gaukroger, 《Descartes》, p. 356.

13 예를 들어, 루터파는 성찬식 빵이 그리스도의 몸을 나타내지도, 빵의 본질이 그리스도의 육신으로 바뀌지도 않는다고 믿었다. 오히려 사제가 성찬식 빵을 축성하면 빵에 2개의 본질, 즉 빵과 그리스도의 몸이 공존하게 된다고 믿었다. 화체설化體說과 데카르트주의에 대한 설명은 Schmaltz, 《Radical Cartesianism》; Watson, 《Breakdown of Cartesian Metaphysics》; Armogathe, 〈Hoc Est Corpus Meum〉 그리고 《Theologia Cartesiana》를 참고했다.

14 가톨릭 신학에서 성찬식 빵과 포도주의 본질이 그리스도의 살과 피로 변한다고 할 때 그 변화과정에서 정확히 무슨 일이 일어나는지는 여전히 설명하기 까다로운 문제다. 이 변화를 설명하려는 로마가톨릭교회가 최근에 했던 시도는 국교회와 합의한 1981년 보고서에서 볼 수 있다.

'화체는 성찬식에서 하느님이 빵과 포도주의 내재적 본질을 변화시키는 것을 설명하기 위해 로마가톨릭교회에서 사용하는 단어다. 화체라는 용어는 성찬식에 그리스도가 임재하며 신비하고 근본적인 변화가 일어난다는 것을 긍정하는 뜻으로 이해되어야 한다.'

그다음에 보고서는 17세기 로마가톨릭교회와 데카르트주의자들을 골치 아프게 했던 문제를 살짝 회피하면서 '현대 로마가톨릭 신학은 화체설이 성찬식 빵에 어떻게 변화가 일어나는지를 설명한다고는 생각지 않는다'고 덧붙인다(Anglican-Roman Catholic International Commission, 《Final Report》, p. 14).

15 Waterworth, 《Council of Trent》, 13th sess., ch. 1.

16 Watson, 《Breakdown of Cartesian Metaphysics》, p. 160.

17 Gaukroger, 《Descartes》, p. 290.

18 데가베에 대한 자세한 내용은 Schmaltz, 《Radical Cartesianism》과 Watson, 《Breakdown of Cartesian Metaphysics》를 참고했다.

19 데가베는 아리스토텔레스주의자들이 설명하는 그리스도의 기적이 맞지 않다고 주장했다. 왜냐하면 첫 번째 본질인 빵이 두 번째 본질인 그리스도의 몸으로 대체되려면 그전에 첫 번째 본질이 제거되어야만 하기 때문이다. 데가베는 실체는 사라질 수 없다고 주장했다.

20 1667년 장례식에 대한 자세한 설명은 Baillet, 《La vie de Monsieur Des-Cartes》, vol. 2, ch. 23을 참고했다.

21 Van Damme, 〈Restaging Descartes〉.

22 Schmaltz, 《Radical Cartesianism》, pp. 29-33.

23 Armogathe and Carraud, 〈L'ouverture des archives de la Congrégation pour la doctrine de la foi〉.

24 말브랑슈와 아르노의 자료는 Lawrence Nolan, 〈Malebranche's Theory of Ideas and Vision in God〉 그리고 Steven Nadler, 《Arnauld and the Cartesian Philosophy of Ideas》를 참고했다.

3장 이성과 신앙의 갈등사

1 Uglow, 《Lunar Men》, p. 51에서 재인용했다.

2 Voltaire, 《Lettres philosophiques》, pp. 2-3.

3 Rée, 《Descartes》, pp. 30-31.

4 Jacob, 《Radical Enlightenment》, pp. 172-76; Israel, 《Radical Enlightenment》, p. 69.

5 여성과 여성의 성에 대한 부분은 Israel, 《Radical Enlightenment》, ch. 4: 〈Women, Philosophy, and Sexuality〉를 참고했다.

6 Collins, 《A Discourse of Free-Thinking》, p. 5.

7 같은 책, p. 28.

8 Vovelle, 《Piété baroque et déchristianisation en Provence au XVIII siècle》.

9 Berman, 《Atheism in Britain》, p. xii에서 재인용했다.

10 Israel, 《Radical Enlightenment》, p. 4에서 재인용했다.

11 같은 책, p. 375.

12 Spinoza, 《Theologico-Political Treatise, preface, in Chief Works of Benedict de Spinoza》.

13 Schouls, 《Descartes and the Enlightenment》, p. 73에서 재인용했다.

14 Cassirer, 《Philosophy of the Enlightenment》, p. 163에서 재인용했다.

15 Commager, 《Empire of Reason》, p. xi.

16 르누아르와 프랑스유물박물관의 정보는 제니퍼 카터Jennifer Carter의 박사논문 일부와 카터와의 서신교환을 바탕으로 했다. 그 밖의 참고자료는 Christopher Greene, 〈Alexandre Lenoir and the Musée des monuments français during the French Revolution〉; Lenoir, 《Description historique et chronologique》, 《Notice historique》; Louis Courajod, 《Alexandre Lenoir》; Guy Cogeval and Gilles Genty, 《La logique de l'inaltérable》; Albert Lenoir, 《Statistique monumentale de Paris》이다.

17 duc de Croy, 〈Journal inédit du duc de Croy〉, 1718-1784, pp. 220-28; Palmer, 《Age of the Democratic Revolution》, pp. 94-96.

18 극단적 이성주의의 반작용으로 이신론을 따라 절대자를 신봉하는 형태의 믿음이 등장했다. 신앙이 아니라 이성으로 이해할 수 있는 신적 존재가 세상을, 특히 프랑스를 굽어본다는 믿음이다. 한편, 사제들의 미사와 성찬식 집전이 금지되자 프랑스 도처의 마을에서는 평범한 마을사람이 주관하는 종교의식이 열렸다. 하지만 성찬식을 집전하는 사람은 혁명정부의 정책에 따라 사형당할 위험을 무릅쓰거나 서품 받은 사제도 아니면서 성찬식 빵과 포도주를 축성했다는 죄책감을 감내해야 했다. 사람들은 사형과 죄책감 모두를 피하는 방법으로 이른바 백색미사white mass라는 것을 열었다. 이는 평범한 사람의 주관 하에 빵과 포도주를 축성하지 않고 상징적 의미를 부여하는 형식으로 열렸다. 그리하여 프랑스혁명이라는 급진적 근대성 속에서도 이성과 신앙의 만남을 다루는 방식이 세 가지 공존했음을 알 수 있다. 데카르트의 시대 이후 반복해서 나타나는 이 세 가지 분파는 급진 세속주의자, 온건주의자, 독실한 종교신자들이다.

19 Schouls, 《Descartes and the Enlightenment》, p. 67에서 재인용했다.

20 《Archives du Musée des monuments français》, vol. 2, p. 36.

21 같은 책, pp. 27-37.

22 Lenoir, 《Description》, p. 243.

23 《Archives du Musée des monuments français》, vol. 1, pp. 16-17.

24 Lenoir, 《Notice historique》, pp. 22-23.

25 Chénier, 《Rapport fait à la Convention nationale, au nom du Comité d'instruction publique》.

26 Bonnet, 《Naissance du Panthéon》, p. 315에서 재인용했다.

27 Hume, 《Treatise of Human Nature》, p. 167.

28 Kant, 《Religion within the Limits of Reason Alone》.

29 Lenoir, 《Description》, pp. 93-94; Green, 〈Alexandre Lenoir〉, p. 213에서 재인용했다.

30 Lenoir, 《Description》, p. v.

31 같은 책, p. 17; Green, 〈Alexandre Lenoir〉, p. 214에서 재인용했다.

32 Lenoir, 《Description》, p. 243.

33 셰니에와 메르시에의 연설은 셰니에가 쓴 《Rapport fait par Marie-Joseph Chénier》 〈Gazette nationale, ou le Moniteur universel〉의 1796년 5월 14일자와 메르시에가 훗날 쓴 《Le nouveau Paris》의 'Panthéonise' 라는 장에도 실렸다.

34 혁명정부는 삶의 모든 측면을 변혁하고 근대화하려는 열정으로 달력을 간소화하고 달 이름을 다시 지었다. 혁명력에서 한 달은 30일, 3주로 구성되며 각 주는 10일이다. 각 달의 명칭은 계절변화에 따라 지어졌다. 목장의 달은 5월 중순부터 6월 중순까지를 일컬으며 초원이 무성히 자라는 달을 뜻한다. 이와 같은 시도에는 그리스도의 탄생을 기준으로 해를 계산하는 그레고리력Gregory曆을 폐지하려는 의도가 있었다. 혁명력 1년은 프랑스혁명이 시작된 1792년을 뜻한다.

35 Shaw, 〈Time of Place〉에서 재인용했다.

36 Lenoir, 《Description》, p. 113.

4장 사라진 유골

1 Coleman, 《Georges Cuvier》, p. 18.

2 베르셀리우스에 대한 정보는 프랑스 자연사박물관에 소장된 문서와 Jorpes, 《Jac. Berzelius》를 참고했다.

3 Jorpes, 《Jac. Berzelius》, p. 42.

4 아카데미데시앙스에 대한 설명은 아카데미데시앙스의 역사와 크로스랜드Crosland의 책을 참고했다.

5 프랑스혁명은 한동안 아카데미데시앙스를 없애기도 했다. 왕실 후원을 받고 있어서 반동적 기관이라 여겼기 때문이다. 그 후 아카데미데시앙스는 국립 연구소Institut National라는 이름으로 재설립되었다가 1816년에 다시 아카데미데시앙스가 되었다.

6 메스머에 대한 설명은 Donaldson, 〈Mesmer's 1780 Proposal for a Controlled Trial〉과 Donaldson과의 이메일 교환에 바탕을 둔다.

7 Jorpes, 《Jac. Berzelius》, p. 82.

8 이런 토론은 비공식적이었을 것으로 보인다. 당시의 아카데미데시앙스 회의록에서 이 주제와 관련된 공식 보고를 찾을 수 없기 때문이다. 반면 이후의 회의록에는 데카르트의 유골에 대한 공식 보고를 찾을 수 있다.

9   Cuvier, 《Leçons d'anatomie comparée》; Coleman, 《Georges Cuvier》, pp. 171–
    72에서 재인용했다.

10 모임과 관련해 자세한 사항은 아카데미데시앙스의 회의록을 참고했다(Académie des
    Sciences, 〈Procès-verbaux des séances〉).

11 들랑브르는 앞서 데카르트 유골의 이야기에 등장했다. 혁명지도자들이 데카르트의 유골을
    팡테옹으로 옮기는 문제로 논쟁할 당시 그는 파리의 가장 높은 지점, 곧 팡테옹의 둥근 지붕
    위에서 미터측량 연구를 수행하고 있었다.

12 Alder, 《Measure of All Things》, p. 6에서 재인용했다.

13 Vass, 〈Beyond the Grave〉, p. 191.

14 스웨덴 룬드대학교 도서관의 릴예바크 필사본 모음; Verneau, 〈Les restes de
    Descartes〉; Ahlström 외, 〈Cartesius' Kranium〉. 릴예바크가 남긴 기록의 날짜를 바탕
    으로 릴예바크가 1860년대와 1870년대에 데카르트 두개골의 행적을 쫓기 시작했다고 추론
    할 수 있다. 그가 마지막으로 남긴 기록은 1869년과 1872년의 것이다.

15 노르덴플뤼크트에 대한 묘사는 스웨덴 웁살라대학교Uppsala Universitet 홈페이지와
    Stålmarck, 《Hedvig Charlotta Nordenflycht》를 참고했다.

16 스파르만의 행적은 Beaglehole, 《Life of Captain James Cook》; Sparrman, 《Voyage
    to the Cape of Good Hope》를 참고했다.

17 Ahlström 외, 〈Cartesius' Kranium〉, p. 35에서 재인용했다.

18 Ahlström 외, 〈Cartesius' Kranium〉을 참고했다.

19 Berzelius, 《Berzelius brev》. I, pp. 76–84.

 5장 두개학의 발전

1   갈과 골상학의 출현에 대한 설명은 Colbert, 《Measure of Perfection》; Lanteri-Laura,
    《Histoire de la phrénologie》; Staum, 〈Labeling People〉; Young, 《Mind, Brain,
    and Adaptation》; Zola-Morgan, 〈Localization of Brain Function〉; Ackerknecht,
    〈Contributions of Gall〉을 참고했다.

2   Zola-Morgan, 〈Localization of Brain Function〉, p. 364에서 재인용했다.

3 같은 책, p. 375.

4 Young, 《Mind, Brain, and Adaptation》, p. 71.

5 같은 책, pp. 71–72.

6 같은 책, p. 72.

7 같은 책, pp. 73–74.

8 Adam and Tannery, 《Oeuvres》, vol. 3, pp. 19–20.

9 정신-육체 이원론에 대한 설명은 Lokhorst, 〈Descartes and the Pineal Gland〉를 참고했다.

10 Adam and Tannery, 《Oeuvres》, vol. 3, p. 693; Lokhorst, 〈Descartes and the Pineal Gland〉.

11 Nagel, 《View from Nowhere》, pp. 7–8.

12 같은 책, p. 4.

13 Académie des Sciences, 《Procèsverbaux des séances》, April 25, 1808.

14 Cuvier, 《Leçons d'anatomie comparée》, lesson 8, p. 7.

15 Cuvier, 《Le règne animal》, p. 95.

16 Hagner, 〈Skulls, Brains, and Memorial Culture〉, p. 210.

17 《Bulletins de la Société d'anthropologie de Paris》, 1861, p. 139.

18 Pearce, 〈Louis Pierre Gratiolet〉, p. 263.

19 《Bulletins de la Société d'anthropologie de Paris》, 1861, p. 428.

20 퀴비에의 모자를 둘러싼 일화는 《Bulletins de la Société d'anthropologie de Paris》, 1861, p. 428을 참고했다. Gould, 《Panda's Thumb》과 Schiller, 《Paul Broca》에도 이 일화가 등장한다.

21 《Bulletins de la Société d'anthropologie de Paris》, 1861, p. 70.

22 같은 책, p. 71.

23 같은 책, pp. 164–65.

24 같은 책, pp. 224–25.

25 같은 책, pp. 238–39.

26 "Do Races Differ? Not Really, Genes Show," 〈New York Times〉, August 22, 2000.

27 http://psychology.uwo.ca/faculty/rushton_res.htm.

28 〈Times Online〉, October 17, 2007; http://www.timesonline.co.uk/tol/news/uk/article2677098.ece.

 6장 풀리지 않는 의문

1 Académie des Sciences, 《Comptes rendus》, September 23, 1912.

2 Verneau, 〈Les restes de Descartes〉.

3 〈Journal des débats politiques et littéraires〉, September 25, 1912.

4 〈Gazette de France〉, September 23, 1912.

5 Verneau, 〈Les restes de Descartes〉.

6 Perrier, 〈Sur le crâne dit 'de Descartes'〉.

7 Cabanès, 〈Les tribulations posthumes de Descartes〉.

8 폴 리쉐와 데카르트의 두개골에 얽힌 이야기는 〈Sur l'identification du crâne supposé de Descartes〉, 《Physiologie artistique》 and 《L'art et la médicine》; 〈Le crâne de Descartes〉, 〈Le Soir〉, January 21, 1913; 〈Sketch Identifies Skull of Descartes〉, 〈New York Times〉, January 26, 1913; Comar, 《Mémoires de mon crâne》을 참고했다.

9 〈New York Times〉, January 26, 1913.

10 〈Le Figaro〉, January 21, 1913.

11 Slive, 《Frans Hals》, vol. 1, p. 164.

12 〈Pantheon Awaits Descartes Ashes When Discovered〉.

13 〈Le Temps〉, December 17, 1927.

14 정확히 말하자면 최근에 그 유골의 진위를 확인하려는 시도가 있기는 했다. 2005년에 은퇴한 프랑스 의사이자 과학사가인 베르나르 카르티에Bernard Cartier가 리쉐를 연구하다가 그와 비슷한 데카르트적 회의에 빠지고 말았다. 그는 가장 현대적인 방법으로 리쉐의 연구를 증명해야겠다고 생각했다. 그러니까 생제르맹 데 프레 성당의 유골과 인류박물관의 머리뼈에 DNA검사를 실시하려고 했다. 카르티에는 〈인류박물관과 생제르맹 데 프레 성당의 데카르트 유골의 진위에 대한 연구Study regarding the remains of Descartes, at the museum and at the church of st.-Germain des Prés, the feasibility of an investigation into their authenticity〉에 대해 프랑스 국립의학아카데미의 승인을 받았다. 그는 관련 당국과 접촉했고 파리시청과 경찰청으로부터 답변을 받았다. 답변에서 관련 당국은 성당으로의 유골 이송과정을 자세히 묘사하면서 유골이 가짜일리 없다는 의사를 내비쳤다. 그리고 현재 데카르트의 무덤이 돌과 시멘트로 봉인돼 있는 탓에 오래된 성당에 착암기를 들이대야 하는 어려움을 언급하면서 데카르트의 영면을 방해하지 말라는 의사를 정중하지만 확고하게 밝혔다.

15 http://www.humansecuritybrief.info/.

16 《Archives du Musée des monuments français》, vol. 2, p. 298.

17 Adam and Tannery, 《Oeuvres》, vol. 12, pp. 624-25.

18 같은 책, pp. 625-27.

19 같은 책, p. 602.

에필로그 | 데카르트의 연인들

1 Watson, 《Cogito, Ergo Sum》, p. 3.

2 Van de Ven, 〈Quelques données nouvelles sur Helena Jans〉.

3 Adam and Tannery, 《Oeuvres》, vol. 5, pp. 15-16.

Académie des Sciences. *Procès–verbaux des séances de l'Académie tenues depuis la fondation de l'Institut jusqu'au mois d'août 1835.* 10 vols. Hendaye: Imprimérie de l'Observatoire d'Abbadia, 1910–22.

_____. *Comptes rendus hebdomadaires des séances de l'Académie des sciences.* Paris: Gauthier-Villars, 1912.

"Académie des sciences: Le crâne de Descartes est authentique." *Le Figaro*, January 21, 1913.

Ackerknecht, E. H. "Contributions of Gall and the Phrenologists to Knowledge of Brain Function." *The History and Philosophy of Knowledge of the Brain and Its Functions.* Amsterdam: Israel, 1957.

Adam, Charles, and Tannery, Paul, eds. *Oeuvres de Descartes.* 12 vols. Paris: Librairie Philosophique J. Vrin, 1974.

Ahlström, Carl Gustaf, Per Ekström, and Ove Persson. "Cartesius' Kranium." *Sydsvenska medicinhistoriska sällskapets årsskrift* 1983.

Åkerman, Susanna. *Queen Christina of Sweden and Her Circle: The Transformation of a Seventeenth-Century Philosophical Libertine.* Leiden: Brill, 1991.

Alder, Ken. *The Measure of All Things: The Seven-Year Odyssey That Transformed the World.* London: Little, Brown, 2002.

Andersson, Ingvar. *A History of Sweden.* London: Weidenfeld and Nicolson, 1956.

Anglican–Roman Catholic International Commission. *The Final Report.* Oxford: Bocardo and Church Army Press, 1981.

Archives du Musée des monuments français. 3 vols. Paris: E. Plon, Nourrit et Cie, 1883–97.

Armogathe, Jean- Robert. *Theologia Cartesiana: L'explication physique de l'Eucharistie chez Descartes et dom Desgabets*. The Hague: Martinus Nijhoff, 1977.

_____. "La sainteté janséniste." *Histoire des saints et de la sainteté chrétienne*. Eds. Francesco Chiovaro et al. vol. 9. Paris: Hachette, 1987.

_____. "'Hoc Est Corpus Meum': Le débat autour de l'explication Cartésienne de la transubstantiation eucharistique." *Travaux du Laboratoire européen pour l'étude de la filiation*. Ed. Pierre Legendre. Brussels: Émile Van Balberghe Libraire et Yves Gevaert Éditeur, 1998.

_____. and Vincent Carraud. "La première condamnation des *Oeuvres* de Descartes, d'après des documents inédits aux archives du Saint-Office." *Nouvelles de la République des Lettres* 2 (2001).

_____. "L'ouverture des archives de la Congrégation pour la doctrine de la foi." *Communio* 30 (January–February 2005).

Aston, Nigel. *Religion and Revolution in France, 1780–1804*. London: Macmillan, 2000.

Baillet, Adrien. *La vie de Monsieur Des-Cartes*. 2 vols. Paris: Daniel Horthemels, 1691.

Baker, Keith Michael. *Condorcet: From Natural Philosophy to Social Mathematics*. Chicago: University of Chicago Press, 1975.

Balz, Albert G. A. "Clerselier (1614–1684) and Rohault (1620–1675)." *The Philosophical Review* 39 (September 1930).

Beaglehole, J. C. *The Life of Captain James Cook*. Palo Alto: Stanford University Press, 1992.

Becker, Carl. *The Heavenly City of the Eighteenth-Century Philosophers*. New Haven: Yale University Press, 1932.

Berman, David, ed. Atheism in Britain. Vol. 1: *An Answer to Mr. Clark's Third Defence of His Letter to Mr. Dodwell*, by Anthony Collins, and *A Discourse of Free-Thinking*, by Anthony Collins. Bristol: Thoemmes Press,1996.

Bernard, Leon. *The Emerging City: Paris in the Age of Louis XIV*. Durham: Duke University Press, 1970.

Berzelius, Jac. *Berzelius brev. I, Brewäxling mellan Berzelius och C.L. Berthollet, 1810–1822*. Stockholm, 1912.

Blagdon, Francis William. *Paris as it was and as it is, or a Sketch of the French capital illustrative of the effects of the Revolution: with respect to sciences, literature, arts, religion, education, manners and amusements, comprising also a correct account of the most remarkable national establishments and public buildings, in a series of letters written by an English traveller during the years 1801–2 to a friend in London*. London: C. A. Baldwin, 1803.

Boddington, A., A. N. Garland, and R. C. Janaway. *Death, Decay and Reconstruction: Approaches to Archaeology and Forensic Science*. Manchester: Manchester University Press, 1987.

Boileau-Despréaux, Nicolas. "Arrêt burlesque."*Oeuvres complètes de Boileau*. 4 vols. Paris: Garnier, 1873.

Bonnet, Jean-Claude. *Naissance du Panthéon: Essai sur le culte des grands hommes*. Paris: Fayard, 1998.

Bos, Erik-Jan. *The Correspondence between Descartes and Henricus Regius*. Utrecht: Zeno, 2002.

_____. "Descartes' *Lettre apologétique aux magistrats d'Utrecht*: New Facts and Materials." *Journal of the History of Philosophy* 37 (July 1999).

Buckley, Michael J. *Denying and Disclosing God: The Ambiguous Progress of Modern Atheism*. New Haven: Yale University Press, 2004.

Buckley, Veronica. *Christina, Queen of Sweden: The Restless Life of a European Eccentric*. London: Fourth Estate, 2004.

Cabanès, Dr. "Les tribulations posthumes de Descartes," *Gazette medicale de Paris*, November 6, 1912.

Carter, Jennifer. "Recreating the Poetic Imaginary: Alexandre Lenoir and the Musée des Monuments français." Doctoral dissertation, McGill University, 2007.

Cassirer, Ernst. *The Philosophy of the Enlightenment*. Princeton: Princeton University Press, 1951.

Chénier, Marie-Joseph de. *Rapport fait à la Convention nationale au nom du Comité d'instruction publique, par Marie-Joseph Chénier, suivi du décret rendu à la séance du 2 octobre 1793 (sur le transport au Panthéon du corps de Descartes)*. Paris: Imprimérie Nationale, 1793.

_____. *Rapport fait par Marie-Joseph Chénier sur la translation des cendres de René Descartes au Panthéon. Séance du 18 floréal l'an IV*. Paris: Imprimérie nationale, 1796.

"Chronique scientifique," *La Gazette de France*, September 23, 1912.

Clair, P., ed. *Jacques Rohault, 1618–1672: Bio-bibliographie, avec l'édition critique des entretiens sur la philosophie*. Paris: CNRS, 1978.

Clark, Gregory. *A Farewell to Alms: A Brief Economic History of the World*. Princeton: Princeton University Press, 2007.

Cogeval, Guy, and Gilles Genty. *La logique de l'inaltérable: Histoire du Musée des monuments français*. Paris: Imprimérie Nationale, 1993.

Colbert, Charles. *A Measure of Perfection: Phrenology and the Fine Arts in America*. Chapel Hill: University of North Carolina Press, 1997.

Coleman, William. *Georges Cuvier, Zoologist: A Study in the History of Evolution Theory*. Cambridge: Harvard University Press, 1964.

Collins, Anthony. *A Discourse of Free-Thinking*. London, 1713.

Comar, Philippe. *Mémoires de mon crâne-René Des-Cartes*. Paris: Gallimard, 1997.

Commager, Henry Steele. *The Empire of Reason*. New York: Doubleday, 1977.

Condorcet, Marquis de (Jean-Antoin-Nicolas de Caritat). *Esquisse d'un tableau: Historique des progrès de l'esprit humain*. Paris: Agasse, 1798.

Courajod, Louis. *Alexandre Lenoir, son journal et le Musée des monuments français*. 3 vols. Paris: H. Champion, 1878–87.

Cousin, Victor. *Madame de Sablé*. Paris: Didier, 1869.

"Le crâne de Descartes." *Le Soir*, January 21, 1913.

"Le crâne de Descartes," *Le Temps*, October 2, 1912.

Crosland, Maurice. *Science under Control: The French Academy of Sciences, 1795–1914*. Cambridge: Cambridge University Press, 1992.

Croy, duc de. *Journal inédit du duc de Croy, 1718–1784*. Vol. 2. Paris: Flammarion, 1907.

Cuvier, Georges. *Leçons d'anatomie comparée*. Paris: Baudoin, 1805.

_____. *Le règne animal distribué d'après son organisation, pour servir de base à l'histoire naturelle des animaux et d'introduction à l'anatomie comparée*. Brussels: Culture et civilisation, 1969.

Damasio, Antonio R. *Descartes' Error: Emotion, Reason, and the Human Brain*. New York: G. P. Putnam's Sons, 1994.

Descartes, René. *Discours de la Methode pour bien conduire sa raison, & chercher la verité dans les sciences. Plus La Dioptrique. Les Meteores. Et La Geometrie. Qui sont des essais de cete Methode*. Leyden: Ian Maire, 1637.

_____. *Discourse on Method*. Trans. Laurence Lafleur. New York: Macmillan, 1960.

_____. *The Philosophical Writings of Descartes*. 3 vols. Ed. J. Cottingham, R. Stoothoff, and D. Murdoch. Cambridge: Cambridge University Press, 1991.

Descartes et les Pays-Bas. Amsterdam: Maison Descartes, 1985.

"Documentation concernant le crâne de Descartes." Dossier compiled by Philippe Mennecier, Muséum national d'histoire naturelle, Musée de l'homme, Laboratoire d'anthropologie biologique, October 1996.

Donaldson, I. M. L. "Mesmer's 1780 Proposal for a Controlled Trial to Test His Method of Treatment Using 'Animal Magnetism.'" *Journal of the Royal Society of Medicine* 98 (2005).

Droge, Jan. *Kasteel Endegeest: Een geschiedenis van het huis, de tuin en de bewoners*. Leiden: Matrijs, 1993.

Dulaure, J. A. *Nouvelle description des curiosités de Paris*. Paris: Lejay, 1785.

Etlin, Richard A. *The Architecture of Death: The Transformation of the Cemetery in Eighteenth- Century Paris*. Cambridge: MIT Press, 1984.

French, Roger, and Andrew Wear. *The Medical Revolution of the Seventeenth Century*. Cambridge: Cambridge University Press, 1989.

Gaukroger, Stephen. *Descartes: An Intellectual Biography*. Oxford: Clarendon, 1995.

_____. John Schuster, and John Sutton, eds. *Descartes' Natural Philosophy*. London: Routledge, 2000.

Gaukroger, Stephen, ed. *The Soft Underbelly of Reason: The Passions in the Seventeenth Century*. London: Routledge, 1998.

Gordon, Daniel, ed. *Postmodernism and the Enlightenment: New Perspectives in Eighteenth-Century French Intellectual History*. New York: Routledge, 2001.

Gould, Stephen Jay. *The Panda's Thumb: More Reflections in Natural History*. New York: Norton, 1992.

Goupille, André. *Haya, La Haye en Touraine, La Haye Descartes, Descartes: Des origines à nos jours*. Tours: Chavanne, 1980.

Grayling, A. C. *Descartes: The Life of René Descartes and Its Place in His Times*. London: Free Press, 2005.

Greene, Christopher. "Alexandre Lenoir and the Musée des monuments français during the French Revolution." *French Historical Studies* 12 (1981).

Grell, Ole Peter, and Andrew Cunningham, eds. *Religio Medici: Medicine and Religion in Seventeenth-Century England*. Aldershot: Scolar Press, 1996.

Hagner, Michael. "Skulls, Brains, and Memorial Culture: On Cerebral Biographies of Scientists in the Nineteenth Century." *Science in Context* 16 (2003).

Harashima, Hiroshi. "The Concealing Face, the Nameless Face: Has the Media Really Been Evolving? A Perspective of Facial Studies." *Natureinterface*, no. 4, http://www.natureinterface.com/e/ni04/P016-021/.

Higonnet, Patrice. Paris: *Capital of the World*. Cambridge: Harvard University Press,

2002.

Hillairet, Jacques. *Dictionnaire historique des rues de Paris*. 2 vols. Paris: Éditions de Minuit, 1964.

Hirsi Ali, Ayaan. *Infidel*. New York: Free Press, 2007.

Hume, David. *A Treatise of Human Nature*. Oxford: Oxford University Press, 2000.

Israel, Jonathan I. *Radical Enlightenment: Philosophy and the Making of Modernity, 1650–1750*. Oxford: Oxford University Press, 2001.

Jacob, Margaret C. *The Radical Enlightenment: Pantheists, Freemasons, and Republicans*. London: George Allen and Unwin, 1981.

Jonas, Raymond. *France and the Cult of the Sacred Heart: An Epic Tale for Modern Times*. Berkeley: University of California Press, 2000.

Jorpes, J. Erik. *Jac. Berzelius: His Life and Work*. Berkeley: University of California Press, 1970.

Kant, Immanuel. *Religion within the Limits of Reason Alone*. Trans. Theodore M. Greene and Hoyt H. Hudson. Chicago: Open Court, 1934.

Kleinman, Ruth. *Anne of Austria, Queen of France*. Columbus: Ohio State University, 1985.

Lanteri-Laura, Georges. *Histoire de la phrénologie: L'homme et son cerveau selon F. J. Gall*. Paris: Presses Universitaires de France, 1970.

"Large Skulls." *New York Times*, August 10, 1879.

Lemoine, Bertrand. *Les Halles de Paris*. Paris: L'Equerre, 1980.

Lenoir, Albert. *Statistique monumentale de Paris*. 3 vols. Paris: Imprimérie Impériale, 1867.

Lenoir, Alexandre. *Notice historique des monumens des arts, réunis au Dépôt national, rue des Petits-Augustins*. Paris: Cussac, 1796, 1797.

_____. *Description historique et chronologique des monumens de sculpture réunis au Musée des monumens français*. Paris: Laurent Guyot, 1806.

Lindborg, Rolf. *Descartes i Uppsala*. Stockholm: Almqvist & Wiksell, 1965.

Lokhorst, Gert-Jan. "Descartes and the Pineal Gland." *The Stanford Encyclopedia of Philosophy*. Winter 2006 Ed. Edward N. Zalta. http://plato.stanford.edu/archives/win2006/entries/pineal=gland.

Maccioni Ruju, P. Alessandra, and Marco Mostert. *The Life and Times of Guglielmo Libri: Scientist, Patriot, Scholar, Journalist, and Thief*. Hilversum: Verloren, 1995.

Macdonald, Paul S. "Descartes: The Lost Episodes." *Journal of the History of Philosophy* 40, no. 4 (2002).

Masquelet, A. C. "*Rembrandt's Anatomy Lesson of Dr. Nicolaes Tulp(1632)*," *Maîtrise Orthopédique*, www.maitrise-orthop.com.

Masson, Georgina. *Queen Christina*. London: Secker and Warburg, 1968.

McClaughlin, Trevor. "Censorship and Defenders of the Cartesian Faith in Mid-Seventeenth Century France," *Journal of the History of Ideas*, 40:563–81 (1979).

McGahagan, Thomas A. "Cartesianism in the Netherlands, 1639–1676: The New Science and the Calvinist Counter-Reformation." Ph.D. dissertation, University of Pennsylvania, 1976.

Meige, Henry. *Paul Richer et son oeuvre*. Paris: Masson & Co., 1934.

Mercier, Louis-Sébastien. *Éloge de René Descartes*. Paris: Vve Pierres, 1765.

_____. *Corps législatif. Conseil des Cinq-Cents. Discours de L.-S. Mercier, prononcé le 18 floréal, sur René Descartes*. Paris: Imprimérie Nationale, 1793.

_____. *Le nouveau Paris*. 1799. Paris: Mercure de France, 1994.

Mouy, Paul. *La développement de la physique cartésienne, 1646–1712*. Paris: Librairie Philosophique J. Vrin, 1934.

Nadler, Steven. *Arnauld and the Cartesian Philosophy of Ideas*. Princeton: Princeton University Press, 1989.

Nagel, Thomas. *The View from Nowhere*. New York: Oxford, 1986.

_____. "Conceiving the Impossible and the Mind-Body Problem." *Philosophy 73* (July 1998).

Nolan, Lawrence. "Malebranche's Theory of Ideas and Vision in God." *Stanford Encyclopedia of Philosophy*, Winter 2003.

Nordenfalk, Carl, ed. *Christina, Queen of Sweden: A Personality of European Civilisation*. Stockholm: National Museum, 1966.

Palmer, R. R. *The Age of the Democratic Revolution: A Political History of Europe and America, 1760–1800*. Princeton: Princeton University Press, 1959.

"Pantheon Awaits Descartes Ashes When Discovered." *New York Herald*. European ed. December 3, 1927.

"Pantheon Seeks Descartes' Body." *New York Times*, January 29, 1928.

Parker, M. "False Dichotomies: EBM, Clinical Freedom, and the Art of Medicine." *Medical Humanities* 31 (2005): 25–30.

Pearce, J. M. S. "Louis Pierre Gratiolet (1815–1865): The Cerebral Lobes and Fissures." *European Neurology* 56 (2006).

Pelenski, Jaroslaw, ed. *The American and European Revolutions, 1776–1848.* Iowa City: University of Iowa, 1980.

Perrier, Edmond. "Sur le crâne dit 'de Descartes', qui fait partie des collections du Muséum." *Compte-rendus hebdomadaires des séances de l'Académie des sciences*, September 30, 1912.

Porter, Roy, ed. *Patients and Practitioners: Lay Perceptions of Medicine in Pre-Industrial Society*. Cambridge: Cambridge University Press, 1985.

_____. and Mikulas Teich, eds. *The Enlightenment in National Context*. Cambridge: Cambridge University Press, 1981.

"Procès-verbal de la remise à MM. les Commissaires de M. le Préfet de la Seine, des restes de Descartes, Mabillon et Montfaucon, qui étaient déposés dans le Jardin des Petits-Augustins à Paris." *Extrait du Moniteur*. Paris: Agasse, n.d.

"Un Project Vieux de 136 Ans." *La Presse*, November 29, 1927.

Raymond, Jean-François de. *Descartes et Christine de Suède: La reine et le philosophe*. Paris: Bibliothèque Nordique, 1993.

_____. *Pierre Chanut, ami de Descartes: Un diplomate philosophe*. Paris: Beauchesne, 1999.

Rée, Jonathan. *Descartes*. London: Allen Lane, 1974.

Rhine, Stanley. *Bone Voyage: A Journey in Forensic Anthropology*. Albuquerque: University of New Mexico Press, 1998.

Richard, Camille. "Le comité de salut public et les fabrications de guerre sous la Terreur." Doctoral dissertation, University of Paris, 1921.

Richer, Paul. *Physiologie artistique de l'homme en mouvement*. Paris: Aulanier, 1896.

_____. *L'art et la médecine*. Paris: Gaultier, 1902.

_____. "Sur l'identification du crâne supposé de Descartes par sa comparaison avec les portraits du philosophe." *Comptes-rendus hebdomadaires des séances de l'Académie des sciences*, January 20, 1913.

Rodis-Lewis, Geneviève. *Descartes: His Life and Thought*. Ithaca: Cornell University Press, 1995.

Rohault, Jacques. *Oeuvres posthumes de M. Rohault*. The Hague: Henry van Bulderen, 1690.

Roth, Leon. *Descartes' Discourse on Method*. Oxford: Clarendon Press, 1937.

Ruestow, Edward G. *Physics at 17th- and 18th- Century Leiden*. The Hague: Martinus Nijhoff, 1973.

Schiller, Francis. *Paul Broca: Founder of French Anthropology, Explorer of the Brain*. Berkeley: University of California Press, 1979.

Schlaffer, Heinz. "Holiday from the Enlightenment." www.signandsight.com. February 27, 2006.

Schmaltz, Tad M. *Radical Cartesianism: The French Reception of Descartes*. Cambridge: Cambridge University Press, 2002.

Schouls, Peter. *Descartes and the Enlightenment*. Kingston: McGill-Queen's University Press, 1989.

_____. *Descartes and the Possibility of Science*. Ithaca: Cornell University Press, 2000.

Scott, Franklin D. *Sweden: The Nation's History*. Minneapolis: University of Minnesota Press, 1977.

Sebba, Gregor. "Some Open Problems in Descartes Research." *Modern Language Notes 75* (March 1960).

Shapin, Steven, "Descartes the Doctor: Rationalism and Its Therapies." *British Journal for the History of Science* 33 (2000).

Shaw, Matthew. "The Time of Place: Louis-Sébastien Mercier and the Hours of the Day." Paper presented at the Society for the Study of French History Annual Conference, Southampton, England, July 5, 2005.

"Sketch Identifies Skull of Descartes." *New York Times*, January 26, 1913.

Slive, Seymour. *Frans Hals*. 3 vols. Washington: National Gallery of Art, 1989.

Solies, Dirk. "How the Metaphysical Need Outlasted Reductionism: On a Methodological Controversy between Philosophy and the Life Sciences in 19th-Century Germany." Paper presented at the Metanexus Institute's

Continuity + Change: Perspectives on Science and Religion conference, Philadelphia, June 3–7, 2006.

Sommaire du plaidoyer pour l'abbé, prieur et chanoines réguliers et chapitre de Sainte Geneviève, défendeurs, contre messire Hardouin de Péréfixe, archevêque de Paris, demandeur. Paris, 1667.

Sparrman, Anders. *A Voyage to the Cape of Good Hope, towards the Antarctic Polar Circle, Round the World, and to the Country of the Hottentots and the Caffres from the Year 1772–1776*. Cape Town: Van Riebeeck Society, 1975.

Spinoza, Baruch. *The Chief Works of Benedict de Spinoza*. New York: Dover, 1955.

Stålmarck, Torkel. *Hedvig Charlotta Nordenflycht-Ett Porträtt*. Stockholm: Norstedts, 1997.

Staum, Martin S. *Labeling People: French Scholars on Society, Race, and Empire, 1815–1848*. Montreal: McGill-Queen's University Press, 2003.

Taylor, Quentin. "Descartes's Paradoxical Politics." *Humanitas* 14, no. 2 (2001).

Terlon, Hugue, Chevalier de. *Mémoires du Chevalier de Terlon. Pour rendre compte au Roy, de ses négociations, depuis l'année 1656 jusqu'en 1661*. Paris: Louis Billaine, 1682.

Uglow, Jenny. *The Lunar Men: Five Friends Whose Curiosity Changed the World*. New York: Farrar, Straus and Giroux, 2003.

Van Bakel, Rogier. "The Trouble Is the West." *Reason*, November 2007.

Van Bunge, Wiep. *From Stevin to Spinoza: An Essay on Philosophy in the Seventeenth-Century Dutch Republic*. Leiden: Brill, 2001.

Van Damme, Stéphane. "Restaging Descartes: From the Philosophical Reception to the National Pantheon." http://dossiersgrihl.revues.org/document742.html.

Van de Ven, Jeroen. "Quelques données nouvelles sur Helena Jans." *Bulletin Cartésien* 32 (2001).

Vass, Arpad A. "Beyond the Grave-Understanding Human Decomposition." *Microbiology Today,* November 2001.

Vauciennes, P. Linage de. *Mémoires de ce qui s'est passé en Suède, et aux provinces voisines, depuis l'année 1645 jusques en la'nnée 1655, tirés des dépêches de Monsieur Chanut par P. Linage de Vauciennes*. Cologne: Pierre du Marteau, 1677.

Venita, Jay. "Pierre Paul Broca." *Archives of Pathology and Laboratory Medicine* 126 (March 2002).

Verbeek, Theo. *Descartes and the Dutch: Early Reactions to Cartesian Philosophy, 1637–1650*. Carbondale: Southern Illinois University Press, 1992.

_____. *Une université pas encore corrompue. . .: Descartes et les premières années de l'Université d'Utrecht*. Utrecht: Utrecht University, 1993.

_____. Jelle Kingma, and Philippe Noble. *Les néerlandais et Descartes*. Amsterdam: Maison Descartes, 1996.

Verbeek, Theo, Erik- Jan Bos, Jeroen Van de Ven, eds. *The Correspondence of René Descartes: 1643*. Utrecht: Zeno, 2003.

Verneau, R. "Le crâne de Descartes." *L'Anthropologie* 23 (1912): 640–42.

_____. "Les restes de Descartes." *Æsculape* 11 (1912): 241–46.

Voltaire. *Lettres philosophiques*. Vol. 2. Paris: Librairie Hachette, 1909.

Vovelle, Michel. *Piété baroque et déchristianisation en Provence au XVIIIe siècle*. Paris: Plon, 1974.

Waterworth, J., trans. *The Canons and Decrees of the Sacred and Œcumenical Council of Trent, Celebrated under the Sovereign Pontiffs Paul III, Julius III, and Pius IV*. London: C. Dolman, 1848.

Watson, Richard A. *The Breakdown of Cartesian Metaphysics*. Indianapolis: Hackett, 1987.

_____. *Cogito, Ergo Sum: The Life of René Descartes*. Boston: David R. Godine, 2002.

Wessel, Leonard P. *G. E. Lessing's Theology, a Reinterpretation: A Study in the Problematic Nature of the Enlightenment*. The Hague: Mouton, 1977.

Wilkin, Rebecca M. "Figuring the Dead Descartes: Claude Clerselier's *Homme de René Descartes* (1664)," *Representations* 83 (2003).

Young, Robert M. *Mind, Brain, and Adaptation in the Nineteenth Century*. New York: Oxford University Press, 1990.

Zola-Morgan, Stuart. "Localization of Brain Function: The Legacy of Franz Joseph Gall (1758–828)." *Annual Review of Neuroscience* 18, (1995): 359–83.

ㄱ

기타

데카르트의 사라진 유골

지은이 러셀 쇼토
옮긴이 강경이

1판 1쇄 인쇄 2013년 10월 14일
1판 1쇄 발행 2013년 10월 29일

발행처 도서출판 옥당
발행인 신은영

등록번호 제300-2008-26호
등록일자 2008년 1월 18일

주소 경기도 고양시 일산동구 장항동 742-1 한라밀라트 B동 215호
전화 (02)722-6826 팩스 (031)911-6486

홈페이지 www.okdangbooks.com
이메일 coolsey@okdangbooks.com

값은 표지에 있습니다.
ISBN 978-89-93952-51-3 03900

조선시대 홍문관은 옥같이 귀한 사람과 글이 있는 곳이라 하여 옥당玉堂이라 불렸습니다.
도서출판 옥당은 옥 같은 글로 세상에 이로운 책을 만들고자 합니다.

이 도서의 국립중앙도서관 출판시도서목록(CIP)은 서지정보유통지원시스템 홈페이지
(http://seoji.nl.go.kr)와 국가자료공동목록시스템(http://www.nl.go.kr/kolisnet)에서
이용하실 수 있습니다. (CIP제어번호: CIP2013019831)